I0124253

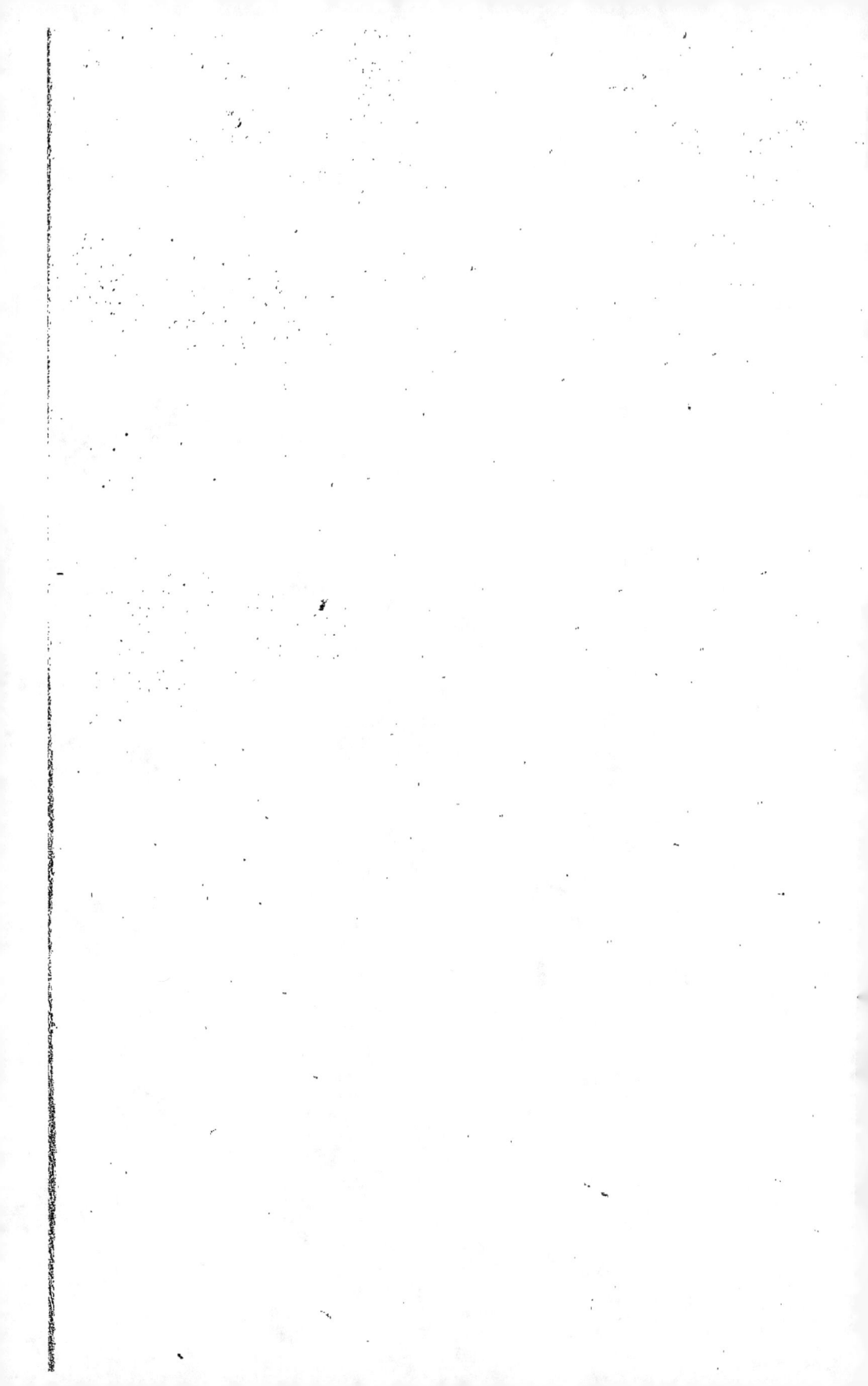

Paris. — IMP. DE LA LIBRAIRIE NOUVELLE. — A. Delcambre, 15, rue Breda.

QUATRE ANS
DE RÈGNE

OU EN SOMMES-NOUS?

PAR

LE Dr L. VÉRON
DÉPUTÉ AU CORPS LÉGISLATIF

PARIS
LIBRAIRIE NOUVELLE
BOULEVARD DES ITALIENS, 15, EN FACE DE LA MAISON DORÉE

1857

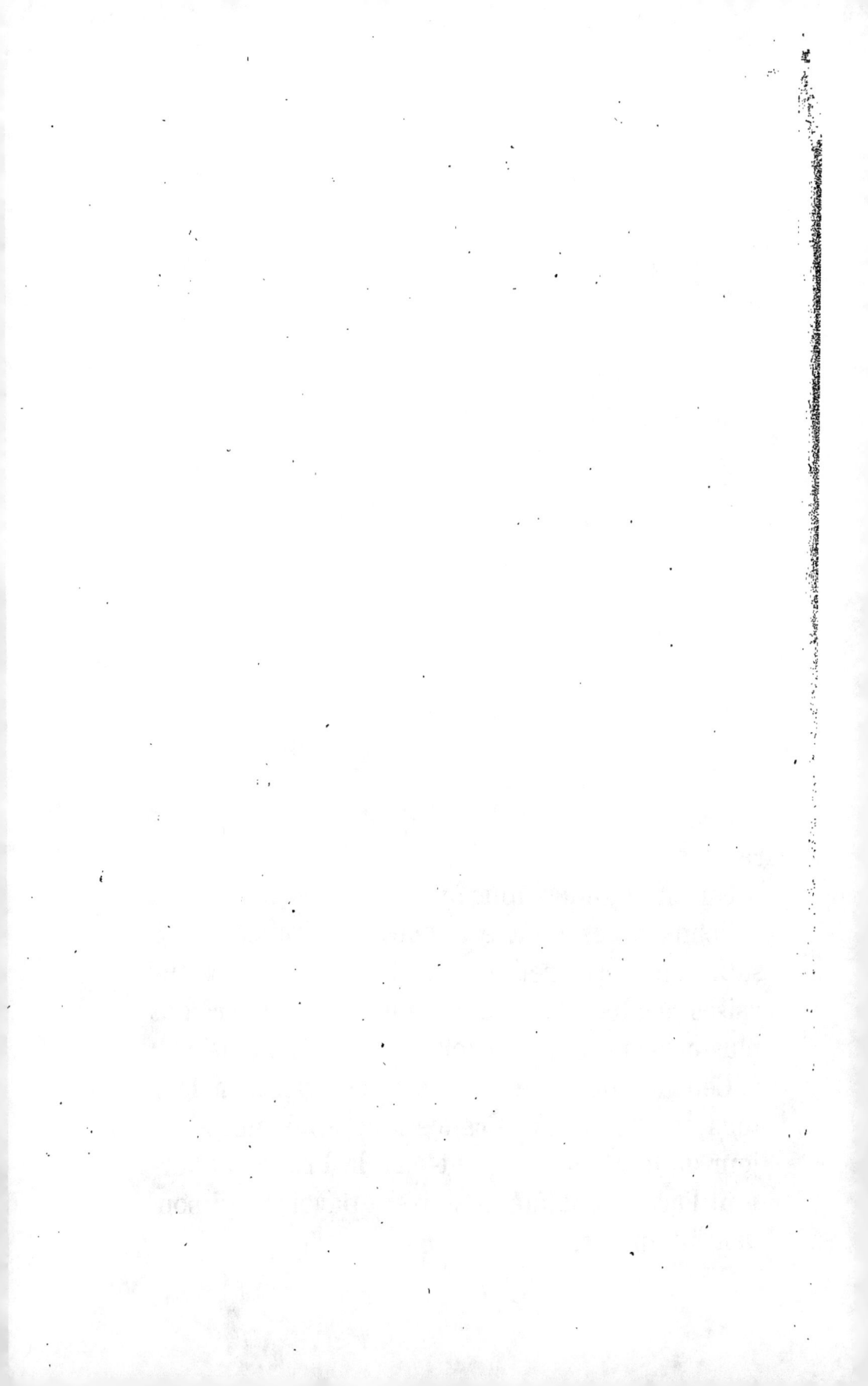

QUATRE ANS DE RÈGNE

CHAPITRE PREMIER

—

LA CONSTITUTION DE 1852

I

L'Empire a déjà duré, de fait, quatre ans révolus.

Où en sommes-nous?

Pendant ces quatre années, la France eut à subir un grave retour du choléra, trois mauvaises récoltes, une guerre lointaine, guerre des plus acharnées, et de torrentielles inondations.

Cependant, malgré toutes ces crises, malgré tous ces fléaux, la France a compté plus d'un jour de fête; jamais peut-être la France et surtout Paris n'ont été si souvent pavoisés, si souvent illuminés.

Insistons sur les principaux événements de ce brillant passé pour avoir le droit de parler sincèrement des difficultés de l'avenir ; rappelons ces spectacles féeriques qui ont ébloui tous les yeux ; rappelons ces surprises de l'*impossible*, qui, par leur inattendu et par leur grandeur, ont étonné, exalté toutes les imaginations.

II

Mariage de l'Empereur.

Dans l'espace de ces quatre années, ne recherchant aucune de ces alliances royales ou princières, si rarement profitables aux intérêts nationaux ; gardant, comme la France entière, un plus tendre souvenir de JOSÉPHINE que de MARIE-LOUISE ; séduit, ne cédant qu'à des entraînements de cœur, l'empereur Napoléon III conduit à l'autel, au milieu des acclamations de tout un peuple, une jeune femme d'une haute naissance, d'une rare beauté, et la France tout entière célèbre avec joie ces charmantes et heureuses fiançailles.

Exposition Universelle.

Dans l'espace de ces quatre années, Paris, par l'intérêt et la richesse de son Exposition universelle, devient le lieu de rendez-vous de toute la France, de toute l'Europe, de l'ancien et du nouveau monde. Paris se met en fête pour offrir une digne hospitalité à une jeune reine, à de jeunes princes ayant reçu pour héritage un royaume, et venant visiter l'élu de huit millions de suffrages, que les malheurs des temps ont pu un jour déposséder d'une couronne, mais qu'ils n'ont pu déshériter d'un nom glorieux. Peut-être cette jeune reine, ces jeunes princes se promettaient-ils d'observer, d'étudier de près comment s'y prend un élu du peuple pour gouverner avec éclat une nation grande et fière, mais qui a aussi ses dangereux entraînements d'esprit et ses vieux défauts de caractère.

Dans l'espace de ces quatre années, Paris se pavoise et illumine pour honorer les victoires si chèrement achetées, mais si glorieusement héroïques de notre armée de Crimée : Alma, Inkerman, Balaklava, Traktir, Sébastopol. Paris se met en fête pour recevoir, non avec des magnificences, mais avec des tressaillements de cœur, avec des cris d'admiration et de joie fraternelle, ces héros de Crimée rapportant de la gloire dans les plis de leur capote et de leur drapeau déchirés par les balles, soldats résignés, intrépides et modestes, qui, n'obéissant dans les tranchées qu'à l'amour de la patrie, qu'à la religion du devoir, ont si bien fait la guerre qu'ils ont fait la paix. Sous Napoléon Ier, la garde impériale, après ses mémorables victoires, ne rentrait à Paris qu'en grande tenue, parée de brillants

Armée de Crimée.

uniformes. Sous Napoléon III, nos régiments nous sont revenus d'Orient dans l'émouvant appareil du champ de bataille, les blessés confondus et marchant dans les rangs; mais, hélas! que de compagnies, que de bataillons entiers, que de jeunes et vieux officiers et sous-officiers, que de jeunes et vieux soldats manquaient à l'appel!

Enfin, deux grands événements européens ont encore illustré les pages historiques de ces quatre années!

Le Congrès de Paris. Naissance du Prince impérial.

Les ministres plénipotentiaires de la Russie, de l'Autriche, de la Turquie, de la Sardaigne, réunis en congrès à Paris, de concert avec la France et l'Angleterre, ont signé la paix du monde; et la Providence a donné à Napoléon III un fils, un prince impérial, un héritier au trône.

« Je n'ai pas besoin de vous dire, » s'écrie Bossuet dans l'oraison funèbre de Marie-Thérèse d'Autriche, « que c'est Dieu qui donne les grandes naissances, les grands mariages, les enfants, la postérité. C'est lui qui a dit à Abraham : *Les rois sortiront de vous*, et qui fait dire par son prophète à David : *Le Seigneur vous fera une maison.* »

Mais si les destinées des empires sont soumises à la volonté, à la protection de Dieu, les grandes affaires de ce monde ne peuvent, néanmoins, être conduites à bonne fin que par de hautes intelligences. Pour dominer de graves et décisives situations, ce n'est pas assez de toutes les qualités d'esprit et de caractère qui suffisent à *l'uni* d'une vie ordinaire ; un souverain, investi d'un immense pouvoir, doit faire preuve de résolution poussée jusqu'à l'héroïsme, de bon sens, d'intuition, de sûreté de vues, poussés jusqu'au génie. L'empereur Napoléon III n'a point, jusqu'ici, fait défaut à cette mission providentielle. Je suis de ceux qui peuvent, sans être accusés d'adulation, rendre cette justice éclatante à l'élu de huit millions de suffrages. Au milieu des chances, sinon les plus mauvaises, du moins les plus incertaines, n'ai-je pas, avec un désintéressement qui ne s'est point démenti, servi la cause du Président de la République, bien convaincu que je défendais ainsi la cause de la civilisation et de la société ? Je n'hésiterai donc pas à mettre en relief l'initiative et l'action personnelle du chef de l'État durant les quatre premières années de son règne.

III

Cherté du pain.

Trois mauvaises récoltes ont toujours été un sujet d'inquiétudes, et peuvent même prendre l'importance d'un danger politique, dans une ville comme Paris, siége du gouvernement, dans une capitale dont l'attitude et les moindres mouvements sont épiés par toutes les chancelleries européennes, dans une capitale qui, depuis plus de soixante ans, se fait un si volumineux dossier révolutionnaire.

L'empereur Napoléon III a déjà, comme nous venons de le dire, mené à bien plus d'une immense entreprise. Une seule chose lui a manqué : du soleil.

Sachant prévoir ce qu'on ne peut prévenir, l'Empereur adopta résolûment, contre la cherté du pain, et en dépit de bien des *si* et des *mais* administratifs, deux grandes mesures, tout un système complexe, la compensation, et la mise en activité de vastes et d'incessants travaux.

A l'ouverture de la session de 1854, l'Empereur disait : « Le système de la compensation consiste à créer, dans tous les grands centres de population, une institution de crédit appelée *Caisse de boulangerie*, qui puisse donner, durant les mois d'une mauvaise année, le pain à un taux beaucoup moins élevé que la mercuriale, sauf à le faire payer *un peu plus cher* dans les années de fertilité ; celles-ci étant, en général, plus nombreuses, on conçoit que la compensation s'opère facilement. On obtient aussi cet immense avantage de fonder des sociétés de crédit, qui, au lieu de gagner d'autant plus que le pain est plus cher, sont intéressées, comme tout le monde, à ce qu'il devienne à bon marché; car, contrairement à ce qui a existé jusqu'à ce moment, elles font des bénéfices aux jours de fertilité et des pertes aux jours de disette. »

La compensation, fonctionnant comme sous-taxe quand le pain est cher, comme surtaxe quand il est à bon marché, supplée, pour ainsi dire, à l'action fécondante du soleil. Chaque centime de sous-taxe ou de surtaxe coûte ou rapporte 250,000 francs par mois, 3 millions par an pour tout le département de la Seine. Eh bien, le système de la compensation a déjà fonctionné comme sous-taxe et comme surtaxe. Comme sous-taxe pendant trois années de mauvaises récoltes, le système de la compensation a déjà coûté, il est vrai, 40 millions pour remboursement des bons de la caisse de la boulangerie mis en circulation [1]; mais aux premiers rayons de soleil, en avril et en mai 1856, les bénéfices de la surtaxe se sont élevés en un mois et demi à 1 million.

Le système de la compensation a été soumis au Corps législatif par la nécessité d'un emprunt pour la ville de Paris; ce système, très-étudié dans une commission dont j'ai eu l'honneur

[1] Pendant les trois années de mauvaises récoltes, on a, il est vrai, par la sous-taxe, fait un trop grand écart entre les deux branches du compas de la compensation.

d'être le président, très-étudié surtout dans un remarquable rapport de l'honorable M. Devinck, a fini par triompher, dans la discussion et au scrutin, de bien des craintes de financiers et d'économistes [1].

Dans le *Moniteur* du 20 septembre 1855, le Gouvernement déclarait encore « que pour atténuer la crise de la cherté du pain, il fallait,

1 Les conséquences financières d'un centime en plus ou en moins sur la taxe ont conduit l'administration de la ville de Paris à étudier tout ce qui se rattache à la fabrication du pain.

Nous avons constaté dans le sein de la commission du Corps législatif que le pain contenait de 30 à 35 pour 100 d'eau, et qu'il était alloué aux boulangers de Paris 7 centimes par kilogramme pour frais de fabrication. Ce chiffre de 7 centimes représente environ 15 pour 100 de la valeur totale d'un kilogramme.

L'administration de l'assistance publique, qui livre par jour plus de 10,000 kilogrammes de pain aux hospices et hôpitaux, ne calcule ses frais qu'à raison de 4 centimes, c'est-à-dire qu'elle fabrique avec une économie de 3 centimes par kilogramme. J'ai dit, plus haut, que chaque centime correspondait à 250,000 francs par mois, soit 3 millions par année.

Il y aurait donc une économie de 9 millions pour la population parisienne, s'il était possible de réduire à 4 centimes les frais de fabrication.

Sans vouloir préjuger la solution de cette question importante, il est peut-être utile de faire remarquer que l'économie qu'on obtient dans la manutention de l'assistance publique provient de cette circonstance : dans les boulangeries, la pâte est manipulée par des ouvriers coûtant 4 et 5 francs par jour, tandis que dans l'établissement municipal, ce travail est fait par une force de vapeur fonctionnant à bien meilleur marché.

Un industriel me disait : « La force d'un ouvrier me revient à 3 francs, et pour la même somme, j'obtiens en vapeur la force d'un cheval, qui équivaut à celle de sept ouvriers : ainsi, pour le même prix, je puis faire sept fois autant d'ouvrage. » Et il ajoutait : « On ne peut fabriquer économiquement qu'en remplaçant la force de l'homme par celle de la vapeur partout où la chose est possible. »

outre la compensation, *activer par tous les moyens le travail intérieur;* car si l'on parvenait à rendre la main-d'œuvre plus recherchée *et par conséquent plus chère, l'ouvrier obtiendrait un prix rémunérateur* qui compenserait, jusqu'à un certain point, l'élévation du prix des denrées alimentaires. »

Le système complexe que l'Empereur a su faire prévaloir eut ce résultat, que Paris a traversé sans agitation, sans émeute, on a même dit sans plainte, trois années de mauvaises récoltes.

Ainsi, ceux qui ont pu traiter de fantaisies dispendieuses tous ces travaux dans Paris, commencés et poursuivis simultanément, n'en ont compris ni la portée économique, ni l'urgence politique en face des dangers de la cherté du pain.

Louis XIV construisit pour lui et sa cour le château de Versailles : le parc et le château coûtèrent des sommes si immenses, qu'on détruisit toutes les pièces officielles de la dépense.

A bien moins de frais, Napoléon III a su orner pour tous, avec l'élégance la plus pittoresque, de lacs, de rivières, d'îles, de rochers, de cascades, de kiosques et de plantes rares, le parc de Boulogne, ce Versailles du peuple. Dans le projet de loi voté par le Corps législatif, la ville de Paris est contrainte d'entretenir le parc de Boulogne comme promenade publique.

Guerre d'Orient.

Le 23 septembre 1840, M. Guizot, ambassadeur à Londres, écrivait à son ami M. le duc de Broglie [1] : « Nous n'avons en Orient qu'un seul intérêt, qu'un seul désir, le même que celui de l'Angleterre, de l'Autriche et de la Prusse, nous voulons l'intégrité et l'indépendance de l'empire ottoman; nous repoussons tout accroissement de territoire et d'influence au profit de toute puissance européenne. » Et plus loin, dans la même lettre, il ajoutait : « Si la guerre naît, non par la volonté et le fait de la France, mais par suite d'une situation que la France n'a point créée, la France doit accepter la guerre. »

Sous Louis-Philippe, comme sous Napoléon III, le principe de la politique européenne se formulait donc ainsi : Intégrité de l'empire ottoman.

La guerre politique de l'Orient, sous Napoléon III, fut d'abord enveloppée dans les nuages d'une question religieuse. Résumons tous les faits en peu de mots.

La Porte, dans le traité de 1740, accordait à la France un droit de protection en faveur des catholiques.

Les Grecs empiètent sur les droits des La-

[1] *Mémoires d'un Bourgeois de Paris,* vol. IV, page 207, édition à 1 franc le volume.

tins. Les catholiques romains et les catholiques grecs se disputent la possession et les priviléges des sanctuaires de la Palestine.

L'Eglise latine réclame auprès de la France.

Le Président de la République (23 mai 1850) fait présenter des observations à la Porte par le général Aupick.

Réponse évasive du sultan.

Le marquis de Lavalette succède au général Aupick (1851). Une commission mixte de Français et de Grecs est chargée d'examiner la question.

Bientôt, une lettre autographe de l'empereur Nicolas au sultan amène la dissolution de cette commission. Une seconde commission est nommée, composée seulement de Musulmans. Ce fut là le premier symptôme du découragement et de la faiblesse de la Porte en face des intimidations de la Russie.

La Porte accorde aux Grecs un firman qui invalide en fait les droits des capitulations de 1740.

Par esprit de conciliation, l'ambassade de France exige seulement qu'il ne soit pas donné lecture de ce firman devant les communautés réunies à Jérusalem.

Le chargé d'affaires de Russie exige la lecture publique du firman.

C'est alors que la scène change et que Fuad-Effendi reconnaît le droit des Latins sur les lieux saints et prend l'engagement de les maintenir.

Au milieu de ce débat, l'Angleterre n'entretient que de bonnes relations avec la Russie. « Il ne s'agit, dit-elle, dans tous ces démêlés que d'intérêts catholiques, que des sujets du pape; tout cela ne me regarde pas. »

Cependant le gouvernement anglais suggère au cabinet français l'idée de traiter directement la question avec la Russie.

La France accepte; mais la Russie concentre un corps d'armée dans les provinces danubiennes.

La question des lieux saints ayant été résolue en faveur des Latins, la Russie persévère dans ses exigences et demande un acte de réparation. C'est alors que la mission du prince Menschikoff est officiellement annoncée à Constantinople (4 février 1853).

On sait quelle fut l'attitude plus que dédaigneuse de ce diplomate vis-à-vis de la Porte : il refuse même de rendre visite, selon l'usage, à Fuad-Effendi, alors ministre des affaires étrangères.

Des troupes russes entrent en Bessarabie : l'émotion est à son comble; la Turquie est menacée dans son indépendance.

Malgré tous ces événements qui se succèdent, l'Angleterre persiste dans une confiante tranquillité et se refuse à croire aux appréhensions de la Porte.

L'empereur Napoléon III est seul à reconnaître que la question religieuse a fait place à une question politique; son parti est pris : la France ne restera pas inactive. Il fait partir une escadre française pour le théâtre des événements. Ce qui parut alors une témérité n'était qu'un calcul juste et rapidement fait : l'Empereur avait prévu qu'une escadre anglaise rejoindrait bientôt la sienne.

Cependant, de concert avec l'Angleterre, l'Autriche et la Prusse, la France n'en fait pas moins un suprême effort dans la conférence de Vienne pour empêcher une guerre imminente.

La note rédigée dans cette conférence, et à laquelle la Russie adhérait, est portée à Constantinople; mais le Divan demande des modifications.

Acceptez la note telle quelle, dit-on à la Turquie, et les quatre puissances vous adresseront, de leur côté, une contre-note qui contredira le *memorandum* de M. de Nesselrode et qui reconnaîtra l'indépendance ottomane.

L'empereur Napoléon III, dans le désir et dans l'espoir de maintenir la paix, ne repousse pas ce projet, si étrange qu'il soit; mais l'envahissement des provinces danubiennes, et surtout le désastre de Sinope, victoire cruelle de la part des vainqueurs, lutte glorieuse pour les vaincus, sont de fait le signal de la guerre.

Il ne fallait rien moins que les menaces d'invasion de l'armée russe pour que l'Angleterre ouvrît enfin les yeux. Dès lors, un traité d'alliance est signé entre l'Angleterre et la France le 10 avril 1854.

L'empereur Napoléon III n'a-t-il pas montré la plus haute perspicacité, la plus patiente modération dans cette première phase diplomatique de la guerre d'Orient? Dès les premiers jours, toutes les grandes puissances croient au langage rassurant de la Russie et refusent à la France un concours actif; mais la prévoyante résolution et la prudente audace de Napoléon III n'en sont point ébranlées; il pressent que les intérêts des populations pèseront sur les chancelleries, et toutes ses prévisions, si loin qu'elles s'étendent, se réalisent.

Ce sera pour Napoléon III un incontestable honneur dans l'histoire, d'avoir, le premier, opposé une résistance formidable et persévérante à la vieille politique de Catherine, et d'avoir dit à la Russie : Tu n'iras pas plus loin!

Quelle grande situation comprise et reconnue en Europe par tous les souverains, comprise et reconnue en France par tout le monde! quelle grande situation l'Empereur et notre vaillante armée ont faite à la France! Aussi, un des personnages les plus célèbres du règne de Louis-Philippe, parlant de Napoléon III et de la guerre d'Orient, disait-il dans un langage boudeur et bien vulgaire : « Je n'aime pas le cuisinier, mais je suis forcé d'avouer que j'aime sa cuisine. »

Une réponse sur le même ton a été faite à cette boutade : « Je crois bien, a-t-on dit, que ce personnage mécontent n'aime pas le cuisinier, le cuisinier n'a jamais voulu employer le gâte-sauce. »

Il faut dire encore que, pendant cette guerre honnête et légitime, bien qu'elle se soit faite, non en pillant, mais en payant, l'armée, grâce à la sollicitude paternelle de l'Empereur et à l'élan national de la France, n'a pas manqué un seul jour d'approvisionnements.

S'associant à l'avance au sentiment patriotique du pays, le Corps législatif, de son côté, vota sans discussion, à l'unanimité, trois emprunts pour la guerre d'Orient; la souscription fut ouverte à tous, aux gros capitaux comme aux petites épargnes, et jamais une si colossale mesure financière n'a joui d'une si chaude popularité[1]. On plaignait un cultivateur de la per-

[1] Depuis le rétablissement de l'Empire, trois emprunts ont été successivement votés par le Corps législatif, savoir :

1° Emprunt de 250 millions en 1854. M. Bineau, ministre des finances. 468 millions souscrits par 100,000 souscripteurs ;

2° Emprunt de 500 millions en 1855. M. Baroche, président du

sistance des mauvaises récoltes : « Oui, répondit-il, nous avons souffert ; mais heureusement l'Empereur nous a donné de ses deux derniers emprunts ; ce n'est pas cet imbécile de Louis-Philippe qui aurait fait deux emprunts en un an. »

Rappelons ici un fait qui n'est pas sans importance. Un des conseillers de la couronne, M. Drouyn de Lhuys, alors ministre des affaires étrangères, propose à l'Empereur d'entrer en négociation avec les Russes, avant la prise de Sébastopol ; cette démarche devait assurer l'alliance défensive et offensive de l'Autriche et de la France. Malgré son ardent désir de la paix, Napoléon III repousse cette politique de conciliation prématurée ; il veut que l'armée française achève son œuvre, il veut que le drapeau français flotte sur les murailles démantelées de Sébastopol, avant de négocier, et il fut ainsi fait.

Pendant les conférences du congrès de Paris,

Conseil d'Etat, ministre des finances par intérim. 2 milliards 198 millions souscrits par 180,000 souscripteurs ;

3o Emprunt de 750 millions en 1855. M. Magne, ministre des finances. 3 milliards 552 millions souscrits par 317,000 souscripteurs.

Dans ces immenses opérations financières qui ont été centralisées au Trésor public, on n'a eu à constater qu'une seule erreur, s'élevant à la somme de 5,000 francs reçus en moins et qui portait sur l'emprunt de 500 millions ouvert en 1855.

De très-fortes présomptions ont donné lieu de penser, à cette époque, que l'erreur en question était le résultat d'un vol dont l'auteur est resté inconnu.

l'Empereur, à son tour, montre alors l'esprit le plus modéré, le plus conciliant : nos aigles avaient vaincu ; le trône de Napoléon III s'était élevé sur des trophées.

Les idées, les convictions, les sentiments auxquels obéit l'Empereur impriment aux moindres actions de sa vie un caractère, une allure qui frappent et qui étonnent.

Des dépêches télégraphiques annoncent que de grands fleuves débordent, que des villes sont inondées : l'Empereur n'interroge que son cœur; ses ministres ne sont pas réunis en conseil, l'Empereur part, arrive, monte tantôt à cheval, tantôt dans une barque, sans laisser à son escorte le temps de l'accompagner. Rien ne peut rendre l'émotion que produit dans les villes et dans les campagnes la nouvelle de cette visite si prompte, si inattendue. Les populations éprouvent une première impression : c'est de l'étonnement, mais de l'étonnement qui tire les larmes des yeux. Ce sont les villes, les quartiers les plus désolés que l'Empereur veut parcourir en détail; il est partout, traversant les lacs, les courants, ayant souvent de l'eau au-dessus du poitrail de son cheval. L'Empereur était ému, il était pâle, des larmes roulaient dans ses yeux et mouillaient parfois son visage; sans garde, sans suite, il puisait à chaque instant dans un sac de cuir, répandant lui-même ses largesses au milieu de ces désolations. Bravant mille dangers, l'Empereur, pour sauver des malheureux abandonnés, a fait plus d'un de ces actes de courage qui ne peuvent être inspirés que par l'ardent amour de la famille.

IV

Tous ces faits montrent assez que, loin de suivre les vieilles lignes tracées en politique, l'Empereur les évite, les croise et en dessine de nouvelles. Apôtre des idées napoléoniennes, il n'est ni sceptique, ni douteur comme le siècle dans lequel il vit: c'est un esprit calme et ferme, c'est une âme noble et fière, pleine de courage, d'audace, de convictions ardentes, de sentiments généreux.

Il croit à la démocratie, à cette forme sociale vers laquelle marchent à pas plus ou moins lents, à travers plus ou moins de résistances et d'entraves, toutes les sociétés européennes. Il aime le peuple; il ne veut pas gouverner par lui, mais pour lui.

Il pense et il a toujours pensé que l'ancien régime était fini; il tentera toutes choses pour rendre durable un régime nouveau. Il ne veut pas, et tenace est sa force de volonté, que la révolution de 89 reste stérile et impuissante. Il n'a pas, comme Louis XIII, à combattre et à vaincre, avec l'aide d'un Richelieu, une féodalité menaçante. Il n'a pas, comme Louis XIV, à discipliner une noblesse déjà corrompue, en l'abaissant au rôle de courtisan; la tâche de Napoléon III, plus morale, plus humaine, est de réduire à de légitimes proportions les exigences d'une bourgeoisie vaniteuse, parfois turbulente, à qui Louis-Philippe avait confié le pouvoir, et qui renversa du trône le *roi-citoyen;* la tâche de Napoléon III, plus morale et plus humaine, est surtout d'adoucir les privations, les misères des populations nécessiteuses et des classes ouvrières, de pacifier la société par le travail, d'illustrer son règne, d'étonner son siècle par la création d'institutions utiles qui profitent à tous, par de grandes choses qui parlent à toutes les imaginations. C'est dans cette voie que l'Empereur a déjà marché d'un pas rapide et sûr.

Mais faut-il conclure de toutes ces grandes qualités du chef de l'État, de ce commencement de règne si brillant et si bien rempli, que la France entière ne soit qu'enthousiasme et dévouement?

Sans doute le silence profond, exagéré, de la presse fait, pour ainsi dire, la nuit, et on n'aperçoit à l'horizon ni nuages ni tempêtes. Loin de moi, toutefois, cette pensée et cette crainte que le feu des mauvaises passions couve déjà sourdement, que des partis factieux osent déjà conspirer dans l'ombre; mais qu'on le sache bien, pour me servir d'indications générales et de mots anciens, il y a toujours en France une *gauche* et une *droite*.

Ce qui est heureux et nouveau, c'est que le chef de la *gauche*, par le suffrage universel, a été placé sur le trône; ses ministres représentent la *droite*.

Je m'explique :

Je suis loin de prétendre que les idées et les projets de l'Empereur soient incessamment combattus et contrecarrés par ses ministres. Je n'ai pas entendu dire que, par des divergences d'opinions bien arrêtées, par une résistance de convictions inébranlables, se produisent souvent, dans la haute sphère du pouvoir, des crises ministérielles; cependant la retraite de M. Drouyn de Lhuys est la preuve d'une dissidence poussée jusqu'à une honorable démission. Au milieu des angoisses et des sacrifices d'une guerre déjà longue, peut-être donna-t-on d'abord raison au ministre démissionnaire; mais la prise de Sébastopol et la signature d'une paix glorieuse ont prouvé que l'Empereur, dans son héroïque résolution, avait vu plus loin et plus juste.

Il est incontestable que les conseillers de la couronne, moins convaincus que le chef de l'État, montrent dans leur sphère d'action plus d'hésitation, plus de timidité. M. le comte Walewski excepté, tous ont appartenu aux anciennes assemblées, ou au moins à la *Constituante* et à la *Législative ;* tous ont été incorporés dans les anciens cadres des anciens partis; tous ont ainsi fait leur apprentissage d'hommes d'État au milieu de cette incessante mobilité d'opinions, de ces changements de stratégie que commandait le régime parlementaire. L'habitude, le talent de discussion rendent souvent inhabile à agir.

Dans les journées qui suivirent le 2 décembre, des amis de M. de Morny lui présentaient quelques observations sur une mesure qu'il voulait prendre : « Si nous discutons, répondit M. de Morny, rien ne se fera. »

Les ministres actuels de Napoléon III, tout comme les ministres nouveaux dont il pourrait s'entourer, restent fidèles à ces raisonnements timorés, à ces considérations craintives, à ces ménagements nécessaires qui réglaient la politique générale sous le dernier régime, régime de concessions exagérées qui put cependant faire durer dix-huit ans la royauté de Louis-Philippe, toujours attaquée, toujours menacée.

Une des chances les plus heureuses de Napoléon III, c'est d'avoir su étudier les idées, les entraînements du siècle, les grands intérêts pressants du pays, loin de nos luttes parlementaires, loin des salons de Paris, dans la solitude, dans la méditation.

Si l'on ne faisait jamais en France de révolutions que pour accomplir d'utiles et nécessaires réformes, pour plus d'un siècle nous serions en France à l'abri de révolutions. L'élu de huit millions de suffrages gouverne si vite, qu'au train dont il y va, en bien peu d'années il aura tant fait, tant fait, qu'il ne laissera aux révolutionnaires futurs rien à essayer, rien à fonder : agriculture, finances, instruction publique, guerre, diplomatie, travaux publics, en toutes choses n'a-t-il pas déjà osé, déjà innové ?

V

Reste la grande question de la liberté !

Il est de mode aujourd'hui de se draper et de déclarer à l'univers entier, du haut d'une préface, qu'on aime passionnément la liberté.

Dans sa grande et belle étude du *Consulat* et de l'*Empire*, étude si patiente, si consciencieuse, si honnête, M. Thiers ajoutait à son douzième volume une préface un peu tardive pour prêcher l'amour de la liberté, dont il sait, d'ailleurs, dit-il, « tous les dangers, et, ce qui pis est, toutes les misères; et qui le saurait, ajoute-t-il, si ceux qui ont essayé de la fonder en France, et y ont échoué, ne les connaissaient pas? »

Dans l'avant-propos de son livre, plein d'intérêt, sur *l'ancien régime et la révolution*, M. Alexis de Tocqueville affiche un goût des plus ardents pour la liberté : « Les sociétés démocratiques, dit-il, qui ne sont pas libres, peuvent être riches, raffinées, ornées, magnifiques même, puissantes par le poids de leur masse homogène; on peut y rencontrer des qualités privées, de bons pères de famille, d'honnêtes commerçants et des propriétaires très-estimables; on y verra même de bons chrétiens, car la patrie de ceux-là n'est pas de ce monde, et la gloire de leur religion est de les produire au milieu de la plus grande corruption des mœurs et sous les plus mauvais gouvernements; l'empire romain, dans son extrême décadence, en était plein; mais ce qui ne se verra jamais, j'ose le dire, dans des sociétés semblables, ce sont de grands citoyens, et surtout un grand peuple; et je ne crains pas d'affirmer que le niveau commun des cœurs et des esprits ne cessera jamais de s'y abaisser, tant que l'égalité et le despotisme y seront joints. »

M. de Rémusat qui, dans la *Revue des Deux-*

Mondes, parle politique en écrivain philosophe, aimable et plein d'agrément, s'exaltait aussi l'autre jour à ce mot de liberté.

« Qui cherche, disait-il, dans la liberté autre chose qu'elle-même, est fait pour servir. Certains peuples la poursuivent obstinément à travers toutes sortes de périls et de misères. Ce ne sont pas les biens matériels qu'elle leur donne que ceux-ci aiment alors en elle. Ils la considèrent elle-même comme un bien si précieux et si nécessaire, qu'aucun autre ne pourrait les consoler de sa perte, et qu'ils se consolent de tout en la goûtant. D'autres se fatiguent d'elle au milieu de leur prospérité; ils se la laissent arracher des mains sans résistance, de peur de compromettre par un effort ce même bien-être qu'ils lui doivent. Que manque-t-il à ceux-là pour rester libres? Quoi? le goût même de l'être. Ne me demandez pas d'analyser ce goût sublime. Il faut l'éprouver; il existe de lui-même dans les grands cœurs que Dieu a préparés pour le recevoir; il les remplit, il les enflamme. On doit renoncer à le faire comprendre aux âmes médiocres qui ne l'ont jamais ressenti. »

On le voit, ces chaudes déclarations d'amour à la liberté ne sont pas exemptes d'amers dénigrements, de vrais coups de boutoir contre le siècle et contre la nation qu'on tient pour corrompus et pour abrutis. Je ne soupçonne pas un instant qu'il y ait méprise dans l'esprit élevé, dans le grand cœur de ces hommes d'État, et que les pleurs qu'ils répandent sur cette exilée du moment, la liberté, soient l'expression de cette douleur que cause toujours la perte du pouvoir; je n'aime pas à suspecter le cœur humain. Qu'il me soit cependant permis de protester contre le dédain affecté de ces Gracques d'aujourd'hui pour le temps présent. N'aurait-on pas le droit de leur dire : On a joui en France de la liberté pendant trente-trois ans, la liberté a eu devant elle trente-trois ans pour créer ce que vous appelez de grands citoyens; eh bien! où étaient-ils dans les journées de février 1848, ces grands citoyens?

Comptons ceux qui ont fait le sacrifice de leur avenir, de leur vie, pour sauver la patrie, pour lutter contre la démagogie menaçante, et seulement pour arrêter le bras des émeutiers armés qui mettaient en joue une femme et un enfant.

Oui, je sais combien le cœur bat avec bonheur et se dilate à dire ce que l'on croit vrai, juste et honnête.

Directeur du *Constitutionnel*, j'ai payé de deux avertissements en trois jours cette haute satisfaction d'exprimer librement ma pensée.

Mais M. Thiers lui-même, le 13 décembre 1834,

jour de sa réception à l'Académie française, et alors ministre de l'intérieur, ne disait-il pas « que la liberté possible à la suite d'une révolution pacifique (celle de 1830), ne l'était pas à la suite d'une révolution sanglante (celle de 93). Dans le silence, ajoute-t-il, ont expiré les passions fatales qu'il fallait laisser éteindre. Dans le silence, une France nouvelle, forte, compacte, innocente, s'est formée, une France dans laquelle la liberté est possible. »

Ce langage ne se rapproche-t-il pas beaucoup du langage du Président de la République, répondant à M. Baroche, vice-président de la commission consultative, qui lui apportait le résultat du recensement général des votes émis sur le projet de plébiscite du 2 décembre: « Donner satisfaction aux exigences du moment (la société, la civilisation menacées) en créant un système qui reconstitue l'autorité sans blesser l'égalité, sans fermer aucune voie d'amélioration, c'est jeter les véritables bases du seul édifice capable de supporter plus tard une liberté sage et bienfaisante? »

Eh bien, par une politique ferme et généreuse, par une guerre pleine d'héroïsme et de gloire qui a mis en lambeaux le traité de la Sainte-Alliance, par une paix digne et durable, l'Empereur n'a-t-il pas reconstitué déjà l'autorité en France? C'est un miracle que quatre années lui ont suffi à accomplir. Je ne viens certes pas demander qu'à un jour donné, on lève les écluses et que la licence, proche parente du désordre, ne rencontre plus d'obstacles et d'entraves; mais, pour prévenir de désastreuses explosions, n'a-t-on pas recours à des tubes de sûreté, et le temps n'est-il pas venu de nous préparer, par de douces transitions, à l'usage, à la jouissance de cette liberté sage et bienfaisante qui nous fut promise? L'opportunité et l'art des transitions jouent un grand rôle en politique. Je viens donc, dans ce livre, réclamer respectueusement quelques modifications, quelques améliorations à ces lois que les malheurs des temps ont rendues nécessaires.

La politique de la paix, la politique de l'avenir ne doit plus être la même que celle de la guerre, que celle du passé.

Si l'on compare le nouvel Empire à l'ancien, on sera peut-être frappé d'une dissemblance morale de quelque importance. Napoléon Ier entretenait dans les esprits et dans les cœurs ce qui les fait vivre, ce qui leur inspire de nobles ambitions, ce qui leur donne le goût des grandes choses, L'ÉMULATION. Il créait des prix décennaux, et ses Bulletins de la grande armée, la seule publicité de ce temps-là, donnaient la célébrité et la gloire.

Nous ne vivons plus sous un empereur conquérant, mais sous un prince pacificateur. Eh bien, aujourd'hui, ces grands corps de l'État qui, de concert avec Napoléon III, se dévouent avec indépendance — je le prouverai par des faits — à la pacification, aux progrès de la société, fonctionnent sous cloche, à huis clos; plus de publicité, plus d'émulation.

L'émulation est un des besoins du tempérament du caractère français. En France, on aime le mouvement, on aime l'esprit, on aime à se sentir vivre, on aime la gloire, on veut des occasions de la mériter et les moyens de l'obtenir.

Le Sénat et le Corps législatif ne sont-ils pas aujourd'hui la retraite la plus sûre pour s'y faire oublier? tel député d'à présent, dont la parole et les travaux jetteraient certainement un grand éclat, s'ils obtenaient le moindre retentissement au dehors, est aujourd'hui plus ignoré qu'un membre des plus anciennes assemblées, plus ignoré que M. Glais-Bizoin. Ne fournit-on pas ainsi aux partis hostiles l'occasion et le prétexte de dire, bien injustement, que le gouvernement de Napoléon III ne compte parmi ses législateurs et ses fonctionnaires qu'une majorité de comparses choisis et préférés pour leur soumission aveugle, pour leur complaisance adulatrice ?

Au sommet de l'Empire brille, sans doute, la haute et grande personnalité de Napoléon III;

mais au-dessous de lui, on ne rencontre, pour ainsi dire, qu'un gouvernement anonyme. De là, un certain isolement moral autour du chef de l'État; de là, des forces vives de moins pour le pouvoir. Les individualités étouffaient peut-être par leurs envahissements le gouvernement de Louis-Philippe; mais aujourd'hui, les influences les plus honnêtes, les plus légitimes, sont éteintes et réprimées. Une influence utile parvient difficilement à se faire jour.

L'uniforme des corps constitués n'en fait que des légions où toute individualité se confond et se cache. N'est-ce point là comme un état d'asphyxie morale pour une nation comme la France, qui a besoin d'air, d'espace, de mouvement? La France, athlète aux vastes poumons, aime tellement à respirer à l'aise, largement, qu'elle a souvent appelé les vents furieux des orages et des tempêtes, comme on appelle la fraîcheur bienfaisante d'une fenêtre ouverte ou d'un coup d'éventail.

La naissance d'un héritier du trône a dicté un sénatus-consulte qui crée un conseil de régence. On a prévu l'avenir; mais le conseil de régence manquant de point d'appui, isolé au milieu des corps constitués, qui n'ont ni autorité ni action sur l'opinion publique, serait-il dans la meilleure situation pour lutter contre les partis et contre les prétendants?

J'ai donc cru utile, opportun, de faire d'abord connaître dans ce livre, par des relevés statistiques, précis et exacts, la situation sociale, l'origine et les antécédents politiques ou administratifs des sénateurs, des députés et des membres du Conseil d'État; de lever, pour ainsi dire, le rideau sur tout le personnel actif du Gouvernement, resté jusqu'ici anonyme, et que, par ignorance des faits, on peut accuser injustement de servilité.

J'examinerai ensuite quels ont été, depuis le commencement du règne de Napoléon III, les travaux, l'action gouvernementale du Sénat, du Corps législatif et du Conseil d'Etat.

Par ce lever de rideau, on verra, pour ainsi dire, fonctionner la Constitution de 1852, mise en mouvement depuis cinq années; et de ce spectacle, nouveau pour tous, d'un haut intérêt, sortira nécessairement une réponse nette et précise à cette question :

OU EN SOMMES-NOUS ?

SÉNATEURS

GRANDS DIGNITAIRES

SON EXCELLENCE

TROPLONG (G. C. ✠), premier président du Sénat, premier président de la cour de cassation; — ancien premier président de la cour des pairs; — membre libre de l'Académie des sciences morales, membre du conseil général de l'Eure; — ex-pair de France.

MESSIEURS

MESNARD (le président), (G. O. ✠), vice-président du Sénat, président de chambre à la cour de cassation; — ancien avocat, ancien pair de France; — membre de l'Académie des sciences morales.

BARAGUEY D'HILLIERS (le maréchal), (G. C. ✠), vice-président du Sénat, maréchal de France; — ancien ambassadeur à Rome et à Constantinople; — ancien représentant à la Constituante; — ancien représentant à la Législative.

REGNAUD DE SAINT-JEAN D'ANGELY (le général comte), (G. C. ✠), vice-président du Sénat, commandant de la garde impériale; — ancien ministre de la guerre; — ancien représentant à la Constituante; — ancien représentant à la Législative; — membre du conseil général de la Charente-Inférieure.

D'HAUTPOUL (le général marquis), (G. C. ✵), grand référendaire; — ancien ministre de la guerre; — ancien gouverneur général de l'Algérie; — ancien pair de France; — ancien député de 1830 à 1831 et de 1834 à 1837; — ancien représentant à la Législative; — membre du conseil général de l'Aude.

DE LACROSSE (le baron), (C. ✵), secrétaire; — ex-député de 1834 à 1848; — ancien représentant à la Constituante; — ancien représentant à la Législative; — ancien ministre des travaux publics.

SON ALTESSE IMPÉRIALE

JÉROME-NAPOLÉON (le prince), (G. C. ✵), maréchal de France, gouverneur honoraire des Invalides; — ex-pair des cent-jours.

SON ALTESSE IMPÉRIALE

NAPOLÉON (le prince), (G. C. ✵), général de division (1re section, disponibilité); — ancien ministre à Madrid.

SON ALTESSE

BONAPARTE (le prince LOUIS-LUCIEN), (O. ✵), ex-représentant à la Législative.

SON ALTESSE

MURAT (le prince), (O. ✵), ancien ministre à Turin; — ancien représentant à la Constituante; — ancien représentant à la Législative; — membre du conseil général de la Charente-Inférieure.

LEURS ÉMINENCES MESSEIGNEURS

DE BONALD (le cardinal), (C. ✻), archevêque de Lyon; ancien évêque du Puy.

DU PONT (le cardinal), (C. ✻), archevêque de Bourges; ancien archevêque-évêque d'Avignon; — ancien évêque de Saint-Dié; — ancien évêque de Samosate *in partibus*.

MATHIEU (le cardinal), (O. ✻), archevêque de Besançon; ancien évêque de Langres.

GOUSSET (le cardinal), (O. ✻), archevêque de Reims; ancien évêque de Périgueux.

DONNET (le cardinal), (C. ✻), archevêque de Bordeaux; ancien évêque de Rosa *in partibus;* — coadjuteur de Nancy.

MORLOT (le cardinal), (C. ✻), archevêque de Tours; — ancien évêque d'Orléans.

LEURS EXCELLENCES MESSIEURS

REILLE (le maréchal comte), (G. C. ✻), ancien pair de France.

VAILLANT (le maréchal comte), (G. C. ✻), grand maréchal du palais, ministre de la guerre; — membre libre de l'Académie des sciences; — membre du conseil général des Deux-Sèvres.

MAGNAN (le maréchal), (G. C. ✻), grand veneur; — commandant en chef de l'armée de l'Est; — ancien membre de la Législative; — membre du conseil général du Bas-Rhin.

DE CASTELLANE (le maréchal comte), (G. C. ✻), commandant en chef de l'armée de Lyon; — ancien pair de France.

BARAGUEY D'HILLIERS (le maréchal comte), (G. C. ✻). *Voir* page 35.

DE PARCEVAL-DESCHÊNES (l'amiral), (G. C. ✠).

HAMELIN (l'amiral), (G. C. ✠), ministre de la marine et des colonies.

PÉLISSIER (le maréchal), (G. C. ✠), commandant en chef de l'armée d'Orient; — duc de Malakoff.

RANDON (le maréchal comte), (G. C. ✠), gouverneur général de l'Algérie; — ancien ministre de la guerre.

CANROBERT (le maréchal), (G. C. ✠), ancien aide de camp de l'Empereur; — membre du conseil général du Lot.

BOSQUET (le maréchal), (G. C. ✠).

A

MESSIEURS

ABBATUCCI (G. C. ✠), conseiller honoraire à la cour de cassation; — ministre de la justice; — ex-député de 1830 à 1831 et de 1839 à 1848; — ex-représentant à la Constituante; — ex-représentant à la Législative; — membre du conseil général de la Corse et du Loiret.

ACHARD (le général baron), (G. C. ✠), général de division (réserve); — ancien pair de France; — ex-représentant à la Législative.

ANDRÉ (le général marquis d'), (G. O. ✠), général de division (réserve).

ARGOUT (le comte d'), (G. C. ✠), gouverneur de la Banque de France; — ancien conseiller d'État; — ancien ministre de la marine et des colonies; — ancien ministre du commerce et des travaux publics; — ancien ministre de l'intérieur, des cultes et des finances; — ex-pair de France; — membre libre de l'Académie des sciences morales; — membre du conseil général de la Seine.

AUDIFFRET (le marquis d'), (G. O. ✻), ancien conseiller d'État; — président de chambre à la cour des comptes; — ex-pair de France; — membre de l'Académie des sciences morales.

AUPICK (le général), (G. O. ✻), général de division (réserve).

B

BAR (le général de), (G. O. ✻), général de division (réserve); — ex-représentant à la Législative; — membre du conseil général de la Dordogne.

BARBANÇOIS (le marquis de), (✻), ancien représentant à la Constituante; — ancien représentant à la Législative; membre du conseil général de l'Indre.

BARRAL (le comte de), (C. ✻), ancien préfet; — ex-député au Corps législatif; — membre du conseil général de l'Indre.

BARROT (Ferdinand), (C. ✻), ancien ministre à Turin; ancien secrétaire général de la Présidence de la République; — ancien avocat; — ancien conseiller d'Etat; — ancien ministre de l'intérieur; — ancien député de 1842 à 1848; — ex-représentant à la Constituante; — ex-représentant à la Législative.

BARTHE (le président), (G. C. ✻), premier président de la cour des comptes; — ancien avocat; — ancien garde des sceaux; — ancien ministre de l'instruction publique et des cultes; — ex-vice-président de la Chambre des pairs; ex-député de 1830 à 1834; — membre de l'Académie des sciences morales.

BASSANO (le duc de), (G. O. ✻), grand chambellan; — ancien ministre à Carlsruhe, à Stuttgard et à Bruxelles.

BAUFFREMONT (le duc de), (C. ✻). En dehors des catégories.

BÉARN (le comte de), (G. O. ✻), ancien ministre à Hanovre et à Stuttgard.

BEAUMONT (le comte de), (O. ✻), secrétaire; — ancien commissaire de la République; — ex-député de la Somme de 1839 à 1848; — ex-représentant à la Constituante; — ex-représentant à la Législative; — membre du conseil général de la Somme.

BEAUVAU (le prince de), (O. ✻), ancien pair de France; grand d'Espagne; — membre des conseils généraux de la Côte-d'Or et de la Meurthe.

BELBEUF (le marquis de), (O. ✻), premier président honoraire de la cour de Lyon; — ancien pair de France.

BERGER (G. O. ✻), ancien préfet de la Seine; — ancien avoué; — ex-député de 1837 à 1848; — ex-représentant à la Constituante; — ex-représentant à la Législative.

BERGERET (le vice-amiral), (G. C. ✻), vice-amiral (réserve, 2e section); — ancien pair de France.

BILLAULT (G. O. ✻), ancien sous-secrétaire d'Etat de l'agriculture et du commerce; — ancien avocat; — ministre de l'intérieur; — ex-député de 1837 à 1848; — ex-représentant à la Constituante; — ex-président du Corps législatif; — membre du conseil général de l'Ariége.

BOISSY (le marquis de), (✻), ex-pair de France; — membre du conseil général du Cher.

BONET (le général comte), (G. C. ✻), général de division (réserve, 2e section); — ancien pair de France.

BONJEAN (C. ✻), ancien avocat à Orléans et à la cour de cassation; — ancien avocat général à la cour de cassation; — ancien président de section au conseil d'État; — ancien ministre de l'agriculture et du commerce; — ex-représentant à la Constituante; — membre du conseil général de la Seine.

BOULAY (le comte) (de la Meurthe), (C. ✻), ancien vice-président de la République; — ex-député de 1837 à 1839 et de 1842 à 1848; — ancien représentant à la Constituante.

BOURGOING (le baron de), (G. O. ✠), ancien pair de France; — ancien ambassadeur à Madrid.

BOURJOLLY (le général de), (G. O. ✠), général de division (1re section, activité et disponibilité).

BOURQUENEY (le baron de), (✠), ambassadeur à Vienne; ancien ambassadeur à Constantinople; — ancien conseiller d'État.

BRET (G. O. ✠), ancien préfet; — membre du conseil général de la Loire.

BRETEUIL (le comte de), (C. ✠), ancien conseiller d'Etat; ancien pair de France; — membre des conseils généraux de la Seine et de Seine-et-Oise.

C

CAMBACÉRÈS (le duc de), (G. O. ✠), grand maître des cérémonies; — ancien pair de France.

CARRELET (le général), (G. O. ✠), général de division (2e section, réserve).

CASA-BIANCA (le comte de), (G. C. ✠), ancien ministre de l'agriculture et du commerce; — ancien ministre des finances; — ancien avocat; — ancien ministre d'État; — ancien représentant à la Constituante; — ancien représentant à la Législative; — membre du conseil général de la Corse.

CASY (le vice-amiral), (G. O. ✠), vice amiral (2e section, cadre de réserve); — ancien ministre de la marine et des colonies; — ex-représentant à la Constituante.

CAUMONT-LAFORCE (le comte de), (O. ✠). En dehors des colonies.

CÉCILLE (le vice-amiral comte), (G. O. ✠), secrétaire; vice-amiral (2e section, cadre d'activité); — ancien ambassadeur à Londres; — ex-représentant à la Constituante; — ex-représentant à la Législative.

CHAPUYS-MONTLAVILLE (le baron de), (O. ✻), ancien préfet; — député de 1833 à 1848.

CHARON (le général), (G. O. ✻), ancien gouverneur de l'Algérie; — général de division (1re section, activité et disponibilité).

CHASSIRON (le baron de), (O. ✻), député de 1831 à 1848; — membre du conseil général de la Charente-Inférieure.

CLARY (JOACHIM), (O. ✻), administrateur du chemin de fer de l'Est; — membre du conseil général de Seine-et-Marne.

CLARY (le comte FRANÇOIS), (O. ✻). En dehors des catégories.

CRAMAYEL (le général marquis de), (G. O. ✻), général de division (2e section, réserve).

CROIX (le marquis de), membre du conseil général de l'Eure.

CROUSEILHES (le baron de), (C. ✻), conseiller honoraire à la cour de cassation; — ancien conseiller d'État; — ancien ministre de l'instruction publique et des cultes; — ancien pair de France; — ex-représentant à la Législative; membre du conseil général des Basses-Pyrénées.

CURIAL (le comte), (✻), ancien pair de France; — ex-représentant à la Constituante; — ex-représentant à la Législative; — membre du conseil général de l'Orne.

D

DARISTE (O. ✻), ancien conseiller d'État; — ex-représentant à la Constituante; — ex-représentant à la Législative; — membre du conseil général des Basses-Pyrénées.

DELANGLE (le président), (G. O. ✻), premier président

de la cour de Paris ; — ancien procureur général à la cour de cassation ; — ancien avocat ; — ancien président de section au Conseil d'État ; — membre du conseil général de la Seine.

DESFOSSÉS (le vice-amiral ROMAIN), (G. O. ✻), vice-amiral (cadre d'activité) ; — ex-représentant à la Législative ; — ancien ministre de la marine et des colonies.

DORET (C. ✻), ancien gouverneur de l'île de la Réunion ; capitaine de vaisseau en retraite.

DUMAS (G. O. ✻), inspecteur général de l'enseignement supérieur pour les sciences ; — professeur à la Faculté des sciences de Paris ; — ancien ministre de l'agriculture et du commerce ; — ex-représentant à la Législative ; — membre de l'Académie des sciences ; — membre du conseil général de la Seine.

DUPIN (le baron), (G. O. ✻), ancien inspecteur général du génie maritime ; — professeur au Conservatoire des arts et métiers ; — ancien conseiller d'État ; ancien ministre de la marine et des colonies ; — ex-pair de France ; — ex-député de 1828 à 1837 ; — ancien représentant à la Constituante et à la Législative ; — membre de l'Académie des sciences et de l'Académie des sciences morales ; — membre du conseil général de la Nièvre.

E

ÉLIE DE BEAUMONT (C. ✻), inspecteur général des mines ; — professeur au Collége de France et à l'École des mines ; — secrétaire perpétuel de l'Académie des sciences.

ESPEUILLES (le marquis d'), (✻), membre du conseil général de la Nièvre.

F

FLAHAUT (le général comte de), (G. C. ✠), général de division en retraite; — ancien ambassadeur à Vienne; — ancien pair de France.

FLAMARENS (le comte de). En dehors des catégories.

FOUCHER (le général), (G. O. ✠), général de division (2e section, réserve).

FOULD (ACHILLE), (G. C. ✠), ministre d'Etat et de la maison de l'Empereur; — ancien banquier; — ancien ministre des finances; — ex-député de 1842 à 1848; — ex-représentant à la Constituante et à la Législative; — membre du conseil général des Hautes-Pyrénées.

FOURMENT (le baron de), (✠), manufacturier; — ex-représentant à la Constituante et à la Législative; — membre du conseil général de la Somme.

G

GABRIAC (le marquis), (O. ✠), ancien ambassadeur à Berne; — ancien ministre au Brésil; — ancien pair de France.

GAUTIER (C. ✠), sous-gouverneur de la Banque de France; — ex-député de 1824 à 1831; — ancien ministre des finances; — ex-pair de France.

GÉMEAU (le général), (G. O. ✠), général de division (2e division, réserve).

GIRARDIN (le marquis ERNEST), (✠), ex-député de 1831 à 1837 et de 1840 à 1846; — ancien représentant à la Constituante et à la Législative.

GOULHOT DE SAINT-GERMAIN (de), (✠), vice-secrétaire; — ancien sous-préfet; — ex-représentant à la Législative; — membre du conseil général de la Manche.

GROUCHY (le général marquis de), (G. O. ✻), général de division (2e section, réserve); — ex-député de 1830 à 1831; — ex-représentant à la Législative.

GUES-VILLER (le général), (G. O. ✻), général de division (1re section, activité et disponibilité).

H

HEECKEREN (le baron), (✻), ex-représentant à la Constituante et à la Législative; — membre du conseil général du Haut-Rhin.

HUGON (le vice-amiral baron), (G. C. ✻), vice-amiral (2e section, réserve).

HUSSON (le général), (G. O. ✻), général de brigade en retraite; — ex-représentant à la Législative.

K

KORTE (le général), (G. O. ✻), général de division, (2e section, réserve).

L

LADOUCETTE (le baron de), (✻), vice-secrétaire; — ancien maître des requêtes; — ancien représentant à la Législative; — membre du conseil général de la Moselle.

LAGRANGE (le marquis de), (C. ✻), ex-député de 1837 à 1848; — ex-représentant à la Législative; — membre libre de l'Académie des inscriptions; — membre du conseil général de la Gironde.

LA HITTE (le général vicomte de), (G. C. ✻), général de division (2e section, réserve); — ancien ministre à Berlin; — ancien ministre des affaires étrangères; — ex-représentant à la Législative.

LALAING D'AUDENARDE (le général comte de), (G. C. ✻), général de division (2e section, réserve); — ancien pair de France.

LAMARRE (le comte ACHILLE de), (O. ✻). En dehors des catégories.

LAPLACE (le général marquis de), (G. O. ✻), général de division (2e section, réserve); — ancien pair de France.

LARABIT (de), (C. ✻), ancien capitaine du génie; — ancien directeur du personnel et des opérations militaires au ministère de la guerre; — ex-député de 1831 à 1848; — ex-représentant à la Constituante et à la Législative; — ex-député au Corps législatif; — membre du conseil général de l'Yonne.

LARIBOISIÈRE (le comte de), (G. O. ✻), ancien pair de France; — ancien député de 1829 à 1835; — ex-représentant à la Législative; — membre du conseil général d'Ille-et-Vilaine.

LAROCHEJAQUELEIN (le marquis de), (✻), ex-pair de la restauration, n'ayant jamais pris séance; — ex-député de 1842 à 1848; — ex-représentant à la Constituante et à la Législative; — membre du conseil général des Deux-Sèvres.

LA VALETTE (le marquis de), (G. O. ✻), ancien ambassadeur à Constantinople; — ex-député de 1847 à 1848.

LAWOESTINE (le général marquis de), (G. C. ✻), général de division (2e section, réserve); — commandant supérieur des gardes nationales de la Seine.

LEBRUN (O. ✻), ancien directeur de l'imprimerie royale; ancien conseiller d'État; — ancien pair de France; — membre de l'Académie française.

LEFEBVRE-DURUFLÉ (C. ✻), ancien manufacturier; ancien ministre de l'agriculture et du commerce; — ancien représentant à la Législative; — membre du conseil général de l'Eure.

LE MAROIS (le comte), (✻), ancien député de 1834 à 1839 ; — ex-représentant à la Législative ; — membre du conseil général de la Manche.

LEMERCIER (le comte), (C. ✻), ex-député de 1827 à 1842; — membre du conseil général de l'Orne ; — ancien pair de France.

LÉTANG (le général baron), (G. O. ✻), général de division (2e section, réserve).

LEVASSEUR (le général), (G. O. ✻), général de division (2e section, réserve).

LE VERRIER (O. ✻), directeur de l'Observatoire de Paris ; — inspecteur général de l'enseignement supérieur pour les sciences ; — professeur à la Faculté des sciences de Paris ; — ex-représentant à la Législative ; — membre de l'Académie des sciences ; — membre du conseil général de la Manche.

LEZAY-MARNESIA (le comte de), (O. ✻), ancien préfet ; ancien pair de France ; — ex-député de 1816 à 1820.

LYAUTEY (le général), (G. O. ✻), général de division (2e section, réserve).

M

MAGNE (G. C. ✻), ancien sous-secrétaire d'État à la guerre et aux finances ; — ancien avocat ; — ancien président de section au Conseil d'Etat ; ministre des finances ; — ancien ministre des travaux publics ; — ancien député de 1843 à 1848 ; — ex-représentant à la Législative ; — membre du conseil général de la Dordogne.

MANUEL (de la Nièvre), (O. ✻), ancien capitaine ; — ancien conseiller de préfecture ; — ex-député de 1838 à 1848 ; — ex-représentant à la Constituante et à la Législative ; — ancien banquier.

MARCHANT (du Nord), (✻), ancien notaire ; — ex-député de 1837 à 1846; — ex-représentant à la Législative; membre du conseil général du Nord.

MAUPAS (de), (C. ✵), ancien ministre à Naples; — ancien préfet; — ancien préfet de police; ancien ministre de la police générale; membre du conseil général de l'Aube.

MÉRIMÉE, (O. ✵), inspecteur général des monuments historiques; — ancien maître des requêtes; — membre de l'Académie française.

MIMEREL (de Roubaix), (C. ✵), manufacturier; — ex-représentant à la Legislative; membre du conseil général du Nord.

MORTEMART (le général duc de), (G. C. ✵), général de division (2e section, réserve); — commandant la 19e division à Bourges; — ancien ambassadeur à Saint-Pétersbourg; — ancien président du conseil; — ministre des affaires étrangères; — ex-pair de France; — membre du conseil général du Cher.

MOSKOWA (le général prince de la), général de brigade (1re section, activité et disponibilité); — ancien pair de France; — ex-représentant à la Législative.

O

ORDENER (le général comte), (G. O. ✵), général de division (2e section, réserve).

ORNANO (le général comte d'), (G. C. ✵), gouverneur des Invalides; — ancien grand chancelier de la Légion d'honneur; — général de division (1re section, activité et disponibilité); — ex-représentant à la Constituante et à la Législative; — ancien pair de France.

P

PADOUE (le duc de), (✵), ancien préfet; — ancien conseiller d'État ; — membre du conseil général de Seine-et-Oise.

PASTORET (le marquis de), (G. O. ❋), ancien conseiller d'État; — membre libre de l'Académie des beaux-arts.

PELET (le général baron), (G. C. ❋), général de division (2e section, réserve) ; — ancien directeur du dépôt de la guerre ; — ancien conseiller d'État; — ancien pair de France; — député de 1831 à 1837 ; — ex-représentant à la Législative ; — membre de l'Académie des sciences morales; — membre du conseil général de Seine-et-Marne.

PERNETY (le général de), général de division (2e section, réserve); — ancien conseiller d'État ; — ancien pair de France.

PERSIGNY (le comte de), (G. O. ❋), ambassadeur à Londres; — ancien ministre à Berlin ; — ancien ministre de l'intérieur, de l'agriculture et du commerce; — ex-représentant à la Législative.

PIAT (le général baron), (G. O. ❋), général de brigade (2e section, réserve).

PLAISANCE (le général duc de), (G. C. ❋), général de division (2e section, réserve); — grand chancelier de la Légion d'honneur; — ex-pair de France ; — membre de la Chambre des représentants ; — ex-député de 1830 à 1831 et de 1837 à 1839.

POINSOT (G. O. ❋), président du Bureau des longitudes; ex-pair de France ; — membre de l'Académie des sciences.

PONIATOWSKI (le prince), (G. O. ❋), ancien ministre de Toscane à Paris.

PORTALIS (le comte de), (G. C. ❋), premier président honoraire de la cour de cassation ; — ancien conseiller d'État; — ancien ministre de la justice et des affaires étrangères; — ancien vice-président de la Chambre des pairs ; — membre de l'Académie des sciences morales.

PRÉVOST (le général), (G. O. ✠), général de division (2e section, réserve).

R

ROGUET (le général comte), (G. O. ✠), aide de camp de l'Empereur ; — général de division (1re section, activité en disponibilité); — membre du conseil général de la Haute-Garonne.

ROSTOLAN (le général de), (G. C. ✠), général de division (1re section), commandant la 9e division à Marseille.

S

SAINT-SIMON (le général duc de), (G. C. ✠), ancien gouverneur des établissements français dans l'Inde ; — général de division (2e section, réserve) ; — ancien ministre à Copenhague et à Stockholm ; — ex-pair de France ; — grand d'Espagne.

SAPEY (G. O. ✠), conseiller maître à la cour des comptes ; — membre du Corps législatif de 1802 à 1808 ; — membre de la Chambre des représentants et de la Chambre des députés de 1819 à 1824 et de 1828 à 1848.

SCHRAMM (le général comte de), (G. C. ✠), général de division (1re section, activité et disponibilité) ; — ancien conseiller d'État ; — ancien ministre de la guerre ; — ancien pair de France ; — ancien député de 1836 à 1839 ; — membre du conseil général du Bas-Rhin.

SÉGUR D'AGUESSEAU (le comte de), (O. ✠), ancien préfet, ex-représentant à la Législative ; — membre du conseil général des Hautes-Pyrénées.

SIBOUR (Son Em. monseigneur), (O. ✠), archevêque de Paris ; — ancien évêque de Digne.

SIMÉON (le comte), (C. ✠), ancien préfet ; — ancien directeur général des tabacs; — administrateur du chemin de fer de la Méditerranée; — ancien conseiller d'État; — député de **1843** à **1848**; — député à la Législative; — membre du conseil général du Var.

SIVRY (de), (O. ❋), ancien préfet; — député de **1831** à **1848**.

SULEAU (le vicomte de), (C. ❋), ancien préfet; — ancien directeur général de l'enregistrement et des domaines; — ancien conseiller d'État.

T

TASCHER DE LA PAGERIE (le général comte de), (G. O. ❋), grand maître de la maison de l'Impératrice.

THAYER (Amédée), (O. ❋), membre du conseil général de la Seine.

THAYER (Édouard), (O. ❋), ancien directeur général des postes, ancien conseiller d'État; — membre du conseil général de la Seine.

THIEULLEN (le baron), (C. ❋), ancien préfet, ancien représentant à la Législative; — ex-député au Corps législatif; — membre du conseil général des Côtes-du-Nord.

THORIGNY (de), (C. ❋), avocat général à la cour de Paris, ancien avocat; — ancien conseiller d'État, — ancien ministre de l'intérieur.

TOURANGIN (G. O. ❋), ancien avocat; — ancien préfet; ancien conseiller d'État.

TRÉVISE (le duc de), (O. ❋), ex-pair de France; — membre du conseil général de la Seine.

TURGOT (le marquis), (G. O. ❋), ambassadeur à Madrid; — ancien ministre des affaires étrangères; — ex-pair de France; — membre du conseil général du Calvados.

V

VAÏSSE (C. ✠), chargé de l'administration du département du Rhône ; — ancien préfet ; — ancien directeur général des affaires civiles en Algérie ; — ancien conseiller d'État, ancien ministre de l'intérieur ; — représentant à la Législative.

VARENNES (le baron de), (C. ✠), ancien ministre à Lisbonne et à Berlin ; — député de 1843 à 1846.

VAUDREY (le général de), (C. ✠), aide de camp de l'Empereur ; — gouverneur des palais des Tuileries, du Louvre et de l'Élysée ; — colonel d'artillerie en retraite, ayant le rang et le titre de général de brigade ; — ex-représentant à la Législative ; — membre du conseil général de la Côte-d'Or.

VICENCE (le duc de), (C. ✠), membre du conseil général de la Somme.

VIEILLARD, ancien officier d'artillerie ; — ancien commissaire de la République ; — député de 1842 à 1846 ; — représentant à la Constituante et à la Législative ; — membre du conseil général de la Manche.

VILLENEUVE DE CHENONCEAUX (le comte), (O. ✠). En dehors des catégories.

W

WAGRAM (le prince de), (✠), ancien pair de France ; — membre du conseil général de Seine-et-Oise.

WALEWSKI (le comte), (G. C. ✠), ancien ambassadeur à Madrid et à Londres ; — ancien ministre à Florence ; — ministre des affaires étrangères.

RÉSUMÉ

Année 1856.

Catégorie	Détail	Nombre	Total
Attachés à la maison de l'Empereur et de l'Impératrice	Ministre de la maison	1	11
	Grands officiers	5	
	Aides de camp	4	
	Grand maître de la maison de l'Impératrice	1	
Appartenant au clergé	Cardinaux-archevêques	6	8
	Archevêque	1	
	Évêque	1	
Appartenant à l'armée	Maréchaux de France	10	57
	Généraux de division	40	
	Généraux de brigade	4	
	Anciens officiers	3	
Appartenant à la marine	Amiraux	2	9
	Vice-amiraux	6	
	Capitaine de vaisseau	1	
Diplomates			23
Magistrats			12
Fonctionnaires			33
Ministres ou anciens ministres			33
Anciens pairs de France			46
Anciens membres de la Chambre des députés			35
— de l'Assemblée constituante			29
— de l'Assemblée législative			54
— du Corps législatif			4
Anciens membres du Conseil d'État			28
Membres de l'Institut			17
Grands d'Espagne			2
Membres des conseils généraux			66
Administrateurs des chemins de fer			2
Anciens négociants, industriels ou manufacturiers			5
Anciens avocats ou officiers ministériels			14
En dehors des catégories			7

LE SÉNAT

—

I

Je lis dans la Constitution de 1852 :

ARTICLE 25.

Le Sénat est le gardien du pacte fondamental et des libertés publiques. Aucune loi ne peut être PROMULGUÉE avant de lui avoir été soumise.

ARTICLE 26.

Le Sénat s'oppose à la promulgation :

1° Des lois qui seraient contraires ou qui porteraient atteinte à la Constitution, à la religion, à la morale, à la liberté des cultes, à la liberté individuelle, à l'égalité des citoyens devant la loi, à l'inviolabilité de la propriété et au principe de l'inamovibilité de la magistrature;

2° De celles qui pourraient compromettre la défense du territoire.

ARTICLE 27.

Le Sénat règle, par un sénatus-consulte :

1° La Constitution des colonies et de l'Algérie;

2° Tout ce qui n'a pas été prévu par la Constitution et qui est nécessaire à sa marche;

3° Le sens des articles de la Constitution qui donnent lieu à différentes interprétations.

ARTICLE 29.

Le Sénat maintient ou annule tous les actes qui lui sont déférés comme inconstitutionnels par le Gouvernement, ou dénoncés pour la même cause par les pétitions des citoyens.

ARTICLE 30.

Le Sénat peut, dans un rapport adressé à l'Empereur, poser les bases des projets de lois d'un grand intérêt national.

ARTICLE 31.

Il peut également proposer des modifications à la Constitution. Si la proposition est adoptée par le pouvoir exécutif, il y est statué par un sénatus-consulte.

ARTICLE 33.

En cas de dissolution du Corps législatif et jusqu'à nouvelle convocation, le Sénat, sur la proposition de l'Empereur, pourvoit par des mesures d'urgence à tout qui est nécessaire à la marche du Gouvernement.

Les fonctions essentielles du Sénat, on le voit, sont considérables; mais le Sénat lui-même semble ne s'être pas fait tout de suite une juste idée de la nature, de la portée et des limites de son pouvoir.

Si l'on se pénètre bien de l'esprit et de la lettre même de la Constitution, on reconnaît que le Sénat est investi d'un pouvoir constituant, et qu'il ne participe en rien, ni pour rien, au pouvoir législatif.

Le Sénat peut, à la vérité, soumettre à l'Empereur de grands projets d'intérêt public ; mais ce n'est là qu'un droit de conseil. Si les projets émanés du Sénat sont approuvés, les lois inspirées par ses conseils se feront cependant en dehors de son action directe ; il n'aura le droit ni de les amender, ni de les modifier en quoi que ce soit ; seulement, ces lois, comme toutes les autres, ne pourront être promulguées avant de lui avoir été soumises.

Le Sénat a donc le *veto,* mais dans deux conditions seulement : la première, si la loi viole un des grands principes de la Constitution ; la seconde, si la loi est de nature à compromettre la défense du territoire.

La Constitution se montre en cela d'une logique profonde. Institué par elle gardien du pacte fondamental, le Sénat doit s'assurer si la loi qu'il ne fait pas porte atteinte à ce qu'il garde.

Le Sénat est le seul corps constitué qui, de concert avec l'Empereur, ait le droit de modifier la Constitution ; à lui de s'assurer encore si un autre pouvoir ne fait pas ce que le Sénat seul a le droit de faire ; en un mot, si la loi n'empiète pas sur le domaine du sénatus-consulte. Par ce contrôle, le Sénat est mis à même de veiller non-seulement sur le maintien de la Constitution, mais encore sur le maintien de sa propre prérogative.

Autant la Constitution est au-dessus des lois, autant cette fonction constituante du Sénat est au-dessus de la fonction législative.

Mais cette théorie de la Constitution, cette séparation des compétences, n'ont pas été, dans l'origine, complétement comprises ni complétement appliquées.

Plusieurs honorables membres du Sénat, encore imbus des traditions du régime bien différent des anciennes assemblées politiques, n'ont pu se persuader que toutes les lois devant leur être soumises avant leur promulgation, chacune n'appartînt pas tout entière à leur examen et à leur critique. — Quoi! disaient-ils, on prétend restreindre la mission du Sénat à juger quelle loi viole la Constitution ou compromet la défense du territoire, et aussi souvent que les lois ne contiendront pas une de ces causes de rejet, on prétend imposer au Sénat le devoir d'accepter toutes les imperfections qu'elles peuvent contenir; en sorte que le Sénat, tout en constatant qu'une loi est défectueuse, serait forcé de l'adopter, et alors que sa conscience lui conseillerait de voter contre, la Constitution le condamnerait à voter pour, et cela silencieusement, comme une assemblée de muets!

Qu'on réfléchisse : les sénateurs ne votent point les lois comme des muets, car ils ne les votent pas du tout; toute loi qui est portée au Sénat n'est plus à faire, c'est une loi faite. Il ne manquerait donc à la loi que la signature de l'Empereur pour qu'elle pût être *promulguée,* si la Constitution n'avait pas chargé le Sénat de vérifier la parfaite conformité de la loi avec les grands principes constitutionnels dont il a la garde.

Le Sénat, ne concourant point à la confection de la loi, ne peut l'amender. Or, à quoi bon examiner et discuter dans les détails ce qu'on n'a pas le pouvoir d'améliorer?

Sans doute, on peut soutenir que si le Sénat était investi d'un pouvoir législatif, il apporterait un précieux contingent d'expérience et de lumières à cette œuvre commune, confiée au Conseil d'État et aux députés élus par le suffrage universel; mais on pourrait soutenir avec autant de raison que, si la Constitution avait conféré au Sénat des attributions judiciaires, il les aurait certainement remplies de façon à honorer la justice des hommes.

De même que la Constitution a organisé un tribunal supérieur pour juger les crimes politiques déférés autrefois à la cour des pairs, de même elle a organisé un pouvoir législatif dont le Sénat ne fait pas partie. Le Sénat n'estime pas que sa dignité soit compromise parce qu'il ne juge pas les crimes politiques ; elle n'est pas compromise non plus parce qu'il ne vote pas les lois.

Telle a été, dès le principe, la controverse engagée au sein du Sénat sur les limites de son intervention dans la loi.

II

Selon le texte formel de la Constitution, il ne s'agit, pour le Sénat, que de vérifier si la loi est constitutionnelle ou non ; une formule invariable suffit donc pour conclure à ce que le Sénat ne s'oppose pas à la promulgation. Cependant, dans plus d'une circonstance où cette noble assemblée se trouvait saisie d'une loi importante, on a vu soit un rapporteur s'appliquant à examiner cette loi dans son ensemble et dans ses détails, soit même des orateurs se prenant à discuter ce qui n'était pas en cause.

Ainsi arrive au Sénat la loi sur *l'enseignement;* elle contient tout un système ; elle modifie profondément l'ancien programme de l'instruction secondaire. Un éminent cardinal ouvre une discussion, et, sans prétendre que la Constitution soit violée, il discute la loi dans tous ses articles et combat le système nouveau. Au sein d'une noble assemblée où les égards réciproques tiennent presque autant de place que les principes, il est malaisé de dire à une Eminence : « Vous n'êtes pas dans la question. » En sorte que l'éloquent prélat avait fini sa harangue, quand on lui fit observer qu'il était sorti de l'ordre du jour, et que les limites des attributions conférées au Sénat étaient dépassées.

L'observation, quoique juste, n'obtint pas un assentiment unanime ; l'observation, d'ailleurs, avait été tardive et le discours avait fait brèche.

Le ministre de l'instruction publique, auteur de la loi, M. Fortoul, assistait à cette séance en sa qualité de sénateur.

Puisque l'on est sorti du droit constitutionnel pour attaquer son œuvre, il en sort lui-même pour la défendre. Voilà donc un membre du Gouvernement autorisant, par son exemple, une discussion inconstitutionnelle au sein du Sénat. D'autres orateurs veulent répliquer : ils se fondent sur cet ancien principe parlementaire, qu'il est toujours permis de répondre à un ministre : ils insistent ; les observations contraires, les interruptions bruyantes se croisent et se confondent. La situation était perplexe, et la Constitution courait risque, à la faveur de ce précédent, d'être faussée, d'être violée, si M. le président du Conseil d'État, par une de ces inspirations heureuses qui lui sont habituelles sur le champ de bataille oratoire, n'eût mis fin à ce débat en conciliant le respect des principes avec le respect des personnes. Il refusa de prendre part à la discussion, et cet orage parlementaire fut étouffé par l'éloquence d'une abstention gracieusement expliquée.

Cette fausse interprétation des droits du Sénat, avons-nous dit, s'est quelquefois produite aussi dans les rapports de ses commissions. On a vu des rapporteurs, armés de la critique la plus savante et la plus profonde, céder à la tentation de démolir pièce à pièce et article par article des lois à la promulgation desquelles ils concluaient ; en sorte qu'avec une prérogative ainsi entendue, ainsi exercée, le Sénat semblait institué tout exprès pour infirmer la valeur morale des lois qu'il était de son devoir de laisser passer, et pour frapper de discrédit une monnaie légale sur laquelle il apposait son contrôle.

La Constitution n'avait pu consacrer une si dangereuse anomalie. Le Sénat était évidemment tombé dans une erreur d'interprétation ; il y avait lieu de rectifier sa marche.

Le gouvernement de l'Empereur pouvait, par plusieurs moyens, faire connaître la véritable pensée du législateur sur un des points importants de la Constitution ; il crut, dans cette occasion, devoir parler par la voix du *Moniteur*.

Un jour, peu de temps avant l'ouverture de la dernière session, parut dans la feuille officielle un article qui donnait une leçon de Constitution au Sénat. On y faisait entendre que si le Sénat inclinait trop à ressaisir les attributions de la Chambre des pairs sous les anciennes monarchies, par une déviation contraire, il avait le tort de ne pas user des nouvelles prérogatives, non moins importantes, qui lui étaient dévolues.

Peut-être pouvait-on reprocher à l'article d'être un peu vague dans la définition de ces prérogatives nouvelles, mais on avait eu l'intention évidente de faire ressortir la grandeur de la mission que le Sénat est appelé à remplir.

Le Sénat, dont les délibérations sont secrètes, aurait peut-être préféré une leçon moins publique, et, comme l'enseignement lui venait par un journal, il sembla croire qu'on lui appliquait une loi de la presse; l'article lui fit l'effet d'un *premier avertissement*.

L'émotion fut vive; un sénateur, M. Drouyn de Lhuys, crut même devoir donner sa démission, qui fut acceptée. Quand la session s'ouvrit, l'émotion durait encore. Un certain sentiment d'amertume se mêlait à cette déférence respectueuse qu'un corps constitué doit aux conseils du pouvoir; le Sénat, s'interdisant la critique dont le droit lui était justement contesté au sujet des lois conformes à la Constitution, saisit la première occasion d'exercer avec énergie la prérogative qu'on lui reconnaissait en matière de lois inconstitutionnelles. C'est à ce titre qu'il rejeta la loi relative à la taxe municipale des chevaux et des voitures circulant dans Paris.—C'est bien là, dit le Sénat, un impôt direct; la quotité de cet impôt aurait dû être déterminée par le pouvoir qui représente les contribuables, par le Corps législatif : il y a donc là dérogation flagrante aux principes fondamentaux consacrés par la révolution de 89 ; il y a donc là violation de l'article 1er de la Constitution, ainsi conçu :

La Constitution reconnaît, confirme et garantit les grands principes proclamés en 1789, *et qui sont la base du droit public des Français.*

Le rapport fut très-étudié, le débat fut savant. Mais le public, au milieu du silence des journaux, ne pouvant pénétrer dans les profondeurs de cette érudition législative, ne vit dans cette affaire qu'un impôt somptuaire rejeté par les membres de l'assemblée que leur situation appelait à le payer.

Le Sénat avait mal choisi son premier sujet d'opposition ; et cet éclat d'indépendance, qui se produisait à la sourdine, fit naître un doute injuste et peu fondé.

Bien à tort, on soupçonna le Sénat de ne pas vouloir que les voitures et les chevaux payassent de taxe municipale, et de manquer ainsi de désintéressement.

Quoi qu'il en soit, en rejetant, pour cause d'inconstitutionnalité, l'impôt sur les chevaux et les voitures, le Sénat, par cet acte, semble avoir adhéré à la théorie constitutionnelle de l'article du *Moniteur*.

III

Sous les régimes précédents, trois pouvoirs concouraient à la création de la loi : la Chambre des députés, la Chambre des pairs et le Roi. La sanction royale n'arrivait qu'après l'épreuve d'une double discussion ; mais les chartes, les principes et surtout les passions des deux assemblées ne facilitaient pas le concert entre les deux Chambres ; il arrivait souvent qu'adoptés par l'une d'elles et rejetés par l'autre, les projets de lois se promenaient de session en session, sans arriver à un double vote ; l'avantage d'un double examen avait souvent l'inconvénient de dissidences sans solution.

Les deux discussions subsistent aujourd'hui, malgré la non-intervention du Sénat dans la création de la loi ; elles subsistent dans le Conseil d'État et dans le Corps législatif ; et non-seulement ces discussions sont isolées et successives, mais elles peuvent devenir simultanées et communes. En cas de dissentiment, commissaires du Corps législatif et commissaires du Conseil d'État vont les uns chez les autres; on s'explique, on se renseigne, on discute ; du rapprochement des personnes naît souvent le rapprochement des opinions; on aplanit ou l'on partage les différends, et la fréquence des communications, l'échange de bons procédés font souvent succéder le concert au désaccord.

Aussi bien que sous les précédents régimes, la loi se fait donc à trois : le Conseil d'État, le Corps législatif et l'Empereur.

Si le Sénat était appelé à y concourir, la loi ne se ferait plus à trois, mais à quatre. La Constitution de l'Empire n'a pas voulu cette complication qui multiplierait les difficultés au lieu de multiplier les garanties ; elle n'a pas eu la prétention d'inventer cette *quadrature* du cercle législatif.

On peut dire, il est vrai, que le Sénat, privé d'un pouvoir législatif et ayant pour devoir de s'opposer à la promulgation des lois inconstitutionnelles ou pouvant compromettre la défense du territoire, ne jouit là que d'un de ces droits destinés à dormir souvent et longtemps entre les mains qui en sont armées. Le Sénat a même paru craindre que, s'il restait en repos, on ne niât qu'il eût la faculté du mouvement, et il a marché !

Par ses travaux dans cette haute sphère *constituante* où il est placé, le Sénat n'a-t-il pas, en effet, mis en action toutes les prérogatives nouvelles qu'il a reçues de la Constitution? car, s'il n'exerce pas les pouvoirs dévolus aux anciennes assemblées, il en exerce de très-grands que ces assemblées n'avaient pas.

Dans la session de 1852, usant des prérogatives que lui confère l'article 27 de la Constitution, il a réglé, par un sénatus-consulte, l'organisation de la haute cour de justice; il a réglé la constitution des colonies de la Martinique, de la Guadeloupe et de la Réunion.

Dans la session de 1854, par deux sénatus-consultes, il a réglé : 1° la promulgation, dans les colonies, de la loi du 31 mai 1854, abolissant la mort civile; 2° la promulgation et la modification de la loi du 30 mai 1854, sur l'exécution de la peine des travaux forcés à la Martinique, à la Guadeloupe et à la Réunion.

Dans la session de 1856, le Sénat a réglé, par deux sénatus-consultes : 1° l'expropriation pour cause d'utilité publique; 2° la transcription hypothécaire, dans les colonies.

En la même année, par un sénatus-consulte, il a réglé l'interprétation du sénatus-consulte du 12 décembre 1852 (liste civile).

Usant du droit de *veto* que lui donne l'article 26 de la Constitution, le Sénat, comme nous l'avons déjà dit, s'est opposé à la promulgation de la loi créant une taxe municipale sur les chevaux et sur les voitures; loi discutée par le

Conseil d'État, votée par le Corps législatif, et que peut-être on ne s'attendait guère à voir rejetée comme portant atteinte à la Constitution[1].

Usant encore de la prérogative que lui donne l'article 30 de la Constitution, le Sénat a posé les bases de deux projets de lois d'un grand intérêt national :

1° D'un projet de loi sur les enfants trouvés;

2° D'un projet de loi créant un Code rural.

Enfin, le Sénat ne vient-il pas de doter le pays d'un sénatus-consulte de régence pour la sûreté de l'avenir? Le pouvoir exécutif, il est vrai, en avait pris l'initiative; mais qu'il s'en est fallu de peu que le Sénat n'introduisît une modification des plus importantes dans le projet émané du Gouvernement : nous voulons parler du serment que l'Impératrice régente doit prêter à l'Empereur mineur.

Le nouveau sénatus-consulte a réduit singulièrement la formule employée dans le sénatus-consulte de 1813. Cette formule de 1813 comprenait expressément le serment de

1 Il est encore une loi dont le Sénat a empêché la promulgation; c'est *la loi sur les crimes commis en pays étranger*, qui contenait une modification au *Code d'instruction criminelle*. Cette loi, présentée dans la session de 1852, discutée par le Conseil d'État, discutée et votée par le Corps législatif, est restée au Sénat, sans qu'aucun rapport ait été fait, sans qu'elle ait été reconnue *constitutionnelle*, sans qu'elle ait été rejetée comme portant atteinte à la Constitution.

respecter le concordat et la liberté des cultes. Un noble membre du Sénat, qui a défendu la religion catholique en Orient, a pris la parole et a demandé qu'on retînt la garantie de cette mention expresse pour la sécurité dans l'avenir.

La réclamation étant faite, il y avait un intérêt immense à ce qu'on y fît droit. Dans deux épreuves par assis et levé, la noble assemblée s'est partagée en deux; le vote au scrutin, employé comme troisième épreuve, ne donna que six voix de majorité contre l'amendement proposé.

Les adversaires de l'amendement disaient: Mais la liberté des cultes est dans la Constitution; l'Impératrice, jurant de respecter la seconde, jure de respecter la première. Mais le concordat, c'est un traité; mais les articles organiques, ce sont les conséquences de ce traité; Rome est une des parties au contrat, et a le droit de demander, de poursuivre avec persévérance des changements à ce traité.

Dire que la Constitution s'oppose à ce changement, c'est dire une chose susceptible de controverse; mais écrire dans le serment ces mots: « Je jure de maintenir intacts la liberté » des cultes et le concordat, » c'est couper court à toute équivoque dans l'avenir. L'Impératrice régente, dans le cas où on lui proposerait un changement au concordat sous prétexte que la Constitution ne s'y refuse pas, eût répondu alors : « Il se peut que la Constitu- » tion s'y prête, mais il est très-certain que » mon serment s'y refuse. » C'était placer dans la conscience de la régente un obstacle au changement funeste qui pourrait être un jour demandé à des entraînements de ferveur et de dévotion.

Devant quelle considération le Sénat a-t-il reculé ? devant l'idée de témoigner une sorte de défiance envers l'Impératrice régente ? Mais la défiance des lois ne blesse personne ; et puis, qu'est-ce à dire ? vous forcez l'Impératrice de jurer fidélité à l'Empereur ! L'Impératrice régente, c'est la mère, l'Empereur est son fils, c'est le fruit de ses entrailles. A quoi bon ce serment pour sanctionner un devoir écrit dans le cœur maternel ? pourquoi cette défiance qui outrage la nature ? Et quand le sénatus-consulte prend des précautions inutiles pour protéger le fils contre sa mère, il n'en veut pas prendre pour protéger par un serment spécial la liberté des cultes contre les entraînements d'une régente trop passionnée pour sa religion !

Il faut à l'Empereur lui-même le bon sens supérieur de son grand esprit, toute sa fermeté d'âme, pour maintenir les bases sur lesquelles repose la paix entre l'Église et le Pouvoir temporel, et vous ne voulez pas prendre pour l'avenir une garantie qui supplée à ce que vous trouvez aujourd'hui dans la haute et bonne politique du monarque régnant!

Il était dans la puissance du Sénat de doter l'avenir de la France de cette sûreté; il ne l'a pas fait, peu s'en est fallu; il pouvait le faire.

Disons, toutefois, que de longues et nombreuses conférences eurent lieu au sein de la commission, entre ses membres et MM. les conseillers d'État, au sujet du sénatus-consulte de régence; qu'à la suite de ces conférences, le sénatus-consulte, projet du Gouvernement, fut très-modifié; disons que la discussion au sein du Sénat fut longue, vive, animée; qu'un grand nombre de sénateurs prirent la parole; que M. le président du Conseil d'État eut à répondre à plusieurs orateurs, et que cette discussion décida encore le vote de plus d'un amendement.

Pour ne rien omettre, au Sénat appartient encore une prérogative d'une incontestable importance, celle de redresser non-seulement les actes inconstitutionnels qui lui sont déférés par le pouvoir, mais encore ceux qui lui sont dénoncés par les pétitions des citoyens : c'est là un contrôle universel sur tous les actes de l'autorité exécutive; car pour qu'un décret soit inconstitutionnel, il n'est pas absolument nécessaire qu'il viole la Constitution, il suffit qu'il viole les lois.

Le Sénat tient la première place après le Gouvernement, non-seulement par ce qu'il peut empêcher, mais par ce qu'il peut faire.

Le Sénat n'a-t-il pas changé la constitution du pays, ne nous a-t-il pas rendu l'Empire? et l'usage qu'il a fait de son droit constituant n'a-t-il pas été sanctionné, consacré par les huit millions de suffrages qui ont confirmé l'élévation de Napoléon III au trône impérial?

Dans son *Histoire du Consulat et de l'Empire*[1], M. Thiers émet sur la Constitution de l'an XII, qui servit de modèle à la Constitution de 1852, une opinion curieuse à citer ici :

« Ce n'était pas la monarchie représentative telle que nous la comprenons aujourd'hui. Ce Sénat, avec la faculté d'élire tous les corps de l'État dans des listes électorales, *avec son pouvoir constituant, avec sa faculté de casser la loi;* ce Sénat, avec tant de puissance, soumis cependant à un maître, ne ressemblait pas à une Chambre haute. Ce Corps législatif silencieux, quoiqu'on lui eût rendu la parole en comité secret, ne ressemblait pas à une Chambre des députés. Et pourtant, ce Sénat, ce Corps législatif, cet Empereur, tout cela pouvait devenir un jour la monarchie représentative. Aussi, ne faut-il pas juger la Constitution de M. Sieyès,

[1] *Histoire du Consulat et de l'Empire,* t. V, p. 16 et 17.

remaniée par Napoléon, d'après l'obéissance muette qui a régné sous l'Empire. Notre Constitution de 1830, avec la presse et la tribune, n'aurait peut-être pas donné, à cette époque, des résultats sensiblement différents, car l'esprit du temps fait plus que la loi écrite. Il aurait fallu juger la Constitution impériale sous le régime suivant. Alors l'opposition, suite inévitable d'une longue soumission, aurait pris naissance dans ce Sénat même, longtemps si docile, *mais armé d'une puissance immense*. Il se serait probablement trouvé d'accord avec les colléges électoraux pour faire des choix conformes à l'esprit nouveau; il aurait brisé les liens de la presse; il aurait ouvert les portes et les fenêtres du Corps législatif pour que sa tribune pût retentir au loin. C'eût été la monarchie représentative, tout comme aujourd'hui, avec cette différence que la résistance *serait venue d'en haut,* au lieu de venir d'en bas. Ce n'est pas une raison pour qu'elle fût moins éclairée, moins constante, moins courageuse. C'est là, du reste, un secret que le temps a emporté avec lui, sans nous le dire, comme il en emporte tant d'autres. *Mais ces institutions étaient loin de mériter le mépris qu'on a souvent affiché pour elles.* Elles composaient une république aristocratique, détournée de son but par une main puissante, convertie temporairement en une monarchie absolue, et destinée, plus tard, à redevenir monarchie constitutionnelle, fortement aristocratique, il est vrai, mais fondée sur la base de l'égalité ; car tout soldat heureux pouvait être connétable, tout jurisconsulte habile y pouvait devenir archichancelier, à l'exemple du fondateur, devenu, de simple officier d'artillerie, empereur héréditaire et maître du monde. »

La Constitution de 1852 ne fait point *un Corps législatif silencieux, ou ne prenant la parole qu'en comité secret;* elle n'impose point au Sénat *une obéissance muette;* seulement, le pouvoir exécutif n'a point encore brisé les liens de la presse; il n'a point encore ouvert les portes et les fenêtres du Corps législatif pour que sa tribune pût retentir au loin. Toutefois, ce que dit M. Thiers du Sénat sous Napoléon Ier peut se dire du Sénat sous Napoléon III : « Oui, le Sénat, avec son pouvoir constituant, avec sa faculté de casser la loi, est aujourd'hui armé d'une puissance immense ! »

IV

Toutes les discussions, tous les votes, tous les faits qui, dans l'espace de cinq années, se sont produits au sein du Sénat, sont, pour la plupart, complétement ignorés du public. N'ont-ils pas cependant un certain intérêt politique? Est-il indifférent qu'on croie ou qu'on ne croie pas au sérieux de nos institutions? Nous venons de prouver que la Constitution défère au Sénat un pouvoir constituant, des prérogatives bien définies, et ce pouvoir et ces prérogatives ne sont-ils pas pour les citoyens des garanties, des sécurités?

Qu'on ne vienne pas me dire : Mais les sénateurs sont choisis et nommés par l'Empereur; leur dévouement, leur zèle peuvent aller jusqu'à l'aveuglement, disons le mot, jusqu'à la servilité.

Accusation injuste et fausse! D'abord, toute assemblée politique se montre fière et jalouse de ses prérogatives, et non-seulement le Sénat tient à user de celles que lui donne la Constitution; mais, un instant, il a voulu même s'arroger celles que la Constitution lui refuse. Quel danger y aurait-il donc à accorder aux discussions si importantes du Sénat ce demi-jour qui, d'ailleurs, éclaire si peu les travaux consciencieux et utiles du Corps législatif? Tous les procès-verbaux des séances du Sénat sont publiés en volumes longtemps après chaque session; le pouvoir ne voit donc aucun danger dans cette publication : seulement, on ne peut lire les discussions du Sénat que lorsqu'elles n'ont plus l'intérêt du moment, et cette publication tardive en volumes ne leur donne aucune publicité. Je comprends que les corps constitués subissent la discipline de l'uniforme; mais les plus riches broderies ne suffisent pas à leur donner de l'autorité, et à leur gagner, auprès de l'opinion publique, l'estime et le respect.

On compte dans les rangs du Sénat des prélats, des lettrés, des savants, des généraux, beaucoup de noms qui ont illustré la France. Pourquoi donner à penser que, sur leurs siéges de sénateurs ces hommes, justement honorés, sommeillent dans une coupable insouciance des grands intérêts du pays?

CORPS LÉGISLATIF

Noms, par ordre alphabétique, de MM. les députés au Corps législatif, avec leurs antécédents jusqu'en 1856.

A

ABBATUCCI (Severin), ※, (Corse), membre du conseil général.

ALBUFÉRA (le duc d'), (Eure), ancien pair de France; — membre du conseil général; — maire de Vernon.

ALENGRY, O. ※, (Aude), chef de bataillon en retraite; ex-représentant à la Législative.

ALLART, ※, (Somme), ex-représentant à la Constituante; membre du conseil général; — maire d'Amiens; — ex-notaire dans la même ville.

ANCEL, ※, (Seine-Inférieure), négociant; — ex-représentant à la Législative; — membre du conseil général; — ancien maire du Havre.

ANDELARRE (le marquis d'), ※, (Haute-Saône), avocat; membre du conseil général; — maire d'Andelarre.

ANDRÉ, (Charente), ancien notaire; — ex-représentant à la Législative; — membre du conseil général.

ARJUZON (le comte d'), ✻, (Eure), chambellan de l'Empereur; membre du conseil général de l'Eure.

ARNAUD, ✻, (Isère), négociant; — membre du conseil général; — maire de Grenoble.

AYMÉ, ✻, (Vosges), ancien juge; — membre du conseil général; — maire de Neuf-Château.

BALAY DE LA BERTRANDIÈRE (Loire), négociant.

B

BARAGNON, O. ✻, (Gard), avocat; — ex-conseiller de préfecture; — membre du conseil général.

BARBANTANE (le comte de), ✻, (Saône-et-Loire), membre du conseil général.

BARRAL (le vicomte OCTAVE de), O. ✻, (Cher), ex-préfet; — membre du conseil général de l'Isère; — nommé sénateur pendant la session de 1856.

BAVOUX (ÉVARISTE), ✻, (Seine-et-Marne), avocat; — ex-représentant à la Constituante; — ex-représentant à la Législative.

BEAUCHAMP (de), (Vienne).

BEAUVAU (le prince MARC), (Sarthe), membre du conseil général.

BEAUVERGER (de), (Seine-et-Marne), avocat.

BÉDOYÈRE (le comte de la), (Seine-Inférieure), chambellan de l'Empereur.

BELLEYME (ADOLPHE de), ✻, (Dordogne), avocat.

BELLIARD, ✻, (Gers), avocat; — ex-préfet; — ex-représentant à la Législative; — membre du conseil général.

BELMONT-BRIANÇON (le marquis de), ✻, (Basses-Pyrénées), chambellan de l'Empereur.

BELMONTET, ✻, (Tarn-et-Garonne), homme de lettres.

BENOIT-CHAMPY, ✻, (Ain), avocat; — ex-ministre à Florence et à Bade, — ex-représentant à la Législative.

BERTRAND, ✱, (Yonne), ancien négociant; — ancien président du tribunal de commerce de Paris; — ancien représentant à la Législative; — membre du conseil général.

BODIN, (Ain), ex-représentant à la Constituante.

BOIS DE MOUZILLY, (Finistère), négociant.

BOISSY D'ANGLAS (le comte), C. ✱, (Ardèche), ancien intendant militaire; — ex-député de 1828 à 1848; — membre du conseil général.

BOUCHETAL-LAROCHE, ✱, (Loire), ex-conseiller de préfecture; — membre du conseil général; — maire de Saint-Bonnet-le-Château (Loire).

BOULLÉ (le général), G. O. ✱, (Morhiban), ex-général de brigade, cadre de réserve; — membre du conseil général.

BOURCIER DE VILLERS (le comte), ✱, (Vosges), membre du conseil général.

BOURLON, (Vienne), administrateur du chemin de fer d'Orléans; — membre du conseil général.

BRIOT DE MONREMY, (Meuse), avocat; — membre du conseil général; — maire adjoint de Verdun.

BROHIER DE LITTINIÈRE, ✱, (Manche), membre du conseil général; — maire de Coutances.

BRUNET-DENON (le général baron), C. ✱, (Saône-et-Loire), général de brigade en retraite; — ancien député de 1842 à 1846; — membre du conseil général.

BRYAS (le comte EUGÈNE de), ✱, (Indre), membre du conseil général.

BUCHER DE CHAUVIGNÉ, (Maine-et-Loire), ancien représentant à la Législative; — membre du conseil général; maire de Grez-Neuville (Maine-et-Loire).

BUQUET (le baron), ✱, (Meurthe), maire de Nancy.

BUSSIERRE (le baron ALFRED de), ✱, (Bas-Rhin), banquier; — président du tribunal de commerce de Strasbourg; ex-député de 1845 à 1848.

BUSSON, (Ariége), avocat; — membre du conseil général.

C

CABIAS, ✻, (Rhône), ancien avoué ; — maire de la Croix-Rousse.

CAFFARELLI (le comte), ✻, (Ille-et-Vilaine), ancien maître des requêtes ; — ancien préfet ; — membre du conseil général de l'Aisne.

CALVET-ROGNIAT, ✻, (Aveyron), avocat ; — administrateur du chemin de fer le Grand-Central ; — membre du conseil général.

CAMBACÉRÈS (le comte), ✻, (Aisne), ex-député de 1842 à 1848 ; — ex-représentant à la Législative.

CANAPLE, ✻, (Bouches-du-Rhône), négociant ; — président du tribunal de commerce de Marseille ; — membre du conseil général.

CARAYON LA TOUR (le baron), (Tarn), ex-député de 1846 à 1848 ; — membre de la Constituante.

CARUEL DE SAINT-MARTIN (le baron), (Seine-et-Oise), membre du conseil général ; — maire du Chesnay (Seine-et-Oise).

CAULINCOURT (le marquis de), O. ✻, (Calvados), ex-officier de cavalerie ; — représentant à la Législative ; — membre du conseil général.

CAZELLES, O. ✻, (Hérault), ancien officier ; — ancien inspecteur général de police ; — ex-représentant à la Constituante ; — membre du conseil général.

CHABRILLAN (le comte de), (Saône-et-Loire), membre du conseil général.

CHAMPAGNY (le comte Jérome-Paul de), (Côtes-du-Nord), membre du conseil général.

CHAMPAGNY (le comte Napoléon de), (Morbihan),

avocat; — membre du conseil général ; — maire de Loyat (Morbihan).

CHARLIER, (Jura), maître de forges; — membre du conseil général.

CHASSELOUP-LAUBAT (Prosper), C. ✵, (Charente-Inférieure), ancien ministre de la marine ; — ancien conseiller d'État ; — ancien député de 1837 à 1848 ; — ex-représentant à la Législative ; — administrateur du chemin de fer de l'Ouest.

CHAUCHARD, (Haute-Marne), ex-représentant à la Constituante et à la Législative ; — membre du conseil général.

CHAUMONT-QUITRY (le marquis de), ✵, (Sarthe), chambellan de l'Empereur ; — membre du conseil général de l'Eure.

CHAZELLES (Léon de), ✵, (Puy-de-Dôme), ex-représentant à la Législative; — membre du conseil général; maire de Clermont-Ferrand.

CHEVALIER (Auguste), ✵, (Aveyron), ex-secrétaire général de la Présidence de la République; — membre du conseil général.

CHOQUE, (Nord), ancien notaire ; — ancien député de 1845 à 1846; — ancien représentant à la Constituante et à la Législative ; — membre du conseil général.

CLARY (le vicomte), O. ✵, (Loir-et-Cher), ex-commandant de la légion étrangère ; — ex-représentant à la Législative ; — membre du conseil général.

CLEBSATTEL (de), (Nord), avocat ; — membre du conseil général.

COEHORN (le baron de), (Bas-Rhin), membre du conseil général ; — maire de Saint-Pierre (Bas-Rhin).

COLLOT (Edme), ✵, (Meuse), propriétaire.

CONNEAU (le docteur), C. ✵, (Somme), premier

médecin de l'Empereur; — membre du conseil général de la Corse.

CONSEIL, ✱, (Finistère), négociant.

CORBERON (le baron ÉMILE de), (Oise), membre du conseil général; — maire de Troissereux (Oise).

CORNEILLE (PIERRE-ALEXIS), ✱, (Seine-Inférieure), ancien inspecteur d'Académie.

CORTA, (Landes), avocat; — ancien sous-préfet; — membre du conseil général.

COULAUX, ✱, (Bas-Rhin), ancien capitaine d'artillerie; membre du conseil général; — maire de Strasbourg.

CREUZET, (Cantal), propriétaire.

CROSNIER, C. ✱, (Loir-et-Cher), ancien directeur de l'Opéra; — membre du conseil général; — maire de Lisle (Loir-et-Cher).

CUVERVILLE (de), (Côtes du-Nord), ex-représentant à la Législative.

D

DALLOZ (ÉDOUARD), ✱, (Jura), avocat.

DARBLAY jeune, ✱, (Seine-et-Oise), négociant meunier.

DAUTHEVILLE (le général), C. ✱, (Ardèche), général de brigade du génie, cadre de réserve; — ex-représentant à la Constituante; — membre du conseil général.

DAUZAT-DEMBARRÈRE, ✱, (Hautes-Pyrénées), avocat; ancien magistrat; — membre du conseil général.

DAVID (FERDINAND), ✱, (Deux-Sèvres), médecin; — ex-député de 1834 à 1837 et de 1842 à 1846; — ex-représentant à la Législative; — membre du conseil général.

DAVID, ✱, (Gironde), membre du conseil général; — ancien maire de Libourne.

DEBROTONNE, (Aisne), ex-député de 1846 à 1848; —

ex-représentant à la Constituante et à la Législative; — membre du conseil général.

DELAMARRE, O. ✻, (Somme), directeur du journal *la Patrie.*

DELAMARRE, O. ✻, (Creuse), ancien préfet.

DELAPALME, ✻, (Seine-et-Oise), notaire à Paris.

DELAVAU, ✻, (Indre), médecin; — ex-député de 1842 à 1848; — ex-représentant à la Constituante et à la Législative; — membre du conseil général; — maire de la Châtre (Indre).

DELTHEIL, ✻, (Lot), maître de forges; — ex-député de 1836 à 1842; — ex-représentant à la Législative; — membre du conseil général.

DESCAT, ✻, (Nord), négociant; — ex-représentant à la Constituante.

DESMAROUX DE GAULMIN, (Allier), ex-représentant à la Législative; — membre du conseil général.

DESMARS, ✻, (Loire-Inférieure), avocat; — ex-représentant à la Constituante et à la Législative; — membre du conseil général de la Loire-Inferieure.

DESMOLLES, (Lozère), ex-représentant à la Constituante.

DEVINCK, O. ✻, (Seine), négociant; — ancien président du tribunal de commerce de Paris; —ex-représentant à la Législative non proclamé [1]; — membre du conseil général de la Seine.

DIDIER, (Ariége), membre du conseil général.

DOUMET, O. ✻, (Hérault), membre du conseil général; maire de Cette (Hérault).

1 M. Devinck a été nommé représentant du peuple par le département de la Seine le 30 novembre 1851; mais, par suite de la dissolution de l'Assemblée le 2 décembre, son élection n'a pas été proclamée.

DROUOT, (Meurthe), membre du conseil général.

DUBOYS, O. ✻, (Maine-et-Loire), maire d'Angers.

DUCLOS (ÉDOUARD), (Ille-et-Vilaine), notaire à Rennes; membre du conseil général.

DUGAS (HENRI), (Rhône), manufacturier.

DU MARAIS (le colonel), O. ✻, (Loire), lieutenant-colonel d'artillerie en retraite; — membre du conseil général.

DU MIRAIL, ✻ (Puy-de-Dôme), avocat; — membre du conseil général de la Creuse.

DUPLAN, ✻ (Haute-Garonne), ancien officier du génie; membre du conseil général; — maire de Castelmoron (Haute-Garonne).

DUPONT (PAUL), (Dordogne), imprimeur; — directeur de l'*Écho de Vesonne.*

DURAND (JUSTIN), ✻, (Pyrénées-Orientales), négociant, banquier; — membre du conseil général.

DURANTI (le comte), O. ✻, (Cher), membre du conseil général.

DURFORT DE CIVRAC (le comte de), (Maine-et-Loire).

DUSOLIER, ✻, (Dordogne), avocat; — ex-député de 1839 à 1848; — ex-représentant à la Constituante.

E

ESCHASSERIAUX (le baron), ✻, (Charente-Inférieure), ex-représentant à la Législative; — membre du conseil général.

ETCHEVERRY, (Basses-Pyrénées), propriétaire.

F

FAUGIER, ✻, (Isère), membre du conseil général; — maire de Vienne (Isère).

FAURE, ✻, (Hautes-Alpes), avocat; — ex-député de

1831 à 1837 ; — ex-représentant à la Constituante ; — ex-représentant à la Législative ; — membre du conseil général.

FAVART, ✱, (Corrèze), avocat ; — ex-représentant à la Constituante ; — membre du conseil général ; — maire de Tulle (Corrèze).

FAVRE (Ferdinand), O. ✱, (Loire-Inférieure), ancien négociant ; — ex-représentant à la Constituante ; — ex-représentant à la Législative ; membre du conseil général ; maire de Nantes (Loire-Inférieure).

FAY DE LA TOUR-MAUBOURG (le marquis), ✱, (Haute-Loire), lieutenant de vénerie ; — ex-officier de cavalerie ; — membre du conseil général ; — administrateur du chemin de fer le Grand-Central.

FLAVIGNY (le comte de), O. ✱, (Indre-et-Loire), ancien ministre de France ; — ex-pair de France ; ex-représentant à la Législative.

FLEURY (Anselme), ✱, (Loire-Inférieure), membre du conseil général ; — maire de la Chapelle-sur-Erdre (Loire-Inférieure).

FLOCARD DE MÉPIEUX, (Isère), membre du conseil général.

FOUCHÉ-LEPELLETIER, ✱, (Seine), fabricant de produits chimiques ; — membre du conseil général.

G

GAREAU, ✱, (Seine-et-Marne), membre du conseil général.

GARNIER, ✱, (Loire-Inférieure), maître de forges ; — président de la chambre de commerce de Nantes ; — membre du conseil général.

GEIGER (le baron de), ✱, (Moselle), directeur de faïencerie.

GELLIBERT DES SÉGUINS (le général), C. ✻, (Charente), général de brigade d'artillerie.

GEOFFROY DE VILLENEUVE, ✻, (Aisne), membre du conseil général.

GIROU DE BUZAREINGUES, ✻, (Aveyron), médecin; membre du conseil général.

GISCLARD, (Tarn), négociant, président du tribunal de commerce d'Albi; — ex-représentant à la Constituante; — membre du conseil général; maire d'Albi (Tarn).

GODARD-DESMAREST, (Nord), maître de verrerie; — membre du conseil général.

GORREC (Le), (Côtes-du-Nord).

GORSSE (le général baron), C. ✻, (Tarn), général de brigade; — maire de Cadoul (Tarn).

GOUIN, ✻, (Indre-et-Loire), banquier, ancien ministre de l'agriculture et du commerce; — ex-député de 1831 à 1848; — ex-représentant à la Constituante; — ex-représentant à la Législative; — membre du conseil général; — administrateur du chemin de fer de Paris à Lyon.

GOUY D'ARSY (le comte de), (Seine-et-Oise), membre du conseil général.

GRAMMONT (le marquis de), ✻, (Haute-Saône), maître de forges; — ex-député de 1839 à 1848; — ex-représentant à la Constituante; — ex-représentant à la Législative; membre du conseil général.

GRANIER DE CASSAGNAC, ✻, (Gers), homme de lettres, journaliste; — membre du conseil général.

GUYARD-DELALAIN, ✻, (Seine), avocat.

H

HALLEZ-CLAPARÈDE (le baron), ✻, (Bas-Rhin), ancien maître des requêtes; — ex-député de 1844 à 1848.

HAUDOS, ✻, (Marne), membre du conseil général; — maire de Loisy-sur-Marne.

HÉBERT, ✻, (Aisne), ancien secrétaire général de préfecture ; — ancien représentant à la Législative ; — membre du conseil général; — maire de Chauny (Aisne).

HENNOCQUE (le colonel), O. ✻, (Moselle), colonel d'artillerie en retraite.

HÉRAMBAULT (d'), (Pas-de-Calais), ex-député de 1831 à 1846 ; — ex-représentant à la Constituante et à la Législative.

HERLINCOURT (d'), ✻, (Pas-de-Calais), ex-député de 1846 à 1848 ; — membre du conseil général ; — maire d'Éterpigny (Pas-de-Calais).

HOUDETOT (le comte d'), C. ✻, (Calvados), membre libre de l'Institut (beaux-arts); — ancien préfet ; — ex-pair de France ; — ex-représentant à la Législative ; — membre du conseil général.

J

JANVIER DE LA MOTTE (le comte), ✻, (Tarn-et-Garonne) ; — ancien magistrat.

JONAGE (le comte de), ✻, (Ain), membre du conseil général ; — maire de Saint-Sorlins (Ain).

JOUVENEL (le baron LÉON de), (Corrèze), ex-député de 1846 à 1848 ; — membre du conseil général.

JUBINAL (ACHILLE), ✻, (Hautes-Pyrénées), homme de lettres ; — ancien professeur de Faculté.

K

KERGORLAY (le comte de), ✻, (Manche), membre du conseil général.

KERVEGUEN (le vicomte de), (Var), membre du conseil général.

KOENIGSWARTER, ✻, (Seine), ancien banquier.

L

LADOUCETTE (le baron EUGÈNE de), ✻, (Ardennes), ancien auditeur; — ancien sous-préfet; — membre du conseil général.

LAFFITTE (CHARLES), ✻, (Lot-et-Garonne), ancien magistrat; — membre du conseil général.

LAGRANGE (le comte FRÉDÉRIC de), ✻, (Gers), ex-représentant à la Législative; — membre du conseil général (Eure).

LAGRANGE (le baron), O. ✻, (Nord), colonel d'artillerie en retraite.

LANGLAIS, ✻, (Sarthe), avocat; — ex-représentant à la Constituante et à la Législative; — membre du conseil général.

LANQUETIN, O. ✻, (Seine), négociant en vins.

LATOUR (le vicomte de), (Côtes-du-Nord), directeur du *Journal de Saint-Brieuc;* — membre du conseil général.

LA TOUR DU MOULIN, O. ✻, (Doubs), ancien directeur de la librairie; — membre du conseil général.

LAUGIER DE CHARTROUZE (le baron), (Bouches-du Rhône), propriétaire.

LEBRETON (le général), G. O. ✻, (Vendée), général de division en retraite; — ex-représentant à la Constituante et à la Législative; — membre du conseil général d'Eure-et-Loir.

LECLERC (JULES), ✻, (Mayenne), propriétaire.

LECOMTE (EUGÈNE), O. ✻, (Yonne), ex-représentant à la Législative; — membre du conseil général.

LECONTE, ✻, (Côtes-du-Nord), banquier; — ex-représentant à la Législative; — membre du conseil général.

LÉDIER, ✻, (Seine-Inférieure), membre du conseil général; — maire de Bacqueville (Seine-Inférieure).

LEFÉBURE, (Haut-Rhin), membre du conseil général.

LEFÈVRE-HERMAND, ✻, (Pas-de-Calais), ancien notaire, ex-député de 1846 à 1848; — membre du conseil général.

LEGRAND, ✻, (Nord), avocat; — ancien conseiller de préfecture.

LEHARIVEL, (Ille-et-Vilaine), manufacturier.

LÉLUT, O. ✻, (Haute-Saône), membre de l'Académie des sciences morales; — médecin; — ex-représentant à la Constituante et à la Législative; — membre du conseil général.

LEMAIRE, O. ✻, (Nord), membre de l'Académie des beaux-arts.

LEMAIRE, O. ✻, (Oise), ex-député de 1832 à 1848; — ex-représentant à la Législative; — membre du conseil général; — maire de Nanteuil-le-Hardouin.

LEMÉLOREL DE LA HAICHOIS, ✻, (Morbihan), avocat.

LE MERCIER (le vicomte ANATOLE), (Charente-Inférieure), membre du conseil général.

LENARDIÈRE (de), (Deux-Sèvres), membre du conseil général; — maire de Nueil-sous-les-Aubiers (Deux-Sèvres).

LE PELETIER D'AUNAY (le comte), ✻, (Nièvre), ancien maître des requêtes et membre du conseil général.

LE QUIEN, O. ✻, (Pas-de-Calais), ancien sous-préfet; ex-représentant à la Législative; — membre du conseil général.

LEROUX (ALFRED), ✻, (Vendée), membre du conseil général.

LEROY-BEAULIEU, ✻, (Calvados), ancien préfet; — ex-représentant à la Législative.

LESCUYER-D'ATTAINVILLE, ✻, (Var), propriétaire.

LESPERUT (le baron de), (Haute-Marne), maître de forges; — ex-représentant à la Législative; — membre du conseil général.

LEVAVASSEUR, (Seine-Inférieure), armateur; — ex-député de 1842 à 1848; — ex-représentant à la Constituante et à la Législative.

LOUIS-BAZILE, ✻, (Côte-d'Or), maître de forges; — ex-député de 1827 à 1834; — membre du conseil général.

LOUVET, ✻, (Maine-et-Loire); — banquier; — ex-représentant à la Constituante; — ex-représentant à la Législative; — membre du conseil général; — maire de Saumur (Maine-et-Loire).

M

MARRAST (François), (Landes), ex-représentant à la Constituante; — ex-représentant à la Législative.

MASSABIAU, ✻, (Haute-Garonne), médecin; — membre du conseil général.

MAUPAS (de), ✻, (Aube), membre du conseil général.

MERCIER, O. ✻, (Mayenne), ancien préfet; — membre du conseil général.

MERCIER (le baron), O. ✻, (Orne), ex-député de 1827 à 1834 et de 1836 à 1848; — membre du conseil général.

MESLIN (le général), G. O. ✻, (Manche), général de division, cadre de réserve; — membre du conseil général; maire de Valognes (Manche).

MÉSONAN (de), C. ✻, (Finistère), chef d'escadron d'état-major en retraite; — membre du conseil général.

MIGEON (le comte Jules), ✻, (Haut-Rhin), ex-représentant à la Législative; — membre du conseil général.

MILLET, ✻, (Vaucluse), avocat; — membre du conseil général; — maire d'Orange (Vaucluse).

MONIER DE LA SIZERANNE, O. ✻, ex-député de 1837 à 1848; — membre du conseil général.

MONNIN-JAPY, O. ✻, (Seine), négociant; — maire du sixième arrondissement de Paris.

MONTALEMBERT (le comte de), (Doubs), membre de l'Institut (Académie française); — ex-pair de France; — ex-représentant à la Constituante et à la Législative.

MONTANE, ✻, (Gironde), armateur; — membre du conseil général.

MONTREUIL (le baron de), ✻, (Eure), ex-représentant à la Constituante; — membre du conseil général.

MORIN, (Drôme), manufacturier; — ex-représentant à la Constituante et à la Législative; — membre du conseil général; — maire de Dieu-le-Fit (Drôme).

MORNY (le comte de), G. C. ✻, (Puy-de-Dôme), ancien officier de cavalerie; — ancien ministre de l'intérieur; — ex-député de 1842 à 1848, — ex-représentant à la Législative; — membre du conseil général; — administrateur des chemins de fer d'Orléans et du Grand-Central.

MORTEMART (le marquis de), (Rhône), ex-député en janvier 1848; — ex-représentant à la Constituante et à la Législative, élu par la Seine-Inférieure; — membre du conseil général (Rhône); — maire de Lachassagne (Rhône).

MURAT (le comte JOACHIM), ✻, (Lot), ancien chargé d'affaires à Florence, à Stockholm; — membre du conseil général.

N

NOGENT-SAINT-LAURENS, ✻, (Loiret), avocat.

NORMAND (le colonel), C. ✻, (Eure-et-Loir), colonel d'artillerie en retraite; — membre du conseil général.

NOUALHIER, ✻, (Haute-Vienne), manufacturier; — membre du conseil général.

NOUBEL, (Lot-et-Garonne), directeur du *Journal de Lot-et-Garonne*, imprimeur.

O

O'QUIN, ✽, (Basses-Pyrénées), avocat, — directeur du *Mémorial des Pyrénées*; — membre du conseil général.

ORNANO (le comte RODOLPHE d'), O. ✽, (Yonne), chambellan de l'Empereur.

OUVRARD (JULES), (Côte-d'Or), membre du conseil général.

P

PARCHAPPE (le général), G. O. ✽, (Marne), général de division, cadre de réserve, membre du conseil général.

PARIEU (de), O. ✽, (Cantal), maire d'Aurillac (Cantal).

PENNAUTIER (le comte de), ✽, (Puy-de-Dôme), ancien capitaine d'état-major; — membre du conseil général; — maire de Domaize (Puy-de-Dôme).

PERPESSAC (de), ✽, (Haute-Garonne), membre du conseil général; — ancien maire de Toulouse (Haute-Garonne).

PERRET, ✽, (Seine), avocat; — maire du huitième arrondissement de Paris.

PETIET (le général baron), G. O. ✽, (Nièvre), général de brigade, cadre de réserve; — membre du conseil général.

PIERRE (le comte de), (Puy-de-Dôme), propriétaire.

PIRÉ DE ROSNYVINEN (le marquis de), (Ille-et-Vilaine), membre du conseil général.

PLANCY (le vicomte de), ✽, (Oise), ancien sous-préfet; ex-représentant à la Législative; — membre du conseil général; — maire d'Agnetz (Oise).

PORTALIS (le baron JULES), (Var), membre du conseil général.

Q

QUESNE. (Seine-Inférieure), fabricant de drap.

R

RAMBOURGT (le vicomte de), (Aube), ancien juge suppléant; — membre du conseil général.

RANDOING, O. ✵, (Somme), manufacturier; — ex-représentant à la Constituante et à la Législative; — membre du conseil général.

RAVINEL (le baron de), (Vosges), ex-représentant à la Législative; — membre du conseil général; — maire de Nossoncourt (Vosges).

REGUIS (le colonel), O. ✵, (Basses-Alpes), lieutenant-colonel d'artillerie en retraite; — membre du conseil général.

REILLE (le baron GUSTAVE), O. ✵, (Eure-et-Loir), propriétaire.

REINACH (le baron de), (Haut-Rhin), maire d'Hirtzbach.

REVEIL, O. ✵, (Rhône), maire de Lyon (Rhône).

RICHE, (Ardennes), avocat; — ex-représentant à la Législative; — membre du conseil général.

RICHEMONT (le baron PAUL de), O. ✵, (Indre-et-Loire), administrateur du chemin de fer d'Orléans; — membre du conseil général; — maire de Saint-Avertin (Indre-et-Loire).

RICHEMONT (le vicomte de), (Lot-et-Garonne), ex-député de 1837 à 1848; — membre du conseil général; — maire de Tombebœuf (Lot-et-Garonne).

RIGAUD, O. ✵, (Bouches-du-Rhône), avocat; — membre du conseil général; — maire d'Aix (Bouches-du-Rhône).

ROCHEMURE (le comte de), ✵, (Ardèche), membre du conseil général; — maire de l'Argentière (Ardèche).

ROMEUF (de), O. ✻, (Haute-Loire), chef d'escadron d'état-major en retraite; — membre du conseil général.

ROQUES-SALVAZA, ✻, (Aude), avocat; — ancien magistrat; — membre du conseil général.

ROULLEAUX-DUGAGE, C. ✻, (Hérault), ancien préfet; membre du conseil général de l'Orne.

S

SAINTE-CROIX (le marquis de), C. ✻, (Orne), maire d'Argentan.

SAINTE-HERMINE (le marquis de), C. ✻, (Vendée), ancien secrétaire général de préfecture.

SAINT-GERMAIN (HERVÉ de), ✻, (Manche), ex-représentant à la Législative; — membre du conseil général; — maire de Saint-Sénier-sous-Avranches.

SALLANDROUZE DE LAMORNAIX, O. ✻, (Creuse), fabricant de tapis; — ex-député de 1846 à 1848; — ex-membre de la Constituante; — membre du conseil général.

SAPEY, O. ✻, (Drôme), ancien directeur de l'enregistrement; — membre du conseil général.

SCHNEIDER, C. ✻. (Saône-et-Loire), maître de forges; ancien ministre de l'agriculture et du commerce; — ex-député de 1845 à 1848; — membre du conseil général; — administrateur du chemin de fer de Paris à Lyon.

SCHYLER, C. ✻, (Gironde), négociant.

SEGRÉTAIN, (Mayenne), maire de Laval.

SEYDOUX, O. ✻, (Nord), manufacturier; — ex-représentant à la Législative; — membre du conseil général.

SOULLIÉ, (Marne), avocat; — ex-représentant à la Constituante et à la Législative; — membre du conseil général.

T

TAILLEFER, ❋, (Dordogne), médecin; — ex-député de 1846 à 1848; — ex-représentant à la Constituante; — membre du conseil général.

TALHOUET (le marquis de), (Sarthe), ex-représentant à la Législative; — membre du conseil général; — maire de Lude (Sarthe).

TARENTE (MACDONALD duc de), ❋, (Loiret), chambellan de l'Empereur; — membre du conseil général.

TAURIAC (le comte de), ❋, (Haute-Garonne), ex-député de 1846 à 1848; — membre du conseil général.

TESNIÈRE, (Charente), avocat; — ancien magistrat; — membre du conseil général.

THIBAUT (GERMAIN), O. ❋, (Seine), négociant; — membre du conseil général.

THIERION (le colonel), C. ❋, (Gironde), gouverneur du palais de Saint-Cloud; — colonel en retraite; — membre du conseil général.

TILLETTE DE CLERMONT (le baron), ❋, (Somme), ex-député de 1842 à 1846; — ex-représentant à la Constituante; — maire d'Abbeville.

TIXIER, ❋, (Haute-Vienne), avocat; — ex-député de 1839 à 1842; — ex-représentant à la Constituante et à la Législative; — membre du conseil général.

TORCY (le marquis de), O. ❋, (Orne), ex-député de 1846 à 1848; — membre du conseil général.

TRAVOT (le baron de), ❋, (Gironde), ancien capitaine de cavalerie; — membre du conseil général; — maire de Boulliac (Gironde).

TROMELIN (le comte de), O. ❋, (Finistère), maire de Ploujean.

U

UZÈS (le duc d'), ✻, (Gard), ex-député de 1843 à 1848.

V

VARIN D'AINVELLE, (Gard), ancien ingénieur en chef des mines; — membre du conseil général; — maire d'Alais (Gard); — administrateur du chemin de fer de Bességes à Alais (Gard).

VAST-VIMEUX (le général baron), C. O. ✻, (Charente-Inférieure), général de brigade, cadre de réserve; — ex-représentant à la Législative; — membre du conseil général.

VAUTIER (ABEL), ✻, (Calvados), ex-député de 1846 à 1848; — membre du conseil général; — négociant; — président de la chambre de commerce de Caen.

VEAUCE (le baron de), (Allier), membre du conseil général; — maire de Veauce (Allier).

VERCLOS (le marquis de), (Vaucluse), membre du conseil général.

VERNIER, ✻, (Côte-d'Or), avocat; — ancien magistrat; membre du conseil général; — maire adjoint de Dijon (Côte-d'Or).

VÉRON, O. ✻, (Seine), docteur-médecin; — homme de lettres, ancien directeur de l'Académie royale de musique; ancien directeur de la *Revue de Paris* et du *Constitutionnel.*

VIARD (le baron), ✻, (Meurthe), ex-représentant à la Législative; — maire de Pont-à-Mousson (Meurthe).

VOIZE (de), (Isère), ancien officier du génie; — membre du conseil général.

W

WATTEBLED, (Pas-de-Calais), ancien notaire; — membre du conseil général.

WENDEL (de), ※, (Moselle), propriétaire de forges; — ancien représentant à la Législative; — membre du conseil général.

RÉSUMÉ

de la composition du Corps législatif pendant l'année 1856.

Attachés à la maison de l'Empereur..........	Chambellans............	9	9
	Premier médecin.........	1	
	Gouverneur de Saint-Cloud	1	
	Lieutenant de vénerie....	1	
Membres de l'Institut...	Académie française......	1	4
	Beaux-arts	2	
	Sciences morales........	1	
Avocats....................................		36	36
Docteurs-médecins..........................		8	8
Hommes de lettres....	Hommes de lettres......	3	9
	Journalistes	6	
Officiers ministériels..	Anciens................	5	8
	Actuels	3	
Administrateurs de chemins de fer..............		4	4

Négociants		18	47
Banquiers		5	
Maîtres de forges et de verrerie, faïencerie		11	
Manufacturiers, fabricants de drap, tapis		8	
Imprimeurs		2	
Fabricants de produits chimiques		1	
Armateurs		2	
Députés sans qualification connue		8	8
Anciens ministres		4	4
Anciens membres du Conseil d'État		5	5
Anciens diplomates		3	3
Anciens magistrats		8	8
Anciens militaires	Cadre de réserve	8	29
	Cadre de retraite	21	
Anciens fonctionnaires		28	28
Anciens pairs de France		4	4
Anciens députés avant 1848		39	39
Anciens représentants à la Constituante		19	19
— à la Législative		37	37
Membres des conseils généraux		185	185
Maires urbains ou ruraux		71	71

TRAVAUX

DU

CORPS LÉGISLATIF

Pendant cinq sessions, années 1852, 1853, 1854, 1855, 1856, le Corps législatif a voté 222 projets de lois d'intérêt général, et 653 projets de lois d'intérêt local.

Sur les projets de lois d'intérêt général, 89 ont été amendés. Sur les projets de lois d'intérêt local, 23 ont reçu, par des amendements, des modifications plus ou moins importantes.

Nous ferons connaître les projets de lois d'intérêt général amendés par le Corps législatif.

SESSION DE 1852.

Dans cette première session, le Corps législatif eut à étudier et à voter 38 projets de lois d'intérêt général, 70 projets d'intérêt local; total : 108.

Sur ces 38 projets de lois d'intérêt général, 11 ont été amendés. Les amendements, soit proposés par des députés et adoptés par les commissions, soit proposés par les commissions elles-mêmes, soumis au Conseil d'État et approuvés par lui, ont fait partie intégrante de la loi votée au scrutin.

I

Réhabilitation des condamnés.

M. LANGLAIS, élu rapporteur.

Cette loi avait pour but d'abroger le chapitre 4 du titre VII du livre II du Code d'instruction criminelle, et de le remplacer par les articles du projet de loi.

Deux amendements, émanant de l'initiative du Corps législatif, ont modifié le projet du Gouvernement.

Le premier amendement, proposé par la commission elle-même, s'appliquant à l'article 619, est ainsi conçu :

Aucun individu, condamné pour crime, qui aura commis un second crime et subi une nouvelle condamnation à une peine afflictive ou infamante, ne sera admis à la réhabilitation.

Le second amendement, proposé et rédigé par MM. O'Quin et Fortoul, modifie l'article 622.

Le projet de loi demandait, dans cet article, que le condamné s'adressât d'abord, pour sa réhabilitation, aux conseils municipaux. Voici l'amendement adopté par la commission et par le Conseil d'État :

Le condamné adresse sa demande en réhabilitation au procureur de la République de l'arrondissement, en faisant connaître : 1° la date de sa condamnation; 2° les lieux où il a résidé depuis sa libération; s'il s'est écoulé, après cette époque, un temps plus long que celui fixé par l'article 620.

Rapport savant et lucide.

II

Refonte des monnaies de cuivre.

M. DEVINCK, élu rapporteur.

Depuis plus de vingt ans, cette question préoccupait l'administration, les chambres de commerce, les conseils généraux, le Gouvernement et les assemblées législatives.

Un amendement très-important, proposé par la commission elle-même et adopté par le Conseil d'État, est venu ajouter deux articles nouveaux au projet du Gouvernement.

Voici ces deux articles :

ARTICLE 10.

Les produits résultant de la vente des matières non employées seront portés en recette au budget de chaque année, et y formeront un article spécial.

ARTICLE 11.

Il sera rendu compte chaque année, par le ministre des finances, de l'emploi des matières provenant du retrait des anciennes monnaies de cuivre.

Rapport plein de faits et de vues pratiques.

III

Règlement définitif du budget de 1848.

Sur la proposition de l'un de ses membres, M. Monier de la Sizeranne, le Corps législatif décide que les commissions pour les budgets se composeront de quatorze membres, c'est-à-dire de deux membres par bureau.

L'assemblée ordonne que la réimpression des tableaux annexés aux deux projets de lois des comptes de 1848 et 1849, ainsi que l'examen dans les bureaux, ne commencera qu'après la distribution des tableaux.

M. Lequien, élu rapporteur.

Un amendement proposé par la commission, accepté par le Conseil d'État, ajoute un *article* 13 au projet du Gouvernement.

Cet article est ainsi conçu :

« Les débets définitivement constatés au profit du Trésor par les divers ministères, seront notifiés au ministère des finances dans le délai de quinze jours qui suivra *la liquidation.*

» Il ne pourra être procédé à aucune révision de liquidation, lorsque les débets résulteront de comptes acceptés par la partie ou définitivement réglés par des décisions administratives ayant acquis l'autorité de la chose jugée.

» Aucune remise totale ou partielle de débet ne pourra être accordée, à titre gracieux, que par le Président de la République, en vertu d'un décret publié au *Moniteur*, sur le rapport du ministre liquidateur et sur l'avis du ministre des finances et du Conseil d'État.

» Un état des remises de débets, accordées à titre gracieux, dans le cours de l'exercice, sera annexé à la loi des comptes. »

Rapport très-étudié.

IV

Crimes commis en pays étranger.

(MODIFICATIONS AU CODE D'INSTRUCTION CRIMINELLE.)

M. VERNIER, élu rapporteur.

Un amendement proposé par la commission, et accepté par le Conseil d'État, modifie ainsi le troisième paragraphe de l'article 7 du projet du Gouvernement :

« Lorsqu'il s'agit d'un délit, ou lorsque le crime a été commis contre un particulier français ou étranger, aucune poursuite n'est exercée contre l'inculpé, *Français ou étranger, s'il prouve qu'il a été jugé définitivement hors de France pour les mêmes faits ; et contre l'inculpé étranger, s'il établit que le fait ne constitue ni crime ni délit dans le pays où il a eu lieu.*

Rapport concis et qui révèle un savant jurisconsulte.

Ce projet de loi n'a pas été promulgué, aucun rapport n'ayant été fait par le Sénat.

V

Projet de loi relatif aux interdictions de séjour dans le département de la Seine et dans les communes de l'agglomération lyonnaise.

M. FORTOUL, élu rapporteur.

La commission a réduit à deux ans l'interdiction de

séjour, admettant seulement que l'interdiction pourra être renouvelée.

La commission a, de plus, modifié ainsi le troisième paragraphe de l'article 3 du projet de loi :

En cas de récidive, la peine sera de deux mois (au lieu de six) à deux ans d'emprisonnement, et le condamné sera placé sous la surveillance de la haute police pendant un an au moins et cinq ans au plus.

Le rapport n'est qu'un simple compte rendu des travaux de la commission.

VI

Projet de loi ayant pour objet la prorogation du monopole des tabacs jusqu'au 1er janvier 1863.

M. le comte DE BRYAS, élu rapporteur.

« Ce projet de loi est d'une grande importance ; il ne s'agit de rien moins, en effet, dit M. le rapporteur, que d'assurer la rentrée d'un impôt dont le chiffre, dans la prévision du budget de 1853, s'élèvera à 127 millions, sur lesquels l'État doit réaliser un bénéfice de 93 millions. »

Ajoutons que le revenu de cet impôt augmente chaque année dans des proportions considérables.

La commission a d'abord étudié les faits relatifs à l'administration de la régie ; elle a constaté que le prix de revient des tabacs fabriqués en France tend sans cesse à s'abaisser ; elle a constaté que, au 1er juin 1852, le nombre des *débits de tabac* s'élevait à 34,626 ; elle pense qu'il faut maintenir le mode actuellement employé pour la vente des tabacs.

La commission, s'appuyant sur une enquête de 1835,

approuve le monopole des tabacs par l'État. Elle passe en revue la législation qui, pendant douze années, a régi la liberté de fabrication : mécontentement général, pertes énormes pour le Trésor, tels sont les résultats de cette liberté de fabrication.

La commission, s'inspirant des amendements de plusieurs députés, formula elle-même des amendements qui furent discutés devant le Conseil d'État, mais qui ne furent point admis par lui.

« Votre commission vous propose en conséquence, dit M. le comte de Bryas, en terminant son rapport, d'adopter le projet de loi du Gouvernement, tout en regrettant que le refus de la partie de son amendement destinée à sauvegarder la production indigène l'ait forcé de renoncer à un projet dont elle avait cru devoir prendre l'initiative, dans l'intérêt des finances de l'État et de la consommation elle-même. »

Ce rapport, digne d'un économiste et d'un financier, est complet sur la matière qu'il traite; il restera dans les annales du Corps législatif comme un document du plus haut intérêt.

VII

Projet de loi portant application d'un fonds annuel de 300,000 francs, pour l'indemnité viagère au profit de la dernière liste civile.

M. Évariste Bavoux, élu rapporteur.

« L'exposé des motifs, dit M. le rapporteur, enumère les lois successives qui, en 1795, en 1815, après 1830, sont venues comme numéroter en chiffres les répartitions payées par chaque Gouvernement aux serviteurs du Gouvernement qui l'avait précédé. Et, chose étrange! dans cette énumération, c'est peut-être la Convention qui, par son décret du 27 août 1793, s'est montrée la plus bienveillante et la plus libérale vis-à-vis des anciens serviteurs de la royauté, dont elle reconnaissait les services, après une simple durée de cinq ans: exemple mémorable de la puissance des vrais principes ! »

La commission fit adopter par le Conseil d'Etat cette clause additionnelle à l'article 2 du projet du Gouvernement :

Les employés et agents maintenus ou replacés dans les administrations publiques pourront compter, pour leur retraite, leurs services antérieurs dans la liste civile comme services propres au département ministériel qui les emploie, à la charge par eux de prendre l'engagement, dans un délai de quatre mois, de verser le montant des retenues réglementaires qu'ils auraient eu à subir proportionnellement au traitement dont ils ont joui dans la liste civile.

Ce rapport, inspiré par des sentiments de générosité et de haute équité administrative, est écrit avec talent.

VIII

Projet de loi relatif à l'élection des membres des conseils généraux, des conseils d'arrondissement et des conseils municipaux.

M. Duboys (d'Angers), élu rapporteur.

La commission n'accepte ce projet de loi que comme tendant uniquement, et d'urgence, à pourvoir aux nécessités de la situation présente, sans engager l'avenir ; aussi, dans l'article 2, la commission a-t-elle pris acte de ce fait par cette rédaction:

ARTICLE 2.

Jusqu'à la loi définitive qui doit régler l'organisation départementale et municipale, les élections auront lieu conformément aux lois existantes, sauf les modifications portées en la présente loi.

La commission fit, en outre, insérer dans l'*article* 3 les nouvelles dispositions qui suivent :

« Le préfet pourra, par un arrêté, diviser en sections électorales les communes, quelle que soit leur population.

» Pour l'élection des membres des conseils municipaux, il aura la faculté de fixer, par le même arrêté, le nombre des conseillers qui devront être nommés par chacune des sections.

» Dans les communes qui comptent 2,500 âmes et plus, le scrutin durera deux jours ; il sera ouvert le samedi et clos le dimanche.

» Dans les communes d'une population moindre, le scrutin ne durera qu'un jour ; il sera ouvert et clos le dimanche. »

Ce rapport, net et précis, a surtout pour but de conserver à cette loi son caractère transitoire; il ajourne donc toutes les questions qui s'y rattachent, et notamment celle du suffrage universel appliqué aux élections des conseils généraux, d'arrondissement et municipaux.

IX

Projet de loi relatif au chemin de fer de Paris à Cherbourg.

Le Baron Paul DE RICHEMONT, élu rapporteur.

« Votre commission, dit M. le baron Paul de Richemont, pénétrée de la volonté exprimée par vos bureaux de ne pas ajourner la discussion de cette loi, s'est consacrée sans relâche à son examen. Elle a entendu tous les représentants des localités intéressées dans le parcours de la ligne. »

Plusieurs modifications apportées au projet de loi par la commission ont été approuvées par le Conseil d'État, entre autres :

ARTICLE 2.

Le tracé de l'embranchement dirigé de Serquigny sur Rouen sera déterminé par la loi de concession qui sera soumise au Corps législatif.

Le rapport de M. de Richemont est surtout un résumé complet des études, des enquêtes et des travaux consciencieux de la commission.

X

Projet de loi relatif à l'échange de l'hôtel du ministère des affaires étrangères contre l'hôtel Sébastiani, et portant ouverture d'un crédit de 700,000 francs au ministère des finances sur l'exercice 1852, pour l'acquisition de l'hôtel de Castellane.

M. le marquis D'ANDELARRE, élu rapporteur.

La commission a rejeté le projet de loi qui lui était demandé. Unanime pour conclure à la réunion de l'hôtel Sébastiani au palais de l'Élysée, elle n'a pas été moins unanime pour proposer le rejet de l'échange et l'ouverture d'un crédit destiné à poursuivre cette réunion.

« Quant à l'hôtel de Castellane, dit M. le rapporteur, votre commission trouve une extrême exagération dans le prix demandé pour cet immeuble. Si l'on se rend compte, en effet, de l'état dans lequel il se trouve et du peu d'étendue de terrain qu'il occupe, qui n'est guère que de 2,500 mètres carrés, on est frappé de ce caractère d'exagération. Votre commission ne peut donc trop engager M. le ministre des finances à ne faire aucune concession qui ne soit suffisamment justifiée, et, dans ce but, elle vous propose d'armer au besoin le Gouvernement en lui accordant la faculté d'expropriation. »

S'inspirant d'un amendement de M. de Bussierre et de M. de Mortemart, la commission propose au Corps législatif tout un nouveau projet de loi, adopté par le Conseil d'État. Voici ce nouveau projet :

ARTICLE PREMIER.

Est déclarée d'utilité publique la réunion au palais de l'Élysée, des hôtels situés rue du Faubourg-Saint-Honoré, nos 51 et 53, connus sous le nom d'hôtels Sébastiani et de Castellane.

ARTICLE 2.

Il est ouvert au ministère des finances un crédit extraordinaire de 1,400,000 francs, sur l'exercice 1852, pour effectuer l'acquisition des deux hôtels énoncés dans l'article 1er, soit par voie amiable, soit par expropriation pour cause d'utilité publique.

ARTICLE 3.

Il sera pourvu à la dépense autorisée par l'article 2 de la présente loi au moyen des ressources affectées, par le décret du 17 *mars* 1852, *aux besoins de l'exercice courant.*

Le rapport du laborieux M. le marquis d'Andelarre met en lumière les études et les enquêtes de la commission, faites dans les intérêts de l'État, mal sauvegardés par le projet du Gouvernement.

XI

Projet de loi portant fixation du budget général des recettes et dépenses de l'exercice 1853.

C'est le premier budget pour un exercice futur qu'eut à voter le Corps législatif.

On décida que chaque bureau nommerait trois commissaires : la commission se trouva donc ainsi composée de vingt et un membres. On remarquera que sur ces vingt et un membres élus, seize appartiennent aux anciennes assemblées et ont ainsi pris part à la pratique du régime parlementaire.

Cette commission est composée [1] de MM. Ouvrard, Taillefer *, Favart *, Gouin *, Louvet *, le comte de Montalembert *, le comte de Chasseloup-Laubat *, le duc d'Uzès *, le comte de Flavigny *, le baron de Bussierre *, le duc de Mouchy *, le baron de Ravinel *, Ancel *, le baron Hallez-Claparède *, de Belleyme *, Adolphe Lequien *, Garnier, Randoing *, Faure *, Perret, Delamarre (Creuse).

Deux rapporteurs furent élus par la commission : M. le comte de Chasseloup-Laubat, pour le budget des dépenses ; M. Gouin, pour le budget des recettes.

1 Les noms des membres ayant appartenu aux anciennes assemblées sont marqués d'un astérisque.

M. le comte de Chasseloup-Laubat, ancien député de 1837 à 1848, ex-représentant à la Législative, ancien conseiller d'État, ancien ministre de la marine; M. Gouin, ancien député de 1831 à 1848, ex-représentant à la Constituante et à la Législative, ancien ministre de l'agriculture et du commerce, et banquier, étaient certes tous deux des rapporteurs compétents.

Rapport sur le budget des dépenses.

En parlant de l'administration des finances, Sully a dit : « C'est le point essentiel et le plus intéressant du Gouvernement. C'est par le moyen des finances qu'on fait tout; sans elles, on ne saurait rien faire. C'est de là que dépend le soulagement ou l'accablement des peuples ; c'est de là que dérivent les bons ou les mauvais succès des desseins et des entreprises ; c'est ce qui cause la grandeur ou la ruine des empires. »

C'est ainsi que M. le comte de Chasseloup-Laubat commence son rapport sur le budget des dépenses.

« Au début de la carrière du Corps législatif, au lendemain des révolutions, ajoute M. le rapporteur, avertir avec calme, laisser au Gouvernement la liberté, la responsabilité de ses nouvelles organisations, enfin ne vouloir faire que les économies sur lesquelles on ne peut avoir de doute : c'est, en définitive, satisfaire au présent et réserver l'avenir. »

M. le rapporteur regrette que MM. les conseillers d'État remplacent les ministres avec lesquels les commissions des budgets communiquaient autrefois directement. Cette complication des rapports entre le Gouvernement et les commissions des budgets cause surtout une grande perte de temps, et le temps est précieux dans des sessions dont la durée réglementaire est de trois mois, qui ne peuvent guère être prorogées que de quinze jours ou un mois au plus.

Je ne suivrai pas M. le rapporteur dans l'examen consciencieux, dans l'étude approfondie de tous les chapitres du budget des dépenses; mais je reproduirai textuellement les conclusions de ce rapport, plein de modération et de fermeté :

« Nous voici, messieurs, arrivés au terme de notre tâche, dit M. le rapporteur ; vous savez à présent tous, comme nous, quelle est notre situation financière. Vous savez que sur un budget de 1,489,341,358 francs, nous avons cru pouvoir réduire les crédits demandés d'une somme de 18 millions, et que le Conseil d'État n'a admis nos propositions que pour 9,233,135 francs. Vous savez, enfin, quelle est notre opinion sur les points principaux sur lesquels vous êtes appelés à délibérer.

» Maintenant, c'est à vous de prononcer.

» Quant à votre commission, dans l'accomplissement de cette tâche que vous lui avez imposée, elle a cherché, permettez-nous de vous le dire, à s'inspirer de l'esprit de sagesse et de modération qui vous anime; et si le rapport qu'elle vous présente ne vous en donne pas la conviction la plus entière, n'accusez que l'insuffisance de l'interprète qu'elle a choisi. »

Le rapport de M. le comte de Chasseloup-Laubat exprimait l'opinion unanime de la commission du budget. Je prétends, sans crainte d'être contredit, que sous aucun Gouvernement, dans aucune assemblée, même avec le régime parlementaire, une commission du budget n'eût ni mieux dit, ni mieux fait.

Rapport sur le budget des recettes.

M. Gouin, rapporteur.

M. Gouin commence aussi par se plaindre du mode indirect de communication de la commission du budget avec le Gouvernement.

Plusieurs amendements proposés par la commission ont été adoptés par le Conseil d'État.

. Voici, parmi les amendements votés par le Corps législatif, le plus important :

ARTICLE 24.

La somme que l'État pourra affecter, en 1853, à l'encouragement des premières opérations des sociétés de crédit foncier, en exécution de l'article 5 du décret du 28 février 1852, est fixée à 10 millions.

L'avance sera faite à ces sociétés, sous la garantie du Trésor, par la caisse des dépôts et consignations, contre la cession de leurs lettres de gage, en vertu d'une décision du ministre des finances.

ARTICLE 27.

Par cet article, plusieurs décrets relatifs au cumul des ensions étaient abrogés.

Cette proposition incidente du Gouvernement fut adoptée par la commission,

Une seconde disposition additionnelle, ainsi conçue, fut ajoutée :

Les professeurs et les gens de lettres, les savants et les artistes pourront remplir plusieurs fonctions et occuper plusieurs chaires rétribuées sur les fonds du Trésor public.

Néanmoins, le montant des traitements cumulés, tant fixes qu'éventuels, ne pourra dépasser 20,000 francs.

ARTICLE 29.

Le droit de timbre fixé par l'article 1er de la loi du 5 juin 1850 pourra être perçu par voie d'abonnement, sur les lettres de gage des compagnies de crédit foncier, conformément aux deux derniers paragraphes de l'article 37 de ladite loi.

Mesure toute dans l'intérêt des sociétés de crédit foncier.

A l'article 29, relatif au timbre, figure encore cet amendement présenté par M. Véron, et adopté par la commission du budget et par le Conseil d'État :

A partir du 1er août 1852, toute affiche inscrite dans un lieu public, sur les murs, sur une construction quelconque, ou même sur toile, au moyen de la peinture ou de tout autre procédé, donnera lieu à un droit d'affichage fixé à 50 centimes pour les affiches d'un mètre carré et au-dessous, et à 1 franc pour celles d'une dimension supérieure.

Un règlement d'administration publique déterminera le mode d'exécution du présent article.

Toute infraction à la présente disposition et toute contravention au règlement à intervenir pourront être punies d'une amende de 100 à 500 francs, ainsi que des peines portées à l'article 464 du Code pénal.

Cet amendement, dit M. le rapporteur, comble une lacune de la loi de 1816, rétablit l'égalité entre tous les contribuables et assure la perception de produits qui échappaient au Trésor par suite de l'insuffisance de la législation actuelle.

« Nous désirons vivement, dit en concluant M. le rapporteur, que le Gouvernement prépare un système complet, susceptible de nous conduire à un état financier normal; nous désirons qu'il se mette en mesure de rendre à l'amortissement l'action que lui garantissent des lois non abrogées et dont la conséquence serait si favorable à notre crédit; nous désirons que, tout en abordant la création d'impôts nouveaux, il réalise toutes les économies que notre situation actuelle exige; nous désirons, enfin, que ses plans sur cette matière soient tellement complets, que tout le monde puisse y trouver une solution propre à dégager l'avenir de la perspective d'un nouvel appel aux contribuables, et à donner la certitude à toutes les industries que les bases fiscales sur lesquelles reposent leurs opérations ne seront pas dérangées. »

Le rapporteur, organe de la commission, ne ménage au Gouvernement ni les sages conseils ni les avertissements utiles.

SESSION DE 1853.

Dans cette session, le Corps législatif eut à voter 53 projets de lois d'intérêt général, 113 d'intérêt local.

Sur ces 53 projets de lois d'intérêt général, 21 ont été amendés par le Corps législatif.

I

Projet de loi sur les pensions civiles.

M. Gouin, élu rapporteur.

« Nous ne pouvons pas perdre de vue, dit M. le rapporteur, qu'il s'agit ici de fonder un avenir, de créer sur le Trésor des droits définitifs dont l'importance sera considérable, si nous n'avons pas la sagesse de les limiter, ainsi que l'ont constamment exigé les législateurs qui se sont occupés de cette matière depuis 1790. Mieux vaudrait un ajournement d'une année que de voter la loi avec la conviction qu'elle renferme des périls pour nos finances. »

Ce projet de loi est un système tout entier, qui rend le Trésor *débiteur principal* de toutes les pensions, aussi bien pour le passé que pour l'avenir.

La commission repoussa ce système. Elle consentit à supprimer toutes les caisses particulières de pensions des administrations, pour les réunir en une seule caisse spéciale, placée sous la direction du ministre des finances, ayant pour ressources les retenues, et recevant du Trésor une *quotité fixe;* une loi statuerait ultérieurement sur la proportionnalité de ce double concours. La commission, comme on le voit, présentait un projet de loi tout nouveau ; elle s'est trouvée ainsi en dissentiment complet avec le Conseil d'État.

Un grand nombre d'amendements ont été proposés par plusieurs députés et par la commission.

Quelques modifications au projet de loi, proposées par la commission, furent adoptées par le Conseil d'État. Nous citerons, entre autres, cet article additionnel d'une grande importance :

ARTICLE 21.

Il sera rendu compte annuellement, lors de la présentation de la loi du budget, des pensions de retraite concédées et inscrites en vertu de la présente loi, en distinguant les charges antérieures à celles postérieures au 1er *janvier* 1854.

Le projet de loi ne fut point ajourné et fut voté avec les modifications et les articles additionnels de la commission, adoptés par le Conseil d'État.

II

Projet de loi concernant les enfants confiés à l'assistance publique.

M. Rémacle, élu rapporteur.

Toutes les questions de morale, d'humanité et d'administration ont été étudiées dans ce rapport. Un grand nombre d'amendements ont été proposés, soit par des députés étrangers à la commission, soit dans le sein de la commission elle-même.

Le projet de loi du Gouvernement s'est trouvé ainsi modifié et complété par la commission, d'accord avec le Conseil d'État.

M. Rémacle, rapporteur, fut ultérieurement nommé préfet.

III

Projet de loi relatif au rachat des actions de jouissance des compagnies : 1o du canal du Rhône au Rhin ; 2o du canal de Bourgogne ; 3o des Quatre-Canaux.

M. le baron Paul de Richemont, élu rapporteur.

La commission modifia la rédaction de plusieurs articles du projet de loi du Gouvernement, pour la rendre plus nette et plus précise.

IV

Projet de loi sur les conseils de prud'hommes.

M. Curnier, élu rapporteur.

Le projet du Gouvernement a été modifié utilement par la commission.

ARTICLE 1er.

Le nouveau projet de loi adopté par la commission et le Conseil d'État veut que le Gouvernement, pour établir les conseils de prud'hommes, prenne avis des chambres de commerce, ou des chambres consultatives des arts et manufactures.

Il exige, de plus, que le nombre des membres de chaque conseil soit de six au moins, non compris le président et le vice-président.

ARTICLE 3.

La commission admet que les secrétaires des conseils seront nommés et révoqués par le préfet, mais *sur la proposition du président.*

ARTICLE 10.

La commission introduit dans cet article un paragraphe additionnel ainsi conçu :

Lorsque, par un motif quelconque, il y a lieu de procéder au remplacement d'un ou plusieurs membres d'un conseil de prud'hommes, le préfet convoque les électeurs.

Tout membre élu en remplacement d'un autre ne demeure en fonction que pendant la durée du mandat confié à son prédécesseur.

ARTICLE 11.

La commission a entièrement refait cet article. Voici

la rédaction de la commission votée par la Chambre :

Le bureau général est composé, indépendamment du président ou du vice-président, d'un nombre égal de prud'hommes-patrons et de prud'hommes-ouvriers. Ce nombre est au moins de deux prud'hommes-patrons et de deux prud'hommes-ouvriers, quel que soit celui des membres dont se compose le conseil.

ARTICLE 13.

Addition de la commission : *Au-dessus de 200 francs, les jugements sont sujets à l'appel devant le tribunal de commerce.*

ARTICLE 14.

Cet article se trouve encore modifié par la commission pour l'exécution des jugements.

V

Projet de loi relatif aux caisses d'épargne.

(INTÉRÊTS ET LIMITES DES VERSEMENTS)

M. LOUVET, élu rapporteur.

Ce projet de loi se divise en quatre articles.

L'article 1er abaisse de 4 et demi à 4 pour 100 le taux de l'intérêt bonifié aux caisses d'épargne.

L'article 2 fait rentrer dans les limites du maximum de 1,000 francs, fixé par la loi du 30 juin 1851, les livrets non productifs d'intérêt, qui n'ont pas encore été soumis à l'application de cette loi.

L'article 3 étend les immunités de la loi du 28 floréal an VII aux pièces que les héritiers des déposants sont obligés de produire, pour constater leurs droits.

Enfin, l'article 4 établit la prescription trentenaire en faveur des caisses d'épargne vis-à-vis des déposants et de leurs ayants droit.

MM. les conseillers d'État chargés de soutenir le projet et MM. les administrateurs de la caisse d'épargne de Paris ont été appelés au sein de la commission.

Le projet de loi du Gouvernement n'a été modifié que dans quelques détails d'exécution.

En confiant le rapport à M. Louvet, économiste et financier, la commission était sûre à l'avance que toutes les questions relatives au projet de loi seraient étudiées avec un profond savoir et des vues pratiques.

VI

Projet de loi tendant à la révision de la loi du 18 juin 1850, portant création de la caisse de retraites pour la vieillesse.

M. Jules OUVRARD, élu rapporteur.

Ce projet de loi fixe à 4 et demi pour 100 le taux de l'intérêt sur lequel est basée la rente à liquider. La commission demandait que ce taux fût fixé immédiatement à 4 pour 100; cette réduction ne fut point adoptée par le Conseil d'État.

Pour déconcerter et écarter la spéculation et les placements, l'article 6 du projet fixait à 3,000 francs le maximum des versements annuels de chaque déposant. La commission a réduit ce chiffre à 2,000 et a fait adopter cette réduction par le Conseil d'État.

Le projet de loi fut encore modifié par la commission dans quelques-unes de ses dispositions exécutoires.

La pensée de l'institution d'une caisse des retraites, qui s'était fait jour dans l'Assemblée constituante en 1848, l'Assemblée législative la fit pénétrer dans nos lois en 1850.

« Remédier à la misère, dit M. Jules Ouvrard, par le travail et l'économie, offrir au pauvre, à l'ouvrier, les moyens d'assurer le repos de ses vieux jours par ses propres efforts, par l'épargne quotidienne sur le produit de ses labeurs, n'est-ce pas tout à la fois cicatriser une plaie profonde et moraliser la nature humaine, en relevant sa dignité, en excitant l'émulation du bien? L'aumône décourage du travail et humilie; l'épargne rend à l'homme sa confiance en lui-même, et active ses efforts en fortifiant l'esprit de prévoyance et d'économie. »

VII

Projet de loi tendant à modifier la loi du 20 novembre 1850 sur la correspondance télégraphique privée.

M. le comte DE BRYAS, élu rapporteur.

En 1846, une seule ligne de télégraphie électrique existait en France, c'était celle de Paris à Rouen; en 1849, l'Assemblée législative ouvre un crédit de 900,637 francs pour l'établissement de sept nouvelles lignes; en 1851, cette assemblée vote un nouveau crédit de 707,506 francs 67 centimes pour l'ouverture de neuf nouvelles lignes.

Enfin, un décret promulgué le 6 janvier 1852 ouvre un crédit de 4,832,987 francs au ministère de l'intérieur, sous M. le comte de Morny, et complète ainsi le réseau de la télégraphie électrique, de façon à mettre tous les chefs-lieux de département en communication avec Paris; il rattache également à la capitale une foule de localités intermédiaires.

La construction de quatre lignes complémentaires a exigé, en 1853, l'ouverture d'un crédit de 177,000 francs.

Pour compléter et redresser, en quelques points, le vaste réseau des lignes télégraphiques, on demande encore 419,636 francs au budget de 1854. La totalité des crédits demandés pour la dépense de premier établissement s'élève donc jusqu'à ce jour à 7,037,766 francs, moins la ligne de Rouen, précédemment construite.

L'exploitation d'un si vaste réseau nécessite une dépense annuelle de 2,245,130 francs ; mais au même budget figure, au profit de l'État, une somme de 1 million de francs en prévision des recettes de la télégraphie privée.

La commission donne une haute approbation à de pareilles dépenses, et ne modifie le projet de loi que dans quelques détails d'exécution.

Le rapport de M. le comte de Bryas, où abondent les faits historiques, est plein d'intérêt.

VIII

Projet de loi sur la composition du jury en matière criminelle.

M. Langlais, élu rapporteur.

« Dans le nouveau projet de loi, dit M. Langlais, le ministère du juré cesse d'être envisagé comme un droit, pour devenir ce qu'il est dans la réalité et la vérité, une simple fonction; on n'est plus appelé à l'exercer parce qu'on est en possession du droit de citoyen; mais seulement si l'on est jugé capable et digne de le remplir; et cette nouveauté, d'une haute signification, se marque par la suppression de la liste générale. La commission applaudit à ce principe qui imprime à la loi le signe d'une œuvre d'émancipation, et qui, en reportant la justice dans la raison supérieure aux agitations, lui rend ses garanties et sa dignité. »

La commission n'apporte donc que de légères modifications aux nombreux articles du projet de loi.

IX

Projet de loi sur la déclaration du jury.

M. Duboys (d'Angers), élu rapporteur.

Au nom de *la philosophie* et de *l'humanité* outragées, un décret du 6 mars 1848 décida que, dans la déclaration du jury, la condamnation ne serait désormais prononcée qu'à la majorité de neuf voix; le 18 octobre de la même année, cette majorité fut réduite à huit voix.

L'article 1er du projet de loi reproduit littéralement l'article 347 du Code d'instruction criminelle, tel qu'il était de 1835 à 1848. Il est ainsi conçu :

« La décision du jury, tant contre l'accusé que sur les circonstances atténuantes, se forme à la majorité. La déclaration du jury constate cette majorité sans que le nombre de voix puisse y être exprimé. Le tout à peine de nullité. »

La commission s'est unanimement associée aux intentions du Gouvernement, et n'a modifié que dans quelques-uns de ses articles le projet de loi présenté.

X

Projet de loi sur les pourvoirs en matière criminelle.

M. Favart, élu rapporteur.

Toute l'importance du projet, et elle est grande, consiste dans la restriction de l'effet suspensif à l'égard des pourvois formés après l'expiration des délais imposés par les articles 296 et 373 du Code d'instruction criminelle.

Les questions soulevées dans la commission ont amené une discussion approfondie et intéressante entre ses membres et MM. les conseillers d'État, commissaires du Gouvernement.

Le rapport de M. Favart, digne d'un savant légiste, reproduit ce débat avec clarté et concision. Une très-légère modification, proposée par M. Rouher, vice-président du Conseil d'État, est approuvée par la commission et introduite dans le projet de loi.

XI

Projet de loi tendant à proroger les dispositions du titre XV du Code forestier.

M. LOUVET, élu rapporteur.

Le Gouvernement demandait que ce titre XV, relatif au défrichement de bois appartenant à des particuliers, continuât d'être en vigueur pour un temps illimité. La commission a radicalement changé ce projet de loi en ne prolongeant l'exécution du titre XV du Code forestier que jusqu'au 31 juillet 1856.

Le rapport de M. Louvet, plein de considérations historiques, de vues sages, de légitimes réclamations, obtint la haute approbation de la Chambre.

Le Conseil d'État s'était d'abord rendu aux vœux de la commission.

XII

Projet de loi sur la transcription.

M. Adolphe de Belleyme, élu rapporteur.

Ce projet de loi accomplit une réforme utile dans l'établissement et la constitution du droit de propriété ; il met fin au vice de notre régime hypothécaire.

Le rapport de M. Adolphe de Belleyme, complet et savant sur la matière, approuve dans son ensemble le projet de loi que la commission, d'accord avec le Conseil d'État, a cependant amendé dans plus d'un de ses articles.

XIII

Projet de loi relatif aux sociétés de crédit foncier.

M. Allart, élu rapporteur.

Ce projet de loi, très-étudié dans le rapport au point de vue pratique, a été amendé dans quelques-uns de ses détails d'exécution.

XIV

Projet de loi ayant pour objet d'accorder aux héritiers de Philippe de Girard, inventeur de la filature mécanique du lin, une pension à titre de récompense nationale.

M. Seydoux, élu rapporteur.

La commission, favorable au projet de loi, y a seulement

introduit la réversibilité intégrale de la pension accordée au sieur Philippe de Girard, sur la tête de la dame de Vernède de Corneillan, pensionnée elle-même, et, en cas de mort de celle-ci, sur la tête de sa fille.

L'industrie peut être sûre d'être toujours protégée et honorée au sein du Corps législatif.

XV

Projet de loi relatif aux comptoirs et sous-comptoirs d'escompte.

M. Riché, élu rapporteur.

Le rapport de M. Riché, plein de vues sensées et pratiques, fait spirituellement l'histoire des comptoirs d'escompte, une des créations de 1848, qu'il appelle *le Gouvernement des tempêtes*. Appréciant les services que peuvent rendre ces comptoirs et sous-comptoirs, il en admet la durée.

D'accord avec le Conseil d'État, la commission a introduit l'article additionnel suivant :

Le ministre des finances, avant de proposer l'établissement ou la prorogation d'un comptoir ou sous-comptoir d'escompte, prendra l'avis: 1° de la chambre de commerce; 2° du conseil municipal de la ville dans laquelle le comptoir ou sous-comptoir devra être établi ou prorogé.

XVI

Projet de loi ayant pour objet d'autoriser le préfet de police de Paris à exercer dans toutes les communes du département de la Seine les fonctions qui lui sont déférées par l'arrêté des consuls du 12 messidor an VIII.

M. AYMÉ, élu rapporteur.

La commission, d'accord avec le Conseil d'État, a introduit dans la loi l'article additionnel suivant :

La proportion dans laquelle chaque commune participera aux dépenses sera fixée par le préfet du département de la Seine, en conseil de préfecture.

XVII

Projet de loi ayant pour objet de remettre en vigueur les articles 86 et 87 du Code pénal.

M. le vicomte DE LA GUÉRONNIÈRE, élu rapporteur.

Ce projet de loi contenait une des plus hautes questions que le Corps législatif ait eu à juger ; cette question était celle-ci : « La peine de mort doit-elle être rétablie en matière politique ? »

Il se produisit dans toute la Chambre des convictions si fermes, si absolues contre le rétablissement de la peine de mort pour les crimes politiques, au milieu de la mobilité de nos opinions, de nos changements de Gouvernement, au milieu surtout de nos mœurs adoucies, que le rapport dut renverser le projet de loi proposé, qui concluait au rétablissement de la peine de mort.

M. le vicomte de la Guéronnière se montra digne de la mission qui lui était confiée : le rapport, lu devant la

Chambre, reçut d'elle la plus éclatante approbation. L'éloquent rapporteur, après des considérations historiques pleines d'intérêt, prouve que la peine de mort pour les crimes politiques n'est ni juste ni utile.

Le projet de loi du Gouvernement disait : « Les articles 86 et 87 du Code pénal sont remis en vigueur. »

La loi votée par le Corps législatif dit, au contraire : « Les articles 86 et 87 du Code pénal sont modifiés ainsi qu'il suit...

Quelques légères modifications sont apportées à l'article 86 ; mais quant à l'article 87 modifié, en voici le texte :

L'attentat dont le but est, soit de détruire ou de changer le Gouvernement ou l'ordre de successibilité au trône, soit d'exciter les citoyens ou habitants à s'armer contre l'autorité impériale, est puni de la peine de la déportation dans une enceinte fortifiée.

XVIII

Projet de loi relatif à la conversion des dettes actuelles des départements et des communes.

M. Adolphe de Belleyme, élu rapporteur.

Après des considérations sur les progrès du crédit en France, le rapport approuve, au nom de la commission, le projet de loi.

Un amendement de M. le marquis de Torcy, adopté par la commission et le Conseil d'État, est introduit dans la loi comme article additionnel. Voici cet article :

ARTICLE 5.

A l'expiration du délai fixé par l'article 1er *de la présente loi, un état des dettes converties en emprunts nouveaux sera présenté à l'Empereur et communiqué au Corps législatif.*

Cet état indiquera, par communes et par départements, la nature et l'origine des dettes converties, leur quotité, le mode et les conditions de l'emprunt nouveau, ainsi que les réductions opérées sur les centimes extraordinaires et sur les taxes additionnelles d'octroi.

XIX

Projet de loi sur le droit de propriété garanti aux veuves et aux enfants des auteurs, des compositeurs et des artistes.

M. Achille JUBINAL, élu rapporteur.

Ce projet de loi fut l'accomplissement d'une promesse faite par S. M. l'Empereur à la commission des auteurs dramatiques, dans une audience particulière.

Le rapport de M. Jubinal regarde ce projet de loi comme transitoire.

La commission a toutefois apporté aux articles de cette loi des modifications qui en rendent la signification plus nette et plus explicite.

XX

Projet de loi portant fixation du budget général des dépenses et des recettes de l'exercice 1852.

M. LEQUIEN, élu rapporteur.

Le rapport, patiente et minutieuse enquête, conclut à l'adoption du projet de loi, mais en en modifiant la rédaction et en le complétant par un article additionnel.

XXI

Budget des recettes et des dépenses pour l'exercice 1854.

Les deux budgets sont réunis; chaque bureau nomme seulement deux commissaires.

La commission se compose donc de quatorze membres. Sur ce nombre, huit membres ont appartenu aux anciennes assemblées, et ont pris part à la pratique du gouvernement parlementaire.

Cette commission se compose de [1] MM. Schneider, président *, le baron de Richemont, secrétaire, Alfred Leroux, secrétaire, le baron de Bussierre *, Gouin *, Faure *, Devinck, Randoing *, Lélut *, Monier de la Sizeranne *, Bertrand (de l'Yonne) *, Faugier, Crosnier, Vernier.

M. Schneider, maître de forges, ex-député de 1845 à 1848, ancien ministre de l'agriculture et du commerce, est élu rapporteur.

Voici les conclusions de son rapport :

« Le budget des dépenses présente d'importantes économies, comparativement aux allocations que vous avez votées l'an dernier ; ces économies portent principalement sur le budget de la guerre.

» Nous ne pensons pas qu'il soit possible de faire actuellement des réductions plus fortes ; mais nous croyons que tous les besoins sont suffisamment et convenablement dotés ; nous espérons, dès lors, que les différences éventuelles en

[1] Les noms des membres ayant appartenu aux anciennes chambres sont marqués d'un astérisque.

plus ou en moins, entre les prévisions et la réalité des faits, pourront se compenser au moyen de virements, sans qu'il soit nécessaire de recourir à des crédits supplémentaires.

» Le crédit des travaux extraordinaires a été augmenté d'une somme presque correspondante à la réduction opérée sur les dépenses de l'armée.

» Le budget des recettes est basé sur des éventualités modérées et que justifient complétement l'expérience du passé et la prospérité du pays.

» L'ensemble des réductions résultant de nos propositions consenties par le Conseil d'État s'élève à 2,079,000 fr., défalcation faite d'une augmentation de 200,000 fr.

» A la suite des modifications qui résultent de nos amendements, le budget des recettes présente un total de . . . . 1,520,288,089 fr.

» Le budget des dépenses de 1,516,820,459

» D'où résulte un excédant de. . . . 3,467,630 fr.

» Nous nous croyons, dès lors, autorisés à dire avec conviction que le budget de 1854 est en équilibre, et que cet équilibre doit passer des prévisions dans la réalité des faits, si le pays, comme nous n'en pouvons douter, continue à jouir de la même prospérité, et s'il ne survient pas des événements imprévus qui motivent exceptionnellement des crédits extraordinaires pour une somme supérieure à l'excédant en prévision. »

SESSION DE 1854.

—

Dans cette session, le Corps législatif a voté 39 projets de lois d'intérêt général et 170 d'intérêt local.

Sur les 39 projets d'intérêt général, 15 lois ont été amendées.

I

Projet de loi relatif aux livrets des ouvriers.

M. BERTRAND (de l'Yonne), élu rapporteur.

Le livret est d'institution moderne, il ne remonte pas à plus d'un siècle; les lettres patentes de 1791 contiennent toute la législation du livret.

Le projet de loi a pour but d'approprier les conditions du livret à la situation industrielle et économique de notre époque. Plusieurs amendements ont été proposés par la commission et par des députés n'en faisant pas partie. Cette question des livrets d'ouvriers, si importante aujourd'hui, a été très-étudiée au sein du Corps législatif, dans les bureaux et dans la commission.

Au moment où le rapport plein d'intérêt de M. Bertrand (de l'Yonne) venait d'être distribué, le Gouvernement, s'appropriant des idées qui s'étaient produites dans la commission, adressa au Corps législatif un nouveau projet ayant pour objet de modifier le premier projet de loi sur les livrets d'ouvriers. Ainsi, par l'action simultanée du Gouvernement, du Conseil d'État et du Corps législatif, le projet de loi sur les livrets d'ouvriers a été modifié dans sa rédaction, et profondément amélioré dans ses dispositions exécutoires.

II

Projet de loi relatif au traitement des magistrats.

M. DUBOYS (d'Angers), élu rapporteur.

Ce projet de loi a pour but de réunir en un seul traitement fixe les diverses allocations et les suppléments de traitement des magistrats.

La rédaction de ce projet de loi a été modifiée par la commission, d'accord avec le Conseil d'État.

III

Projet de loi tendant à exempter de la contribution foncière et de celle des portes et fenêtres les maisons qui seront élevées sur les terrains expropriés aux abords du Louvre et des Tuileries.

M. REVEIL, élu rapporteur.

La rédaction de ce projet de loi a été modifiée par la commission, d'accord avec le Conseil d'État.

IV

Projet de loi sur le libre écoulement des eaux provenant du drainage.

M. Eugène GAREAU, élu rapporteur.

La grande question du drainage a été l'objet d'études

approfondies de la part du Corps législatif, et plusieurs projets de lois de protection et d'encouragement ont été votés par lui.

Des expériences répétées, des faits nombreux ont constaté que le drainage augmentait la production des terres dans des proportions variables, mais importantes. Aussi, dès 1854, dans les départements de Loir-et-Cher, de la Sarthe, de l'Oise, de la Mayenne, du Nord, les surfaces drainées s'élevaient, dans chacun de ces départements, de 250 à 300 hectares. 1,800 hectares étaient déjà asséchés par tuyaux dans le département de Seine-et-Marne.

Dans tous nos départements, l'étendue des surfaces drainées s'accroît chaque année dans une proportion considérable. Le drainage est entré dans la pratique agricole. Le rapport très-intéressant de M. Gareau, sur cette question, donne les plus grandes espérances sur l'avenir de nos récoltes.

La rédaction du projet de loi a été modifiée par la commission, dans plusieurs de ses articles. Un amendement de M. Favart a inspiré à la commission un article additionnel qui a été voté en ces termes :

« S'il y a lieu à expertise, il pourra n'être nommé qu'un seul expert. »

V

Projet de loi ayant pour objet la prorogation de la compétence des juges de paix de Lyon, Marseille, Bordeaux, Rouen, Nantes, Lille, Saint-Étienne, Nîmes, Reims, Saint-Quentin.

M. Favart, élu rapporteur.

Sur le principe de la loi, la commission a approuvé les vues du Gouvernement. Un amendement de M. Legrand, adopté par la commission et le Conseil d'État, a introduit dans le projet une rédaction plus nette et plus précise.

VI

Projet de loi concernant la taxe des lettres.

M. MONIER DE LA SIZERANNE, élu rapporteur.

Ce projet de loi a pour but d'étendre à toute la France l'abaissement de la taxe des lettres, déjà voté pour la ville de Paris.

MM. les commissaires du Gouvernement, appelés dans le sein de la commission, ont déclaré :

« Que la simplification du service produite par l'affranchissement, et l'accroissement progressif du nombre des lettres, permettraient ultérieurement au Gouvernement d'abaisser pour tout le monde, et dans une certaine mesure, la taxe des lettres circulant de bureau à bureau. »

VII

Projet de loi sur l'instruction publique.

M. LANGLAIS, élu rapporteur.

La loi de 1850, en créant quatre-vingt-six académies, avait eu pour résultat d'obliger le Gouvernement à trouver quatre-vingt-six recteurs à la hauteur de leur mission; le projet de loi restreint le nombre des académies à seize, au lieu des vingt-sept académies de l'Empire et des quatre-vingt-six académies actuelles.

La commission a ajouté à la rédaction du projet de loi la désignation des villes chefs-lieux des nouvelles circonscriptions académiques. M. Duboys (d'Angers) a réclamé pour l'académie d'Angers ; MM. Tixier et Noualhier pour celle de Limoges, qui se sont trouvées supprimées.

L'article 1er fut donc ainsi rédigé par la commission, de concert avec le Conseil d'État :

ARTICLE 1er.

La France se divise en seize circonscriptions académiques dont les chefs-lieux sont : Aix, Besançon, Caen, Clermont, Dijon, Douai, Grenoble, Lyon, Montpellier, Nancy, Paris, Poitiers, Rennes, Strasbourg, Toulouse.

Un très-grand nombre de députés présentèrent des amendements.

L'article 5 du premier projet fut modifié par le Gouvernement lui-même.

Deux articles additionnels, émanés de la commission, vinrent compléter la rédaction du projet de loi du Gouvernement; les voici :

ARTICLE 11.

Un décret, rendu en la forme des règlements d'administration publique, déterminera les circonscriptions des académies, ainsi que tout ce qui concerne la réunion et la tenue des conseils académiques et départementaux.

ARTICLE 14.

Un décret, rendu en la même forme, après avis du conseil impérial de l'instruction publique, réglera les conditions d'âge et d'études pour l'admission aux grades, sans qu'il puisse être dérogé à l'article 63 de la loi du 15 mars 1850.

M. Langlais a su donner à son rapport des développements pleins d'intérêt.

VIII

Projet de loi ayant pour objet d'autoriser la ville de Lyon (Rhône) : 1° à émettre des obligations jusqu'à concurrence de 8,354,000 francs, pour payer l'indemnité due à la compagnie Poncet au sujet de l'ouverture de la rue Impériale ; 2° à emprunter une somme de 3,911,000 francs ; 3° à s'imposer extraordinairement pendant cinquante ans 20 centimes additionnels.

M. le marquis de Mortemart, élu rapporteur.

La commission fait adopter par le Conseil d'État une rédaction toute nouvelle du projet de loi.

IX

Projet de loi relatif à la télégraphie privee.

M. le comte de Bryas, élu rapporteur.

La commission réduit le prix des tarifs du projet de loi, et fait abandonner le principe des zones, adopté pour les tarifs par le Gouvernement.

Par la rédaction suivante, l'article 2 du projet est complétement modifié :

Pour une dépêche de un *à* vingt-cinq mots, *il sera perçu un droit fixe de* 2 *francs, plus* 12 *centimes par myriamètre.*

X

Projet de loi relatif à la concession par l'Etat à la ville de Paris de terrains provenant de l'ancien domaine du Temple.

M. de Voize, élu rapporteur.

La commission a utilement modifié la rédaction de ce

projet de loi, et ses changements ont été approuvés par le Conseil d'État.

XI

Projet de loi ayant pour objet de modifier l'article 377 du Code de commerce.

M. CONSEIL, élu rapporteur.

Ce projet de loi avait pour but, dans les intérêts maritimes du commerce, d'éviter les interprétations contradictoires qui peuvent résulter d'infractions apparentes aux lois existantes, infractions autorisées par l'usage et consacrées par le temps.

M. Conseil, député d'un port de mer (Brest), était un rapporteur compétent. La rédaction de ce projet de loi a été modifiée et rendue plus claire et plus précise par la commission.

XII

Projet de loi ayant pour objet d'autoriser la ville de Paris à vendre les terrains restants de l'ancien promenoir de Chaillot.

M. le comte DE CAFFARELLI, élu rapporteur.

Projet de loi modifié par la commission.

XIII

Projet de loi concernant les servitudes à établir autour des magasins à poudre.

M. le général DAUTHEVILLE, élu rapporteur.

La commission, en ajoutant de nouvelles servitudes à

celles imposées par le Gouvernement, en prohibant autour des magasins à poudre la pose des conduits de becs de gaz, les usines et les établissements pourvus de foyers, avec ou sans cheminées d'appel, a complété le projet de loi.

XIV

Projet de loi ayant pour objet d'abolir les servitudes de parcours et le droit de vaine pâture dans le département de la Corse.

M. le comte DE SAINTE-HERMINE, élu rapporteur.

Ce projet de loi, approuvé dans ses dispositions pratiques par la commission, a été modifié dans sa rédaction.

XV

Projet de loi portant fixation du budget général des recettes et des dépenses de l'exercice 1855.

La commission se compose de quatorze membres. Sur ce nombre, cinq ont fait partie des anciennes assemblées [1] et ont pris part à la pratique du Gouvernement parlementaire. Ces quatorze membres sont : MM. Schneider*, président ; le baron de Richemont, secrétaire ; Alfred Leroux, secrétaire ; Crosnier, Rémacle, Devinck, Randoing *, Faure *, Vernier, Ouvrard, Louvet *, Lequien *, Delamarre (Creuse), Jollivet de Castellot.

M. le baron Paul DE RICHEMONT, élu rapporteur.

La guerre d'Orient était déjà commencée lorsque le Corps législatif eut à voter le budget de 1855. Cette situation nouvelle dut modifier la disposition des esprits. Cependant le

[1] Les noms des membres ayant appartenu aux anciennes assemblées sont marqués d'un astérisque.

budget n'en fut pas moins étudié avec le plus grand soin, surtout dans ses dispositions nouvelles.

Aux chapitres de la dette consolidée et de l'amortissement figurèrent les crédits nécessaires au service des intérêts du premier emprunt de 250 millions, et à la dotation spéciale du fonds d'amortissement :

Pour service des intérêts de l'emprunt en rente 4 et demi et 3 pour 100, 11,710,160 francs;

Pour dotation de l'amortissement d'un centième du capital de la dette nouvelle contractée par l'État, la somme de 3,397,773 francs.

La commission obtint, sur l'ensemble du budget des dépenses, une économie de 7,300,000 francs.

En introduisant au budget des recettes les prévisions de plus-value de produits, les dépenses donnent sur les recettes un excédant de 3,981,905 francs.

La commission signale d'abord avec regret l'accroissement rapide des dépenses départementales et communales; elle étudie ensuite les dépenses de chaque ministère.

Nous lisons l'observation suivante sur le ministère d'État :

« C'est ici le lieu de vous dire que votre commission ne croit pas devoir dissimuler le regret qu'elle éprouve de ne pas trouver, dans certains de nos grands théâtres, cet ensemble complet que l'art lui-même exige, et que notre juste orgueil national réclame à bon droit. »

La commission demande et obtient du Conseil d'État des éductions dont j'ai donné le chiffre total :

Sur le ministère	des finances	1,000,000	7,300,000
—	de l'intérieur	1,200,000	
—	de l'instruction publique.	100,000	
—	des travaux publics	5,000,000	

Quelques dispositions exécutoires ont été aussi modifiées par la commission, dans plusieurs articles du budget.

Le rapport de M. Paul de Richemont, précédé de vues politiques pleines de sagesse sur la situation, est clair et précis.

SESSION DE 1855.

Dans cette session, le Corps législatif eut à voter 45 projets de lois d'intérêt général et 118 projets d'intérêt local. Sur les 45 projets d'intérêt général, 13 ont été amendés.

I

Projet de loi portant modification : premièrement, du paragraphe 5 de l'article 781 du Code de procédure civile ; secondement, de l'article 23 du Code d'instruction criminelle.

M. LEGRAND (Nord), élu rapporteur.

Le rapport très-remarquable de M. Legrand, plein de considérations historiques d'un haut intérêt, constate de profondes modifications apportées par la commission au projet de loi du Gouvernement.

Par un amendement de la commission adopté par le Conseil d'État, l'article 15 du décret du 14 mars 1808 est abrogé.

Il est remplacé par la disposition suivante :

ARTICLE 15.

Dans le cas prévu par le paragraphe 5 de l'article 781 du Code de procédure civile, il ne peut être procédé à l'arrestation qu'en vertu d'une ordonnance du président du tribunal civil, qui désigne un commissaire de police chargé de se transporter dans la maison avec le garde du commerce.

La commission, dans cet amendement, a remplacé le juge de paix par le président du tribunal civil.

II

Projet de loi portant modification de l'article 94 du Code d'instruction criminelle.

M. NOGENT-SAINT-LAURENS, élu rapporteur.

Ce projet de loi est inspiré par une pensée d'humanité qui s'était déjà produite dans plus d'une assemblée politique.

Le but du projet est de diminuer le nombre et de réduire la durée des détentions préventives. L'article du Code d'instruction criminelle touche au mandat de dépôt; la commission, tout en approuvant le projet de loi, l'a modifié dans sa rédaction.

On retrouve dans le rapport de M. Nogent-Saint-Laurens le savoir et le bon sens de ce spirituel avocat.

III

Projet de loi relatif à la création d'une dotation de l'armée, au rengagement, aux remplacements et aux pensions militaires.

Chaque bureau nomme deux commissaires.

M. Adolphe DE BELLEYME, élu rapporteur.

Ce projet de loi suscita, tout d'abord, dans les bureaux d'ardentes préventions; il touchait aux intérêts et à l'avenir de notre armée; d'un autre côté, il supprimait les compagnies d'assurances et délivrait ainsi les familles de toute inquiétude, au moyen de prestations versées à la caisse de la dotation, et destinées à assurer le remplacement dans l'armée par la voie du rengagement d'anciens militaires.

La discussion préliminaire dans les bureaux fut vive et animée. La commission eut à entendre le développement d'un grand nombre d'amendements. La discussion publique du projet de loi fut très-brillante et dura trois jours; elle éclaira et convertit beaucoup de dissidents; le projet de loi fut voté, mais très-modifié par la commission.

L'article concernant la commission supérieure de la dotation de l'armée reçut la disposition additionnelle suivante :

Cette commission comprend au moins trois membres du Sénat et trois députés au Corps législatif.

L'article 10 fut ainsi modifié :

Le mode de remplacement établi par la loi du 21 mars 1832 est supprimé, si ce n'est entre frères, beaux-frères et parents jusqu'au quatrième degré.

A l'article 19 fut ajoutée la disposition suivante :

Le droit à la haute paye est suspendu par l'absence illégale, par l'envoi, à titre de punition, dans une compagnie de discipline, et pendant la durée de l'emprisonnement subi en vertu d'une condamnation correctionnelle.

Le deuxième paragraphe de l'article 22 fut modifié ainsi qu'il suit :

Les mêmes militaires qui, au jour de la promulgation de la loi, n'auraient pas encore vingt-cinq ans de service effectif, pourront être autorisés à se rengager, même quand ils seraient âgés de plus de quarante-sept ans.

Le rapport de M. Adolphe de Belleyme rencontra dans la discussion publique des opposants et des contradicteurs ; on s'étonna, peut-être, que ce jeune et savant jurisconsulte n'eût pas craint d'aborder la spécialité d'un projet de loi tout militaire.

IV

Projet de loi relatif à une modification des articles 3 et 17 de la loi du 25 mai 1838 et de celle du 20 mai 1854.

M. Busson, élu rapporteur.

Ce projet de loi développe et complète l'institution des juges de paix. Approuvé par la commission, il a été modifié par elle, surtout au point de vue pratique.

V

Projet de loi relatif à l'organisation municipale.

M. LANGLAIS, élu rapporteur.

Ce projet de loi, d'une haute importance, renferme un très-grand nombre d'articles; il organise un régime municipal définitif; il réunit dans une seule loi les dispositions éparses, en y ajoutant les modifications nouvelles dont le besoin se faisait sentir. La commission, dans plusieurs de ses articles, a beaucoup modifié et amélioré le projet du Gouvernement. Une disposition exceptionnelle, pour Paris et pour Lyon, a été admise dans l'article 14:

Dans la ville de Paris, dans les autres communes du département de la Seine et dans la ville de Lyon, le conseil municipal est nommé par l'Empereur, tous les cinq ans, et présidé par un de ses membres également désigné par l'Empereur.

Les conseils de Paris et de Lyon sont composés de trente-six membres.

Il n'est pas autrement dérogé aux lois spéciales qui régissent l'organisation municipale dans ces deux villes.

On remarquera que l'honorable M. Langlais est souvent chargé dans les commissions de rapports importants, et cette fois encore, le travail de M. Langlais, plein de développements d'un haut intérêt, a obtenu l'approbation de la Chambre.

VI

Projet de loi ayant pour objet la conservation et l'aménagement des sources d'eaux minérales.

M. Lélut, élu rapporteur.

Ce projet de loi s'était produit cinq ou six fois, de 1837 à 1847, présenté alternativement, avec des variantes, aux deux Chambres.

Dès 1836, la commission du budget de la Chambre des députés demandait au Gouvernement une loi qui protégeât nos établissements thermaux contre les agressions de l'intérêt privé.

Ce projet de loi eut des destinées singulières, et qui montrent que le régime parlementaire, lui aussi, a ses inconvénients et ses impuissances.

Ainsi, en 1837, la Chambre des pairs vote, à la presque unanimité, un projet de loi sur les eaux minérales, où le cercle indéfini de la protection était laissé à l'arbitraire du Gouvernement.

Dans la même session, la Chambre des députés, au contraire, introduit dans le projet de loi la condition d'un périmètre de protection restreint et déterminé, et finit pourtant par rejeter la loi, ne trouvant pas encore la garantie suffisante pour la propriété privée.

En 1846, les rôles changent. La Chambre des députés adopte, à la majorité de 247 voix, un nouveau projet de loi où, comme dans le projet de 1837, il n'était pas question de périmètre. La Chambre des pairs, contrairement à l'esprit de son vote de 1837, crut devoir, sur cette lacune surtout, repousser la loi.

La commission, tout en adoptant la pensée du projet, en a profondément modifié la rédaction, tout à la fois dans un

ARTICLE 3.

Est ratifié l'engagement pris par l'État envers la ville de Paris, par le décret du 24 août 1854, relativement à l'établissement d'un hippodrome dans la plaine de Longchamp, commune de Boulogne (Seine).

XI

Projet de loi ayant pour objet l'établissement de divers impôts.

M. DU MIRAL, élu rapporteur.

La création de ressources nouvelles, jusqu'à concurrence de 70 millions, a été regardée, par la commission, comme une nécessité.

M. Du Miral combat, dans son rapport, la théorie un peu absolue de l'exposé des motifs, d'après laquelle il n'y aurait de raisonnable, pour une nation en temps de guerre, que l'accroissement de ses impôts indirects.

Ce projet de loi consacre : 1° une élévation de droit sur la consommation de l'alcool; 2° une élévation de l'impôt sur le prix des places des voyageurs transportés par les chemins de fer, et la perception du dixième sur le prix du port des marchandises transportées à grande vitesse; 3° la perception d'un nouveau décime de guerre.

A propos du nouvel impôt sur l'alcool, les représentants du sucre et de l'alcool ont saisi la commission de plaintes et de doléances, moins contre le projet de loi nouveau que contre le décret du 22 septembre 1854, qui a permis, moyennant un droit minime, l'introduction des alcools étrangers.

S'associant à ces doléances et à ces plaintes, la commission émet, par l'organe de son rapporteur, *le vœu énergique et formel que le Gouvernement rapporte ou modifie le décret du 22 septembre.*

L'industrie trouvera toujours une protection assurée pour ses intérêts, auprès du Corps législatif.

Le projet de loi a été adopté par la commission sans amendement, à l'exception de l'article 5.

Le projet de loi du Gouvernement disait que la perception d'un nouveau décime n'était que temporaire; mais la commission a voulu assigner un terme fixe à cette perception, qui devra cesser au 1er janvier 1858.

XII

Projet de loi relatif à la garantie d'un emprunt par le Gouvernement ottoman.

M. Monier de la Sizeranne, élu rapporteur.

La commission a regardé le vote de ce projet de loi comme obligatoire, dans les circonstances données de la guerre d'Orient; elle a cependant modifié la rédaction de l'article unique du projet de loi, en y inscrivant le chiffre exact de l'emprunt, qui n'y était pas mentionné.

XIII

Projet de loi portant fixation du budget général des recettes et des dépenses de l'exercice 1856.

La commission se compose de quatorze membres, deux

par bureau ; ce sont[1] : MM. Reveil, président, A. Leroux, Vernier, secrétaires, le baron Buquet, Crosnier, Delamarre (de la Creuse), Faugier, Kœnigswarter, le comte le Peletier d'Aunay, Lequien *, Louvet *, Ouvrard, Randoing *, le baron Paul de Richemont.

M. Paul DE RICHEMONT, élu rapporteur.

Comme dans le budget précédent, le rapporteur fait précéder l'examen des recettes et des dépenses de considérations politiques, d'éloges mérités pour les résolutions de l'Empereur et pour notre vaillante armée.

L'ensemble de nos découverts, dit le rapport, après la liquidation de l'exercice 1854, sera de 839,347,253 francs.

« Le Gouvernement, ajoute-t-il, comprend comme nous l'utilité de réduire la dette flottante, et surtout la nécessité d'en prévenir l'accroissement ; nous en avons acquis la certitude de la bouche même de M. le président du Conseil d'État. »

Le budget de 1856 mentionne, pour la première fois, une nouvelle augmentation de 140,000 francs, pour la subvention accordée à l'Opéra, ce qui en élève le chiffre à 800,000 francs.

L'article 21 du budget a reçu de la commission la modification importante qui suit :

Lorsqu'il aura été accordé, en l'absence du Corps législatif, des crédits supplémentaires pour des services prévus au budget, ou des crédits extraordinaires pour dépenses urgentes et imprévues, et que ces crédits n'auront pu être couverts par des virements de chapitres, les décrets qui les auront autorisés seront soumis à la sanction législative, savoir :

[1] Les noms des membres ayant appartenu aux anciennes chambres sont marqués d'un astérisque.

ceux relatifs aux crédits extraordinaires, dans les deux premiers mois de la session qui suivra l'ouverture des crédits extraordinaires, et ceux relatifs aux crédits supplémentaires, dans les deux premiers mois de la session qui suivra la clôture de chacun des exercices sur lesquels les suppléments auront été accordés.

Les suppléments dont il s'agit ne pourront être employés, avant leur régularisation législative, aux virements de chapitres effectués en exécution de l'article 12 du sénatus-consulte du 25 décembre 1852.

SESSION DE 1856.

Dans cette session, le Corps législatif eut à voter 47 projets de lois d'intérêt général, 182 projets d'intérêt local. Sur les 47 projets d'intérêt général, 14 ont été amendés.

I

Projet de loi relatif aux pensions des veuves des militaires et marins tués sur le champ de bataille ou morts des suites des blessures qu'ils auraient reçues.

M. le général DAUTHEVILLE, élu rapporteur.

Ce projet de loi fut accueilli avec une vive sympathie

par le Corps législatif; il n'a été modifié que pour y combler une lacune dans sa rédaction.

II

Projet de loi portant concession de pensions viagères et temporaires à inscrire au Trésor pour les blessés et victimes des événements de juin 1848.

M. le vicomte CLARY, élu rapporteur.

Un article additionnel, sous le titre V, accorde un délai de trois ans, pour réclamer, aux personnes justifiant qu'elles se trouvent dans l'un des cas prévus par les dispositions de la loi du 13 juin 1850.

« Vous reconnaîtrez, dit le rapporteur, que c'est bien la volonté nationale qui a tué l'anarchie, puisque, parmi ceux qui l'ont combattue, dans le petit nombre même de ceux qui attirent en ce moment votre intérêt, se trouvent des citoyens de toutes les classes, des soldats, des gardes nationaux et des gardes mobiles, tous guidés par le devoir et le dévouement. »

III

Projet de loi ayant pour objet d'autoriser la licitation des étangs dans le département de l'Ain.

M. BODIN, élu rapporteur.

Ce projet de loi fut l'objet de vifs débats dans la Chambre; par plus d'un côté, il touchait aux intérêts sacrés de la propriété. Un grand nombre d'amendements furent proposés. Le projet du Gouvernement a été utilement modifié dans ses nombreux articles, et la commission a obtenu, par un article additionnel, qu'un règlement d'administration déterminerait les mesures nécessaires pour l'exécution publique de cette loi, et notamment les formes et les conditions des arrêtés ordonnant le desséchement.

IV

Projet de loi relatif aux appels des jugements des tribunaux correctionnels.

M. NOGENT-SAINT-LAURENS, élu rapporteur.

Cette loi spéciale, pour laquelle la commission sut choisir un rapporteur compétent, a été modifiée dans sa rédaction.

V

Projet de loi relatif au tarif des sucres des colonies françaises.

M. ANCEL, élu rapporteur.

Ce projet de loi touchait aux intérêts complexes de nos colonies, de nos ports de mer, de l'agriculture et de la production du sucre indigène ; il a été modifié dans sa rédaction.

« Toutefois, dit M. Ancel dans son rapport, ce projet de loi n'est pas le dernier mot de la grande question des sucres, qui ne cessera jamais d'appeler la surveillance et la sollicitude des législateurs, à cause de l'importance et de la variété des intérêts qu'elle embrasse. »

VI

Projet de loi relatif au transport des imprimés, des échantillons et des papiers d'affaires ou de commerce, circulant en France par la poste.

M. O'QUIN, élu rapporteur.

C'est à un des membres du Corps législatif, c'est à l'honorable M. Jubinal qu'est due, pour ainsi dire, l'initiative de ce projet de loi. Dans la discussion du budget des recettes pour l'année 1856, M. Jubinal fit observer au commissaire du Gouvernement que, pendant qu'une série de mesures libérales transformait heureusement le tarif postal pour le transport des lettres, les dispositions relatives à la taxe des imprimés, empreintes d'un caractère d'exagération et de fiscalité peu en harmonie avec les besoins de l'époque, éparses dans des lois, dans des ordonnances et des décisions ministérielles souvent contradictoires, réclamaient une révision nécessaire.

Le projet du Gouvernement fut amendé par la commission dans plusieurs de ses dispositions exécutoires.

Dans son rapport plein d'intérêt, le laborieux M. O'Quin fait observer toutefois que le tarif belge, plus libéral et plus avantageux que celui dont le Gouvernement français demande la sanction, n'assujettit les imprimés qu'à une taxe d'*un* centime par feuille, quelle qu'en soit la dimension.

VII

Projet de loi relatif aux pensions des grands fonctionnaires de l'Empire.

M. LEGRAND, élu rapporteur.

Reçu avec peu de faveur par les bureaux de la Chambre, ce projet de loi, dans sa première rédaction, allait être repoussé par la commission, lorsque le Gouvernement se décida à le modifier profondément par un décret qui donnait du moins une certaine satisfaction aux légitimes exigences de la commision.

Les trois articles additionnels suivants constituent une amélioration importante du projet de loi :

ARTICLE 1er.

Dans aucun cas, ces pensions ne pourront être cumulées avec d'autres pensions ou traitements payés sur les fonds généraux du Trésor.

ARTICLE 2.

Le montant des pensions inscrites en vertu de la présente loi ne pourra excéder la somme de cinq cent mille francs.

ARTICLE 3.

Le fonds de ces pensions fera, chaque année, un article spécial de la loi des finances.

Jamais, sous le régime parlementaire, un rapport ne fut rédigé avec plus de fermeté, avec des convictions plus inébranlables, avec plus d'indépendance que le rapport de M. Legrand.

« Plus le prince est grand et généreux, dit le rapporteur en finissant, plus la sagesse commande de le garder contre les obsessions des solliciteurs de pensions, toujours si ingénieux à rehausser leurs services et à dissimuler leurs ressources. »

Dans la discussion fort animée de ce projet de loi, il y eut lutte d'arguments et de talent de parole entre M. le président du Conseil d'État et M. Legrand, rapporteur.

VIII

Projet de loi ayant pour objet d'autoriser le département de la Seine à emprunter une somme de 50 millions de francs, et à s'imposer extraordinairement pendant trente ans, à partir de 1857, dix centimes additionnels pour l'extinction de la dette départementale et pour le service de la caisse de la boulangerie.

M. Devinck, élu rapporteur.

Dans le chapitre précédent de ce livre, nous avons déjà fait connaître les dispositions financières de ce projet de loi. Nous avons aussi parlé du rapport plein d'intérêt de M. Devinck, résumé fidèle des travaux de la commission. A ce rapport était joint un tableau synoptique représentant les divers mouvements du prix réel du pain, et du taux auquel il a été vendu depuis 1801 jusqu'au 16 juin 1856. Les documents n'ont donc point manqué au Corps législatif pour éclairer son vote.

Ce projet de loi a reçu de la commission un article additionnel ainsi conçu :

ARTICLE 2.

Après la réalisation de l'emprunt, les bons en circulation ne pourront excéder quarante millions.

Dans le cas où cette somme serait insuffisante pour les besoins du service, il y serait pourvu au moyen d'émissions supplémentaires, qui devront être autorisées par décrets impériaux rendus dans la forme des règlements d'administration publique, insérés au Bulletin des Lois, *et soumis à la sanction du Corps législatif à sa plus prochaine session.*

IX

Projet de loi relatif au défrichement des bois des particuliers.

M. LÉLUT, élu rapporteur.

Depuis cinquante-trois ans, la propriété boisée, en France, vit sous un régime transitoire. Le rapport contient surtout l'historique des prorogations successives du titre XV du Code forestier. La commission a, pour ainsi dire, rejeté le projet du Gouvernement pour le remplacer par cet article unique :

Les dispositions transitoires du titre XV du Code forestier continueront d'être exécutées jusqu'à ce qu'il ait été statué sur le projet de loi présenté au Corps législatif, le 20 mai 1856, relativement au défrichement des bois des particuliers.

X

Projet de loi relatif au drainage.

M. le comte DE BRYAS, élu rapporteur.

Dans ce projet de loi, le Gouvernement met 100 millions, sous forme de prêt, à la disposition des propriétaires qui voudront user du drainage.

Un savant distingué en agronomie, M. Payen, au retour d'une mission spéciale en Angleterre, proclamait cette découverte une des plus grandes améliorations contemporaines, à coup sûr, et peut-être une des plus grandes inventions de l'agriculture.

Persuadé que le drainage peut, en France, aussi bien qu'en Angleterre, contribuer à résoudre le grand problème de la vie à bon marché, sans compromettre aucun des intérêts engagés dans la question, le rapporteur conclut à l'adoption du projet de loi.

Toutefois, le privilége sur les terrains drainés et sur leurs récoltes ou revenus, accordé pour remboursement au Trésor public, aux syndicats, aux entrepreneurs, fut l'objet de vifs débats dans la Chambre, et les articles du projet du Gouvernement, relatifs à ces questions, ont été profondément modifiés.

XI

Projet de loi relatif à l'arbitrage forcé.

M. Rigaud, élu rapporteur.

La commission, considérant que le projet de loi maintient l'arbitrage volontaire, approuve le projet du Gouvernement, en le modifiant dans sa rédaction et en y ajoutant une disposition transitoire pour les procédures commerciales.

On trouve, dans le rapport étudié de M. Rigaud, l'historique de cette jurisprudence commerciale qui établit entre associés l'arbitrage forcé.

XII

Projet de loi ayant pour objet de modifier plusieurs dispositions du Code d'instruction criminelle.

M. Nogent-Saint-Laurens, élu rapporteur.

Cette loi a pour but de substituer le juge d'instruction à la chambre du conseil. Ce projet de loi, très-étudié dans le sein de la commission et dans le rapport de M. Nogent-Saint-Laurens, a été utilement modifié par le Corps législatif, d'accord avec le Conseil d'État.

XIII

Projet de loi relatif aux sociétés en commandite par actions.

M. Langlais, élu rapporteur.

Ce projet de loi, provoqué par de récentes et scandaleuses fortunes faites aux dépens du public, au moyen d'escroqueries commises sur la plus grande échelle, est accueilli avec faveur par le Corps législatif.

Un très-grand nombre d'amendements furent soumis à la commission. Un député fit surtout remarquer que, pour les sociétés en commandite, les annonces avaient passé de la quatrième page des journaux au *premier-Paris*, et que les promesses de ces prospectus à l'adresse du public ne recevaient aucun contrôle, pas même celui du rédacteur en chef du journal. Un amendement fut donc proposé pour interdire cette publication de prospectus plus ou moins menteurs ; mais la commission rejeta cet amendement, ne voulant point, elle, porter la moindre atteinte à la liberté de la presse.

Ce projet de loi fut cependant profondément modifié par le Corps législatif dans plusieurs de ses articles; il a déjà produit des résultats : la société en commandite est presque devenue impossible en France. Est-ce un bien? est-ce un mal?... Le Gouvernement a voulu porter remède à une maladie du moment ; mais n'y a-t-il pas des maladies qui se guérissent d'elles-mêmes ?

Nous retrouvons encore ici le savant et laborieux M. Langlais.

XIV

Projet de loi tendant à proroger de cinq ans la durée du brevet d'invention délivré à M. le docteur Boucherie, de Bordeaux, le 11 juin 1841, relatif au procédé de conservation et de coloration des bois.

M. Devoize, élu rapporteur.

M. Chauchart, membre de la commission, fait adopter un amendement de la plus haute importance, tout dans l'intérêt de deux grandes industries, l'*ébénisterie* et la *tabletterie* :

La durée du brevet d'invention délivré au docteur Boucherie, le 11 juin 1841, est prolongée de cinq ans, pour toutes ses applications autres que la coloration des bois employés à l'ébénisterie et à la tabletterie.

XV

Projet de loi portant fixation du budget général des dépenses et des recettes de l'exercice 1857.

Chaque bureau nomme deux commissaires.

La commission se compose de MM. Lequien*, président, le baron Buquet et le comte le Peletier d'Aunay, secrétaires; Louvet*, Crosnier, Alfred Leroux, Faugier, Busson, le baron Paul de Richemont, le comte de Flavigny*, Devinck, Ouvrard, Kœnigswarter, de Saint-Germain* (Manche).

M. Alfred Leroux, élu rapporteur.

Le rapport de M. Alfred Leroux est une

1 Les noms des membres ayant appartenu aux anciennes assemblées sont marqués d'un astérisque.

étude consciencieuse et complète de toutes les questions politiques et financières qui se rattachent au budget général.

Le rapporteur examine d'abord l'ensemble de la situation du pays, les bases d'évaluation des budgets précédents pour les recettes et les bases nouvelles d'évaluation pour le budget de 1857. Le nouveau système du nouveau budget obtient l'approbation de la commission.

Les crédits supplémentaires, les crédits extraordinaires de la dette flottante sont surtout l'objet d'avertissements utiles pour le Gouvernement.

« Dans l'organisation actuelle de nos budgets, dit le rapporteur, avec le décret de répartition qui modifie les allocations proposées, avec le droit de virement, avec les prévisions de plus en plus exactes des dépenses, les crédits supplémentaires ne peuvent être ni compris, ni admis, sauf de rares exceptions. La simplification actuelle des éléments de nos budgets, l'abolition des distinctions établies entre les diverses natures de crédits, la possibilité d'utiliser jusqu'aux moindres restes des services trop dotés, pour les verser dans ceux où se déclare une insuffisance : tout ce concours de faits donne, à chaque ministère, une liberté d'action complète dans le cercle tracé par lui-même, et semble exclure entièrement l'idée de crédits nouveaux et considérables, venant s'ajouter à ceux déjà demandés. Telle est, en effet, la pensée du sénatus-consulte du 25 décembre 1852, et voici ce que disait M. Troplong dans son rapport :

« Un budget des dépenses n'est pas une loi des comptes, » ce n'est qu'une prévision faite longtemps d'avance. C'est » une proposition motivée du Gouvernement, de renfermer » dans un cercle *invariable* la dépense présumable affectée

» à chaque grand service, et le vote de cette proposition, » en même temps qu'il constate une prérogative essentielle » du pouvoir électif, est, pour le monarque, un acte itératif » de confiance nationale et un hommage rendu à la prérogative qui lui est propre. »

« Et un peu plus loin :

« Si le pouvoir législatif a le droit de voter l'impôt et de » fixer les limites des grandes divisions du service public, » le Gouvernement, tout en se renfermant strictement dans » ces bornes *infranchissables*, doit seul assigner aux parties » si nombreuses des services confiés à ses soins les dépenses » nécessaires à leur action. »

« Voici maintenant l'opinion, déjà citée par vos précédentes commissions, de M. Bineau, ministre des finances, dans son rapport à l'Empereur en **1853** :

« La faculté de virement d'un chapitre à l'autre supprimera la presque totalité des annulations ; il faut que, par » contre, elle supprime de même la presque totalité des » crédits supplémentaires. »

« La même pensée se trouve reproduite dans le rapport à l'Empereur, de **1854**.

» Voici enfin l'opinion du ministre actuel des finances :

« Ces augmentations de produits (évaluation de recettes » pour **1857**), à peu près certaines, sont réservées pour » faire face aux dépenses supplémentaires que *des cas de* » *force majeure* pourront occasionner. Ne pas escompter » l'avenir et garder les recettes éventuelles pour couvrir les » dépenses *imprévues*, me paraît être la pratique la plus » efficace pour arriver à un équilibre sérieux. »

« Faut-il ajouter à ces citations celle de l'exposé des motifs du budget actuel, qui dit :

« Le Gouvernement espère de plus en plus restreindre » les crédits supplémentaires et les réserver pour les cas » rares, c'est-à-dire pour les besoins urgents et réellement » *imprévus.* »

« Les crédits extraordinaires présentent d'autres caractères et s'appuient sur d'autres motifs que les crédits supplémentaires. Il importe de ne pas les confondre et de bien marquer à cet égard la pensée de la commission. Les crédits extraordinaires sont destinés à pourvoir à des dépenses *urgentes* et imprévues. Ces deux caractères les justifient d'avance. S'il était nécessaire de les préciser par un fait, les crédits ouverts dans les exercices **1854** et **1855**, pour encourager le travail dans les communes et les départements, en seraient un des plus frappants et des plus légitimes exemples. Ces crédits représentent, en un mot, *l'inattendu* et *la nécessité*, ces deux conditions de la nature humaine auxquelles nul ne peut se soustraire. Mais la réunion de ces deux caractères est indispensable pour que leur approbation ultérieure soit sans objection. Certaines dépenses peuvent se révéler avec le caractère de l'urgence, sans que celle-ci soit la conséquence de l'imprévu, et d'autres peuvent ne pas être urgentes, bien qu'elles aient été sans prévision. C'est à la sagesse du Gouvernement d'apprécier le caractère et la nécessité de ces dépenses. Quelques-unes peuvent gagner à un retard accompagné de la réflexion ; il est souvent bon et utile de résister, même à ce noble entraînement qu'on pourrait appeler la tentation prématurée du mieux.

» Si les inconvénients qui résultent des crédits supplémentaires nombreux et sans contre-poids dans les annulations avaient besoin d'une preuve, elle serait facilement sous notre main, et la dette flottante en serait la démonstration la plus éloquente.

» C'est là, en effet, que viennent aboutir les budgets qui, prévus en équilibre ou en excédant, se soldent en déficit final. Cette partie de notre dette doit son nom aussi bien à son essence qu'à sa variabilité, car vous n'ignorez pas que les mouvements de trésorerie la modifient continuellement, et qu'ainsi elle s'abaisse ou s'élève, suivant des courants momentanés, sans que le fond soit changé. »

Le rapporteur conclut que le découvert actuel s'élève à 900 millions environ.

La commission adresse, en outre, une question au Gouvernement :

« Que reste-t-il de disponible, en ce moment, des emprunts dernièrement contractés ? dit le rapporteur.

» Nous avons reçu à cet égard des explications complètes et satisfaisantes. Au jour de notre conférence avec MM. les commissaires du Gouvernement (9 avril dernier), toutes les dépenses connues de la guerre et de la marine étaient payées, et 300 millions provenant des derniers emprunts restaient encore libres. Avec cette somme et les accroissements probables de nos revenus, le Gouvernement pense pouvoir subvenir, en 1856, aux dépenses de la guerre qui finit, au transport de notre armée et à sa réintégration sur le territoire français. »

Le rapport de M. Alfred Leroux passe ensuite à l'examen des divers ministères.

Au ministère d'État, le rapport fait mention de l'amendement suivant, proposé par M. Véron :

Le Théâtre-Lyrique est compris, dans la répartition du crédit des subventions théâtrales, pour une somme de cent mille francs.

« Les motifs de cet amendement, développés par son auteur, dit le rapport de la commission, sont : l'intérêt des artistes, littérateurs et musiciens, qui l'ont sollicité [1] de plaider leur cause; l'avantage d'une seconde scène ouverte à un genre national; la protection de deux industries qu'elle fait vivre; la fabrication des instruments et la gravure de la musique; et surtout l'idée de secourir les théâtres de province qui empruntent à celui-ci des pièces faciles à monter, et moins dispendieuses que celles de l'Opéra-Comique. »

Favorable à la pensée qui a dicté l'amendement, la commission recommande la situation du Théâtre-Lyrique à la sollicitude éclairée du Gouvernement.

Les lettres et les arts trouveront toujours protection et encouragement auprès du Corps législatif.

1 J'ai en effet reçu, peu de temps après la présentation du budget de 1857, la lettre suivante, signée par les auteurs dramatiques et les compositeurs les plus célèbres :

A MONSIEUR L. VÉRON,

Député du département de la Seine au Corps législatif.

« Monsieur,

» Vous vous êtes longtemps occupé d'art et de théâtre; l'éclat qu'a jeté notre première scène lyrique sous votre brillante administration, les encouragements que vous n'avez cessé de prodiguer aux arts et aux lettres, nous enhardissent à vous prier de présenter à la commission du budget une demande qui intéresse à un haut degré les compositeurs de musique, les chanteurs et les directeurs de théâtre.

» Le Théâtre-Lyrique a rendu d'immenses services depuis sa fondation, tant par les artistes de talent qu'il a produits que par les ouvrages qu'il a représentés et qui, depuis plusieurs années, sont une ressource précieuse pour nos théâtres des départements. Il est à l'Opéra-Comique ce que l'Odéon est au Théâtre-Français. Est-il juste qu'il soit moins bien traité, lui dont le personnel est quatre fois plus nombreux que celui de l'Odéon? Avec les frais si considérables d'un théâtre musical, son existence est impossible sans le secours d'une subvention, et sa clôture serait un véritable désastre.

» Nous espérons, Monsieur, que vous voudrez bien faire valoir près de la commission du budget toutes les considérations qui

A propos du budget des recettes, plusieurs impôts nouveaux ont été proposés dans les amendements :

1° *Un impôt appelé droit de Bourse;*

2° *Un droit de transaction sur les valeurs mobilières cotées à la Bourse;*

Ces amendements ont été rejetés pour un examen ultérieur. D'accord avec le Conseil d'État, la commission a modifié le projet de loi du budget général dans plusieurs de ses dispositions, de telle façon qu'il se solde par un excédant de recettes, arrêté provisoirement à 10,969,848 francs.

On le voit, un grand nombre de projets de lois ont été modifiés dans leur rédaction, amendés dans leurs dispositions pratiques, et même entièrement remaniés, d'après de nouveaux principes, par le Corps législatif.

Les commissions, comme je l'ai montré, ne

militent en faveur de cette subvention si méritée; et, confiants dans votre sympathie pour une cause aussi juste, nous vous prions de vouloir bien agréer nos sentiments de haute considération. »

Et ont signé :

MM. SCRIBE, de l'Académie française, BRUNSWICK, DE SAINT-GEORGES, J. BARBIER, DE LEUVEN,
SAUVAGE,
AUBER,
F. HALÉVY,
AD. ADAM,
CLAPISSON,
AMBROISE THOMAS,
MEYERBEER,
} de l'Institut.
E. GAUTHIER, TH. DE LA JARTE, ALBERT GRISAR, A. POISE, LIMNANDER, GEVAERT, A. BOÏELDIEU.

font défaut à aucune enquête. Appelant dans leur sein tous les renseignements qui peuvent leur venir du dehors, laborieuses et matinales, elles n'épargnent ni leur temps ni leurs soins. Toutes les commissions du budget consacrent plus de trente longues séances à l'étude et à la préparation du rapport qui doit être soumis à la discussion de la Chambre. Les lois de finance sont, surtout, soumises au contrôle le plus rigoureux; et à chaque session, le Corps législatif ne ménage point au Gouvernement les sévères conseils d'une sage prévoyance.

Tout à la fois jaloux de ses prérogatives et fidèle au devoir que lui impose la Constitution elle-même, le Corps législatif s'applique surtout, par ses votes, à prendre toutes les mesures pour qu'aucune des lois qui touchent de près ou de loin aux intérêts du contribuable n'échappe à sa juridiction.

Mais il y a plus: par l'attitude et les dispositions des bureaux, par les résolutions connues des commissions, le Corps législatif a plusieurs fois décidé le Gouvernement à retirer, par un décret, des projets de lois présentés et qui auraient été certainement rejetés au scrutin.

Dans la session de 1852, le Gouvernement a retiré par un décret :

1° Un projet de loi imposant des droits sur la fabrication des papiers et cartons;

2° Un projet de loi imposant des droits proportionnels d'enregistrement sur certaines transmissions d'immeubles ;

3° Un projet de loi imposant des droits de consommation sur l'alcool;

4° Une demande de crédit de 300,000 francs pour les haras.

Dans la session de 1853, plusieurs projets de lois ont encore été retirés par décrets :

1° Un projet de loi sur les enfants trouvés et abandonnés, et les orphelins pauvres;

2° Un projet de loi accordant une récompense nationale pour les services du maréchal Ney. Ce projet, qui avait un effet rétroactif, présenté le 6 mai 1853, fut retiré par décret du 22 mai de la même année ;

3° Un projet de loi sur les bains et lavoirs publics ;

4° Un projet de loi créant des sociétés anonymes autorisées à prêter sur nantissement.

Dans la session de 1854, un projet de loi sur l'organisation municipale de Marseille et de Toulouse fut encore retiré par décret.

Dans la session de 1856, le Corps législatif, usant de son droit de retenir dans la commission, aussi longtemps que cela lui convient, les projets de lois qui lui sont soumis, a ajourné le vote du projet sur les marques de fabrique.

Mais il est surtout un projet de loi ajourné

jusqu'à l'année prochaine, de l'autorité privée du Corps législatif : c'est le projet sur le retrait des prohibitions inscrites au tarif des douanes.

D'abord, le ministre du commerce et des travaux publics avait eu le tort de présenter un projet de loi aussi important à une fin de session, et au lendemain des désastres causés par les inondations dans de nombreuses fabriques et usines. Cette loi ne touchait-elle pas aux intérêts les plus vivaces de toute l'industrie française, et ne pouvait-elle pas même compromettre les conditions d'existence de nos plus grandes fabriques? Par suite des délais imposés par le Corps législatif, et sur les observations pleines de sagesse de la commission spéciale élue dans les bureaux, cette grande question des prohibitions et du tarif des douanes a été soumise aux conseils généraux, aux chambres de commerce et à une haute commission spéciale présidée par M. Baroche.

La commission du Corps législatif n'en a pas moins profité des derniers jours de la session pour se livrer à une enquête nécessaire.

Croyant, avec raison, à l'influence respectueuse et légitime du Corps législatif auprès du gouvernement de Napoléon III, nos chefs de fabrique, nos directeurs d'usine sont venus en foule demander appui et protection à la commission réunie pour les entendre.

Leurs plaintes ont été entendues et par le Corps législatif et par le chef de l'État.

Le *Moniteur* du 17 octobre 1856 contenait l'article suivant :

« A la suite de l'Exposition universelle de 1855, les progrès de notre industrie avaient été si bien constatés, que le moment avait paru opportun pour remplacer par des droits protecteurs les prohibitions inscrites dans nos lois de douane. C'était un grand pas vers le but auquel doivent tendre tous les peuples. En effet, le développement de l'activité commerciale et des relations internationales prépare les progrès de la civilisation.

» Profondément convaincu de cette vérité, le Gouvernement avait présenté au Corps législatif un projet de loi levant toutes les prohibitions. Cette loi n'a pu être votée dans la dernière session; et le Gouvernement, voulant s'entourer de toutes les lumières, avait décidé qu'une enquête serait ouverte sur ces questions.

» Dans ces circonstances, des alarmes exagérées ont cependant été répandues dans le pays et exploitées par les partis. Sa Majesté a voulu que les réclamations qui lui étaient parvenues fussent étudiées avec le plus grand soin, et a donné l'ordre au ministère de l'agriculture, du commerce et des travaux publics d'en faire l'examen.

» Éclairé par le rapport du ministre sur la véritable situation de notre industrie, l'Empereur a décidé que le projet de loi soumis au Corps législatif serait modifié en ce sens, que la levée des prohibitions n'aurait lieu qu'à partir du 1er juillet 1861. Un projet de loi conforme a été immédiatement envoyé au Conseil d'État.

» L'industrie française, prévenue des intentions bien arrêtées du Gouvernement, aura tout le temps nécessaire pour se préparer à un nouveau régime commercial. »

Ainsi, sans provoquer de crise ministérielle, sans troubler le pays, le Corps législatif a pu repousser, arrêter ou suspendre les projets du Gouvernement, non par hostilité contre le pouvoir, non par une ambition de portefeuille de quelque chef de parti, mais par conscience et par dévouement à de grands intérêts publics.

Tous les faits que je viens de rassembler ne prouvent-ils pas l'action utile, le dévouement efficace, l'indépendance éclairée du Corps législatif ?

Quant aux lois que le Corps législatif a votées sans y rien changer, on trouvera, dans le titre seul de ces lois, la preuve que leur nature et leur but ne permettaient aucun amendement, aucune modification.

LOIS

VOTÉES SANS AVOIR ÉTÉ AMENDÉES.

SESSION DE 1852.

1° Règlement définitif du budget de 1849 ;

2° Appel en 1853 d'un contingent de 80,000 hommes sur la classe de 1853 ;

3° Crédit de 170,000 fr. pour la restauration de Saint-Ouen de Rouen ;

4° Juridiction consulaire en Chine et dans les États de l'iman de Mascate ;

5° Cession, par l'État, du bois de Boulogne à la ville de Paris ;

6° Crédit de 94,989 fr. 47 c. au ministre de l'intérieur pour exercices clos et périmés ;

7° Crédit de 36,838 fr. 16 c. au ministre du commerce pour exercices clos ;

8° Crédit de 28,399 fr. pour le monument de l'archevêque de Paris ;

9° Crédit de 10,000 pour le tombeau de l'empereur Napoléon Ier ;

10° Crédit de 400,000 fr. pour secours généraux aux hospices et aux bureaux de charité ;

11° Crédit de 120,000 fr. pour l'installation du musée des Souverains ;

12° Dispositions nouvelles au budget de 1853 (*Cumu des traitements et pensions*) ;

13° Chemin de fer de Bordeaux à Cette;

14° Réunion en une seule entreprise des chemins de fer de Lyon à Avignon, de Marseille à Avignon (*Chemin du Midi*);

15° Crédit de 615,300 fr. pour l'acquisition d'un tableau de Murillo;

16° Concession du canal d'irrigation de Carpentras;

17° Règlement définitif du budget de 1850;

18° Aliénation du majorat du duc de Bellune;

19° Élévation du nombre des centimes additionnels qui composeront le fonds commun en 1853;

20° Crédit de 5,000 fr. au ministre de l'instruction publique pour payement de loyers de l'Académie de médecine de Paris.

SESSION DE 1853.

1° Réduction de la taxe des lettres de Paris pour Paris;

2° Appel en 1854 d'un contingent de 80,000 hommes sur la classe de 1853;

3° Concession des chemins de fer de Bordeaux à Bayonne et de Narbonne à Perpignan;

4° Échange des correspondances entre la France et les colonies;

5° État-major et avancement de l'armée navale;

6° Pension à madame la maréchale Exelmans;

7° Pension à madame la maréchale Oudinot;

8° Pension à madame veuve Burnouf;

9° Concession du chemin de fer de Bourg-la-Reine à Orsay;

10° Affectation d'immeubles aux religieuses de la Croix, à Paris;

11° Affectation d'immeubles aux dames de la Charité, Nevers;

12° Échange d'un terrain dépendant du promenoir de Chaillot, entre M. le comte de Morny et la ville de Paris ;

13° Secours à d'anciens militaires de la République et de l'Empire ;

14° Concession du chemin de fer de Lyon à la frontière de Genève ;

15° Cession à la ville de Paris de terrains avoisinant l'hôtel des Invalides ;

16° Télégraphie électrique entre la France et l'Algérie, par la Corse et la Sardaigne ;

17° Concession du chemin de fer de Saint-Rambert à Grenoble ;

18° Règlement définitif du budget de 1851 ;

19° Cession des sources de l'établissement de Vichy ;

20° Chemin de jonction du Rhône à la Loire ;

21° Échange entre l'État et les héritiers Villepreux ;

22° Interdiction du port d'armes en Corse ;

23° Aliénation d'un immeuble compris dans le majorat du duc de Padoue ;

24° Échange entre l'État et la ville de Brest ;

25° Échange entre l'État et les sieurs Colin ;

26° Échange entre l'État et la ville de Niort ;

27° Échange entre l'État et les héritiers Philippe.

SESSION DE 1854.

1° Échange entre l'État et la ville de Grenoble ;

2° Cession, à la société des antiquaires de Picardie, d'un terrain sis à Amiens ;

3° Échange de bois entre l'État et les sieurs Nérigny et Bourin ;

4° Échange entre l'État et la ville de Valence ;

5° Suppression de la mort civile ;

6° Élévation de 80,000 à 140,000 du contingent de 1853;

7° Disposition additionnelle à la loi sur le traitement des magistrats (*Cour des comptes*);

8° Échange entre l'État et la ville de Montpellier;

9° Traité entre l'État et la ville de Marseille (*Terrains de l'ancien Lazaret*);

10° Disposition additionnelle au budget de 1855;

11° Crédit de 844,620 fr. pour la création de nouvelles lignes télégraphiques;

12° Crédit de 37,500 fr. pour augmentation du personnel des lignes télégraphiques;

13° Échange entre l'État et la ville de Valenciennes;

14° Crédit pour les dépenses des exercices clos et périmés;

15° Disposition additionnelle au budget de 1855 (*Cession des contrats de crédit foncier*);

16° Nouvelle rédaction de l'article 3 de la loi sur l'instruction publique;

17° Échange entre l'État et le prince de Wagram;

18° Circonscription des justices de paix à Lyon;

19° Modification de la loi de 1841 sur l'expropriation en ce qui concerne Lyon;

20° Règlement définitif du budget de 1852;

21° Projet de loi de douane;

22° Émission supplémentaire de bons du Trésor.

SESSION DE 1855.

1° Echange entre l'État et la ville de Saint-Lô;

2° Échange entre l'État et le conseil presbytéral de Rillershoffen;

3° Échange entre l'État et les hospices de Vesoul;

4° Échange entre l'État et les hospices de Laon;

5° Pension à madame la maréchale de Saint-Arnaud ;

6° Pension à madame la maréchale Bugeaud ;

7° Échange de l'État avec la commune et les hospices d'Ensisheim ;

8° Emprunt de 500 millions ;

9° Appel de 140,000 hommes de la classe de 1854 ;

10° Modification de l'article 253 du Code d'instruction criminelle ;

11° Nouveau projet sur les douanes ;

12° Crédits supplémentaires et extraordinaires de 1853 et des exercices clos et périmés ;

13° Report à l'exercice 1855 d'une somme de 988,188 fr. 55 c. de l'exercice 1854, au budget de l'intérieur (*Lignes télégraphiques*) ;

14° Application aux boissons de la loi du 27 mars 1851 ;

15° Échange entre l'État et le sieur Pierson ;

16° Échange entre l'État et le sieur Bergevin ;

17° Échange entre l'État et le sieur Debrabant ;

18° Échange entre l'État et le sieur Charait ;

19° Élévation du taux de l'intérêt garanti par l'État pour le télégraphe sous-marin ;

20° Concession du chemin de fer (*Réseau normand et breton*) ;

21° Concession de ligne au Grand-Central ;

22° Concession à la compagnie d'Orléans du chemin de Nantes à Châteaulin ;

23° Inscription au grand-livre de l'excédant de l'emprunt de 500 millions ;

24° Modification au budget de 1856 (*Ministère d'Etat et Ministère de l'intérieur*) ;

25° Concession du couvent des Grands-Carmes aux filles de l'Enfant-Jésus de Lille ;

26° Taxe municipale sur les chevaux et les voitures circulant dans Paris (*Rejetée par le Sénat*) ;

27° Création d'un siége épiscopal à Laval;

28° Échange entre l'État, le sieur de Poilly et la comtesse de Fitz-James;

29° Règlement définitif du budget de 1853;

30° Emprunt de 750 millions;

31° Appel, en 1856, de 140,000 hommes sur la classe de 1856.

SESSION DE 1856.

1° Affectation d'un immeuble aux religieuses Annonciades de Boulogne (Pas-de-Calais);

2° Échange entre l'État et la ville de Cosne;

3° Échange entre l'État et les époux Prudhomme;

4° Modification au projet de loi sur les crédits supplémentaires et extraordinaires de l'exercice 1853;

5° Échange entre l'État et la ville de Cherbourg et la commune d'Equeurdreville;

6° Échange entre l'État et les hospices de Dieppe;

7° Échange entre l'État et le sieur Boucet;

8° Dispositions additionnelles au budget de 1857 (*Frais de l'administration des bois des communes*);

9° Appel, en 1857, de 140,000 hommes;

10° Conversion en lois des décrets rendus depuis le mois de février 1855, en matière de douane;

11° Application à l'armée de mer de la loi de la dotation de l'armée;

12° Autorisation à la ville de Lyon de créer pour 3,250,000 fr. d'obligations;

13° Crédits supplémentaires et extraordinaires de la session de 1856;

14° Crédit de 85,000 fr. au ministre de l'intérieur pour les palais de justice de Montpellier et de Bastia;

15° Crédit de 400,000 fr. pour le baptême du Prince impérial;

16° Crédit de 933,699 fr. (*Création de nouvelles lignes télégraphiques*);

17° Modification de l'article 32 de la loi de 1844 sur les brevets d'invention;

18° Aliénation de 2,500 fr. de rente faisant partie du majorat du duc de Rovigo;

19° Dispense de l'affirmation aux procès-verbaux de la gendarmerie;

20° Conversion en lois des décrets rendus depuis le mois de février 1855, en matière de douane;

21° Modification à la loi sur la caisse des retraites pour la vieillesse;

22° Concordats par abandon;

23° Crédit de 2 millions de francs pour les inondés;

24° Échange entre l'État et le sieur Grass;

25° Coupe des velours de coton;

26° Chemin de fer reliant Lyon à Grenoble et Valence;

27° Modification au tarif pour les dépêches de la télégraphie privée;

28° Crédit de 10 millions pour les inondations (*Réparations*);

29° Chemin de fer de Toulouse à Bayonne, Foix et Dax, d'Agen à Tarbes, Mont-de-Marsan, Rabastens (*Réseau pyrénéen*);

30° Inscription de trois rentes de 200,000 fr. chacune au profit des princesses d'Orléans.

CORPS LÉGISLATIF

LES DISCUSSIONS, LES ORATEURS

I

LES DISCUSSIONS

Les discussions du Corps législatif, on le sait, n'ont aucun retentissement, ne jettent aucun éclat au dehors.

D'abord, le théâtre n'existe plus.

La tribune du haut de laquelle, dans les anciennes Chambres, l'orateur dominait tout son auditoire, n'était qu'une réminiscence du collége, qu'une imitation de cet échafaudage rendu nécessaire par la lutte incessante des tribunes contre les clameurs insensées du *Forum* ou de l'*Agora : — Forum insanum et lubricum.*

Les discussions de la Chambre des députés d'aujourd'hui ne sont plus qu'intimes et familières; on se lève de sa place, sans apparat, sans prétention ; on s'y rassied quand on n'a plus rien à dire ; on n'est plus seul contre tous ; on se trouve, au contraire, entouré de voisins bienveillants jusqu'à l'indulgence, obligeants jusqu'à des attentions.

Dans les assemblées *constituante* et *législative*, assemblées si bruyantes, si tapageuses, une voix de basse taille, d'une sonorité aussi métallique que celle de Lablache, suffisait à peine pour vaincre cet orchestre d'interruptions, de rappels à l'ordre et de cris furieux, dont les *ensembles* partaient incessamment de la Montagne. Il suffit aujourd'hui, sous le ciel serein du Corps législatif, d'une voix de baryton ou de ténor léger, et les seuls orateurs qu'on n'écoute pas, ce sont ceux-mêmes qui crient trop fort pour qu'on puisse les entendre.

Mais une différence plus profonde distingue le Corps législatif des assemblées politiques de la Restauration, de la monarchie de Juillet et de la République. Sous tous ces régimes, ce n'étaient que violences de tribune, que prises d'armes entre les partis, entre l'opposition et le pouvoir.

L'éloquence de la tribune, comme celle du barreau, ne vit que de luttes et de passions. C'est surtout lorsqu'il défendait la société, la civilisation en face de la démagogie menaçante, que l'honorable M. de Montalembert était éloquent.

Le Corps législatif, comme la société, jouit d'un calme devenu nécessaire après tant d'orages, et l'on peut dire du règne de Napoléon III ce que Tacite disait du règne d'Auguste : « Le » continuel loisir du peuple, la perpétuelle tran- » quillité du Sénat, l'administration du très- » grand Prince, avaient pacifié l'éloquence elle- » même, comme tout le reste[1]. » — *Continuum populi otium, et assidua Senatus tranquillitas, et maximi Principis disciplina, ipsam quoque eloquentiam, sicut omnia, alia, pacaverat.*

II

L'éloquence à part, le Corps législatif prend aussi souvent la parole que les anciennes assemblées politiques.

Les députés, aujourd'hui comme autrefois, parlent et discutent dans les bureaux, sur les projets de lois qui leur ont été *distribués*. Beaucoup de gens ne prennent même la parole que dans ces conférences à huis clos, autour d'un tapis vert.

On parle et on discute au sein des commis-

[1] *Dialogue sur les Orateurs*, chap. XXXVIII.

sions. Les auteurs d'amendements viennent y développer, y défendre la pensée de leurs propositions, et ils y sont toujours écoutés avec d'autant plus de courtoisie, que l'amendement qu'ils veulent faire vivre est souvent enterré à l'avance. On dirait qu'il se produit dans les commissions un certain esprit de corps : elles rejettent volontiers, *à priori*, les amendements qui viennent du dehors ; l'avocat qui siége dans une commission montre surtout peu de sympathie pour l'amendement d'un député avocat qui n'y siége pas.

Des discussions s'engagent encore entre les commissions et MM. les commissaires du Conseil d'État, chargés de défendre les projets de lois. MM. les commissaires du Gouvernement, conseillers d'État, se rendent au sein des commissions, sur l'invitation du président du Corps législatif. Ils y viennent discuter les projets du Gouvernement et les amendements acceptés ou proposés par la commission. A leur tour, plusieurs députés se rendent au sein du Conseil d'État pour y défendre leurs amendements menacés du rejet.

Dans les séances publiques, les discussions ne chôment pas. Pour peu qu'un projet de loi ait quelque importance, on parle pour, on parle contre.

Ne pouvant plus interpeller les ministres, on

interpelle MM. les conseillers d'État; ces derniers répondent et répliquent, et n'arrivent pas toujours à fermer la discussion, qui prend souvent alors une certaine animation, une certaine vivacité, mais en restant toujours dans des termes de spirituelle politesse, et dans les limites d'égards réciproques.

C'est surtout lorsqu'un projet de loi semble inquiéter quelque intérêt d'un de nos quatre-vingt-six départements que le député de la localité, même celui en qui surabondent la douceur et la mansuétude, devient un Cicéron piqué au vif, un Démosthène irrité, et prononce contre ce projet de loi une philippique écrite avec indignation ou improvisée avec feu.

Les amendements qui n'ont point été admis, soit par la commission, soit par le Conseil d'État, font aussi se lever de leur banc les députés qui leur ont donné le jour. Les larmes paternelles et les fleurs de la tombe manquent rarement à ces amendements mort-nés.

Forcé de se débattre contre les barreaux du règlement où il se trouve emprisonné, le Corps législatif dut s'ingénier pour en sortir, toutes les fois qu'il le crut utile aux intérêts du pays. Privé du droit d'initiative, toute proposition spontanée lui étant interdite, le Corps législatif a imaginé une formule nouvelle, modeste, pleine de déférence pour le pouvoir.

Beaucoup de députés, dans la discussion du budget surtout, prennent la parole pour exprimer des vœux, et ces vœux ont plus d'une fois éclairé le Gouvernement et préparé des réformes. Dans la discussion du budget de 1857, plusieurs députés, entre autres MM. Perret, Granier de Cassagnac et Du Miral, ont émis le vœu qu'un impôt frappât les valeurs mobilières. Le Corps législatif est assez en goût d'impôts nouveaux, depuis que l'impôt sur les chiens est évalué à six millions de revenu. A cette occasion, j'ai moi-même exprimé le vœu qu'avant tout, on soumît à de nouvelles études les impôts anciens, afin de les mettre en accord avec la révolution sociale, économique et industrielle qui, depuis le commencement du siècle, s'est faite en France, et afin de rétablir parmi les contribuables l'égalité dans le payement de ces impôts.

De ces observations et de ces vœux, recueillis par le Conseil d'État, sortiront, certainement, aux plus prochaines sessions, des innovations utiles et des réformes nécessaires. Ainsi, l'honorable M. Jubinal, en 1855, exprimait le vœu que la réforme postale fût étendue aux imprimés; le Conseil d'État ne fit d'abord qu'une réponse évasive; mais on examina la question, et l'année d'après, en 1856, le Corps législatif votait un projet de loi qui consacrait cette nouvelle réforme postale, avantageuse pour tous, même pour le Trésor, et qui n'a pas encore dit son dernier mot.

La suppression de l'adresse, cette réponse annuelle au discours de la couronne, est pour le Corps législatif une grande économie de temps et de paroles ; c'est de plus une sécurité politique. Cette guerre de portefeuilles entre l'opposition et le ministère; ces duels plus ou moins littéraires, où l'on se battait, où l'on se blessait à coups d'épithètes, d'insinuations et de réticences, semblaient ne menacer de mort que les ministres, et cependant ils portaient des coups funestes à la couronne : l'adresse des 221 n'a-t-elle pas tué une royauté?

Il ne manque au Corps législatif que du jour, de la lumière. La publicité de ses séances n'est que crépusculaire; les analyses et les procès-verbaux du *Moniteur*, sans mouvement, sans vie, ne mettant en relief aucune des impressions que ressent le Corps législatif, nivellent tous les orateurs, font de la Chambre un corps sans âme, privé du sens moral, insensible au bien comme au mal, à la vérité comme à l'erreur; tous les discours sont, pour ainsi dire, éteints par ce badigeon blafard dont les dix-septième et dix-huitième siècles couvraient les chapiteaux et les peintures des vieilles cathédrales.

M. Denis Lagarde, qui prend le titre officiel de *secrétaire-rédacteur, chef du service des procès-verbaux et du compte rendu*, est dans le *Moniteur* l'orateur *ordinaire* et unique de la Chambre ; je le tiens certainement pour un homme d'esprit et de talent, mais il remplit une difficile et triste charge, celle de disséquer les discours, de les dépouiller de leurs muscles, de leurs nerfs, de leur sang artériel et vivifiant; on a, pour ainsi dire, fait de M. Denis Lagarde un costumier chargé de mettre un uniforme à la langue française.

De leur côté, les journaux, tremblant sans cesse sous l'épée des avertissements, semblent ne pas vouloir que l'éclat de la tribune survive à celui de la presse, et n'accordent que peu d'attention et peu de place aux séances du Corps législatif. Ils ne sauraient, il est vrai, ni morceler les procès-verbaux, ni ôter ni ajouter une virgule au compte rendu ; de sorte que l'opinion publique voit bien apparaître quelques orateurs nouveaux, mais, ne pouvant se former une opinion sur leur talent de parole, sur leur façon de dire, elle en est toujours aux vieux noms parlementaires des régimes tombés.

Ne serait-il donc pas dans l'intérêt du Gouvernement de montrer quels hommes siégent dans nos assemblées délibérantes? de prouver au pays l'honnête et sage indépendance, la valeur morale, le savoir et la compétence des députés appelés par le suffrage universel à surveiller nos finances, à voter le budget, et à censurer au besoin, dans un langage ferme et respectueux, les actes du pouvoir?

Bien des préventions injustes, bien des idées fausses se produisent et se propagent sur l'impuissance, sur la nullité d'action du Corps législatif.

Je sais que l'intervention avouée, franche, publique, du Gouvernement dans les élections peut servir de prétexte, d'argument, à toutes les suppositions, à toutes les défiances. Je ne veux certes pas comparer le régime parlementaire, sur lequel s'appuyait la royauté de Louis-Philippe et qui a causé sa ruine, au régime nouveau créé par la Constitution de 1852; je ne veux certes pas comparer le pouvoir sans bornes, les forces destructives de la Chambre des députés, à l'action limitée, aux pouvoirs, peut-être trop restreints, du Corps législatif; mais, sous Louis-Philippe, l'intervention du Gouvernement dans les élections, pour être moins publiquement avouée, n'en était ni moins efficace, ni moins osée. La royauté de Juillet, en faisant élire députés ses créatures et ses aides de camp, ne se créait-elle pas, elle aussi, dans la Chambre, un appoint de majorité dont les votes étaient décisifs au jour des grandes manœuvres de scrutin?

Les candidats, que la royauté et le ministère

ne protégeaient pas, desservis et contrecarrés dans leur élection, se faisaient ennemis acharnés du pouvoir, et criaient aussi alors à la corruption ; leurs plaintes étaient souvent légitimes.

Candidat de l'opposition, au fond de la Bretagne, en 1838, je mis la main sur un électeur dévoué à mon élection jusqu'à vouloir tuer mon concurrent, M. de Lascazes, dont il croyait avoir à se plaindre. Cet enragé m'effrayait, je m'efforçais de le tempérer; je n'hésitai pas à lui dire que je renoncerais à ma candidature, plutôt que de devoir mon succès à mort d'homme. Le jour du scrutin, il ne suivit que trop bien mes conseils ; il vota, il recruta des voix pour M. de Lascazes, qu'il n'avait pas tué. J'ai su, depuis, le prix qu'avait coûté au ministère Molé cette conversion.

Aujourd'hui, tous les députés ont la même origine; ils savent que, sortis d'un œuf gouvernemental, ils doivent au pouvoir aide et appui, mais non flatterie et obéissance. Sous le régime parlementaire, on ne passait pour indépendant que lorsqu'on se montrait hostile ; il serait injuste, aujourd'hui, d'accuser le Corps législatif de n'être que complaisant et servile, parce qu'il se montre sage et modéré.

Ainsi, les ouragans d'une opposition systématique, les tempêtes des coalitions ne grondent jamais sous le nouveau climat du Corps législatif:

c'est un ciel tépide sous lequel éclatent peu d'orages; le Sénat et le Corps législatif obéissent, avant tout, à ce sentiment qu'ils se mettraient en désaccord avec les nécessités, avec l'esprit du temps, en opposition avec le calme, avec le besoin de repos de la société, s'ils venaient l'inquiéter par des émotions politiques, s'ils venaient la troubler par des tourmentes révolutionnaires.

Le Corps législatif, dans son bon sens et dans son patriotisme, comprend, si vous le voulez, ce qu'il y a de modeste dans sa mission; il comprend qu'il ne lui est pas donné d'aspirer, comme les anciennes Chambres, à renverser des ministères, à détrôner des royautés, à faire d'aussi grandes choses; mais il a la conscience que, même sans sortir de la sphère de ses droits et de ses prérogatives, il peut faire des choses utiles, modifier, améliorer les projets de lois du Gouvernement, ne lui ménager ni les conseils ni les avertissements, suivre et contrôler le mouvement de nos finances, porter jusqu'au pied du trône, sous cette forme modeste de vœux, les réclamations et les plaintes de l'agriculture, de l'industrie et du commerce, des arts et des lettres. Un pareil rôle ne donne pas la gloire, mais il ne mérite pas non plus les dédains irréfléchis de la prévention, et les défiances calculées de l'esprit de parti.

Comme je l'ai déjà prouvé, au sein du Corps

législatif se rencontrent des intelligences aimant l'étude, vivant dans la réflexion, ne laissant passer aucun projet de loi sans en faire l'objet du plus attentif, du plus consciencieux examen. Mais comme je me suis proposé de dire, dans ce livre, sur le Corps législatif, ce que les journaux ne veulent ou ne peuvent pas dire, je tiens encore à donner ici quelques crayons des orateurs de la Chambre d'aujourd'hui, les plus écoutés et les plus applaudis : la haute dialectique, le langage élevé, la parole entraînante de quelques députés provoquent parfois, au temps présent comme au temps passé, de chaleureux applaudissements sur tous les bancs de Chambre.

III

DES ORATEURS

J'appelle orateurs tous les députés qui osent parler.

M. le marquis D'ANDELARRE. (Haute-Saône.)

M. le marquis d'Andelarre est un de ceux qui ont pris le plus au sérieux leur mandat. Il ne s'en exagère pas l'importance; mais, par sa vie studieuse et active, il se fait l'homme du pays, le *gentis homo* au dix-neuvième siècle. Dévoué au Gouvernement, M. le marquis d'Andelarre ne donne cependant qu'un concours réfléchi ; il étudie toutes les questions, sans s'engager dans tous les débats.

Économiste, financier, jurisconsulte, il éclaire les discussions par des textes de lois, par des citations de rapports et de discours qui font autorité ; il repousse, en 1853, la loi de dotation de 300,000 francs en faveur de la princesse de la Moskowa, en s'appuyant de paroles prononcées à la tribune de l'Assemblée législative : « A quoi servent, disait le fils de la maréchale, le prince de la Moskowa, les évocations perpétuelles qui n'ont pour résultat que d'agiter un pays qui a soif de repos ? Je demande que l'on ne trouble plus la paix des tombeaux. » Ce projet de loi, sur la vive opposition de tous les bureaux, fut retiré par le Gouvernement.

En 1856, il combat la loi des pensions des grands fonctionnaires : « Aujourd'hui, dit-il, les pensions ne sont acquises que par des droits et par des titres ; toutes sont réglées par des lois, soit générales, soit spéciales ; quels sont donc ces services anonymes que la loi a méconnus, ou qui n'osent affronter le grand jour de la discussion publique ? Nous vivons sous un prince qui a besoin, comme le disait Turgot à Louis XVI, de s'armer de sa bonté contre sa bonté même. Entourons-le de la nation pour le défendre contre les solliciteurs, et craignons, en entr'ouvrant la porte, de faire entrer toute une foule de mendiants dorés. »

M. le marquis d'Andelarre, à l'épaisse chevelure que l'étude a blanchie plus que les années, à la voix timbrée, à l'œil vif, eût certainement, par ses prodiges de mémoire, par son ardeur de recherches, souvent imposé silence à ces dossiers que M. Thiers, ministre, savait composer si habilement.

M. AYMÉ. (Vosges.)

Ancien magistrat, M. Aymé se fait écouter dans les débats auxquels il prend part; sa parole modérée, grave, peut-être un peu froide, pèse avec une certaine autorité dans les discussions, soit au sein des commissions, soit dans les séances publiques.

M. BARAGNON. (Gard.)

M. Baragnon, député du Gard, avocat distingué du barreau de Nîmes, possède plus d'une des brillantes qualités de l'orateur. Sa voix, d'un diapason sonore, se prête à ces inflexions variées qui animent le discours; il montre de l'art et de la méthode; il est au besoin fleuri et lettré; sa parole nette, ferme et vibrante, n'inquiète jamais l'auditoire; mais peut-être M. Baragnon plaide-t-il plutôt qu'il ne cause; il s'anime, il s'échauffe presque à son insu dans la discussion, et surfait parfois ainsi l'intérêt de la question, par la véhémence du langage. A l'Assemblée constituante, la Montagne ne l'eût ni intimidé, ni fait taire.

Ex-conseiller de préfecture, membre de conseil général, M. Baragnon joint au savoir d'un jurisconsulte l'expérience d'un administrateur. Il vient d'être nommé préfet.

M. BAVOUX. (Seine-et-Marne.)

Reçu avocat en 1830, M. Évariste Bavoux a plaidé quelques affaires politiques devant la Chambre des pairs, et quelques affaires civiles devant les tribunaux et la cour de Paris.

Écrivain exercé et laborieux, il a publié deux volumes sur l'Algérie, deux volumes de *philosophie politique*, un volume d'*Études morales et politiques*, un volume *sur le droit romain*, lu à l'Académie des sciences morales et politiques, un volume *sur le communisme* en Allemagne et *sur le radicalisme* en Suisse, etc., etc. Les journaux et les revues ont imprimé plusieurs articles de M. Évariste Bavoux.

M. Bavoux écrit plus qu'il ne parle.

Membre de la Constituante en 1848, il fut élu membre de l'Assemblée législative, puis réélu député au Corps législatif.

Le lendemain du 15 mai, il prit corps à corps, dans une séance mémorable, le préfet de police Caussidière, à l'occasion de l'invasion de l'Assemblée.

Au sein du Corps législatif, M. Évariste Bavoux n'a guère parlé que sur la loi de l'enseignement et sur la loi de la dotation de l'armée.

Orateur élégant et modeste, se défiant peut-être trop de lui-même, M. Évariste Bavoux, à la Chambre, commande l'attention et le silence.

M. DE BEAUVERGER. (Seine-et-Marne.)

Jeune avocat, M. de Beauverger publiait en 1852 des études politiques sur les *Constitutions de la France* et sur le *système politique de l'empereur Napoléon*. Cette œuvre distinguée attira même à cette époque l'attention du Président de la République, et ouvrit au jeune publiciste les portes du Corps législatif.

Passionné pour l'étude, pour la science, pour les travaux de l'esprit, M. de Beauverger est appelé à chaque session dans toutes les commissions des lois les plus importantes. Il prend souvent la parole : dès qu'il se lève, il excite dans la Chambre un certain intérêt; dès qu'il parle, il se fait écouter; plus d'une fois, ses discours ont obtenu les *Très-bien!* de l'assemblée.

On a certainement eu tort de s'opposer, sous le prétexte du règlement, à la publication de tous les discours, pleins de savoir et de raison, prononcés par M. de Beauverger, et qu'il voulait recueillir en un seul volume.

M. DE BELLEYME. (Dordogne.)

Digne du nom honorable qu'il porte, M. Adolphe de Belleyme a conquis un haut rang dans le sein du Corps législatif; il prononça son premier discours à propos de la loi de réhabilitation. Dans ce discours bien dit, les idées s'enchaînaient avec tant de force de logique, se développaient avec tant de puissance d'arguments, dans un langage si simple et si concis, que le jeune député obtint non point seulement l'approbation sympathique, mais les bruyants applaudissements de toute l'assemblée. Ce fut un succès d'orateur à rendre M. Thiers et M. Guizot jaloux!

S'appuyant sur de fortes études, plein de savoir comme jurisconsulte, M. Adolphe de Belleyme réunit souvent dans les bureaux les suffrages de ses collègues, pour les commissions appelées aux travaux les plus sérieux, et ces commissions elles-mêmes lui ont souvent confié la mission difficile, la rude tâche de rapporteur. On regrette que M. Adolphe de Belleyme, dans les dernières sessions, ait rarement pris la parole.

On a dit :

> Nous avons trop d'auteurs qui n'ont fait qu'un ouvrage!

M. Adolphe de Belleyme ne peut pas et ne doit pas être de ces auteurs-là.

M. de Belleyme et M. de Beauverger sont deux hommes nouveaux, d'un talent déjà fait, qui dateront du Corps législatif.

M. BELMONTET. (Tarn-et-Garonne.)

Les jours où M. Belmontet prend la parole sont pour la Chambre des jours gais. M. Belmontet écrit des tragédies et des odes; il écrit aussi des discours. Il n'improvise pas, et il s'en vante.

C'est chaque année, dans la discussion du budget, que le poëte-écrivain parle sur tout et de tout. C'est alors une veine intarissable de saillies inattendues, de mots vifs, d'allusions ironiques, de traits piquants : ses discours sont souvent de la satire; il n'y manque que la rime.

Quelques graves esprits ont pu reprocher à M. Belmontet ses excentricités de style, ses audaces de comparaison, ses folies de langage; plus tolérant en matière de rhétorique, j'appliquerai seulement à mon honorable collègue cette critique tempérée que M. Charles de Rémusat adressait au fils de M. Guizot, auteur d'un *Mémoire sur Ménandre* : « *Les bluets sont très-jolis, mais il n'en faut pas trop dans les blés.* »

D'ailleurs, M. Belmontet plaide souvent de bonnes causes : il défend les lettres et les arts; il réclame avec chaleur en faveur des officiers retraités, membres de la Légion d'honneur, sans traitement.

M. Belmontet ose souvent dire ce que tout le monde pense : c'est le paysan du Danube spirituel et lettré.

M. le comte DE BRYAS. (Indre.)

Le style, c'est l'homme; personne ne ressemble moins à M. Belmontet que M. le comte de Bryas. Esprit sérieux et positif, ce dernier ne prend la parole que pour combattre, par des faits, les inexactitudes et les erreurs. Questions de finance, questions administratives, questions d'agriculture, voilà le terrain sur lequel se place, dans les séances publiques de la Chambre, M. le comte de Bryas, et il y montre autant de saine logique que de profond savoir.

M. BERTRAND. (Yonne.)

Ancien négociant, ancien président du tribunal de commerce de Paris, M. Bertrand ne prend guère la parole que dans des questions spéciales; et plus d'une fois il a su intéresser, soit les bureaux, soit les commissions, soit la Chambre elle-même, par de courtes observations pratiques, pleines de bon sens et simplement dites.

M. BUSSON. (Ariége.)

Avocat du barreau de Paris, gendre de M. Billault, élu député depuis deux sessions seulement, M. Busson, pour regagner le temps perdu, est, pour ainsi dire, entré dans le Corps législatif au grand galop. Il arrive d'emblée à toutes les commissions, il se trouve chargé de tous les rapports; il finira par se jeter ainsi dans toutes les discussions, en séance publique. Que tout cela soit pris en bonne part : le rôle actif qu'a résolûment choisi le jeune et nouveau député prouve la séduction qu'il exerce sur ses collègues, et aussi la confiance qu'il leur inspire. Dans les bureaux, dans les commissions, dans la Chambre, sa parole est imperturbable, sa faconde toujours heureuse, souvent nourrie d'un certain savoir de jurisconsulte.

Mes connaissances en physiologie me porteraient à penser que MM. les avocats sont dotés d'un organe secréteur refusé aux autres hommes: cet organe professionnel verserait incessamment sur le bord de leurs lèvres des torrents de mots et de phrases vides. Je soumets cette conjecture au scalpel de nos anatomistes.

Toutefois, je me reprends et je m'explique : il est aussi des avocats dont les flots de paroles charrient des richesses d'aperçus, d'arguments et d'idées; il va sans dire que je range parmi ceux-là les trente-six avocats qui siégent au Corps législatif. Ce Corps constitué peut se vanter d'être bien partagé!

Actif, remuant, laborieux, M. Busson laissera son sillon dans les travaux de la Chambre. On ne peut douter qu'il n'ait l'incessant désir de se distinguer, la louable ambition de placer son nom à côté du nom honorable et respecté de la famille dans laquelle il est entré.

MM. CAFARELLI. (Ille-et-Vilaine.)
DELAMARRE. (Creuse.)
LE ROY-BEAULIEU. (Calvados.)
ROULLEAUX-DUGAGE. (Hérault.)

Parmi les sept anciens préfets qui siégent au Corps législatif, quatre seulement prennent la parole dans les séances publiques, M. le Roy-Beaulieu parle *beaucoup*, je suis loin de dire *trop;* M. Cafarelli parle peu; M. Delamarre encore moins; M. Roulleaux-Dugage, pas assez. Ces quatre anciens fonctionnaires publics traitent avec autorité, dans la Chambre, les questions administratives; il serait à désirer, lorsqu'il se produit des vacances dans le Corps législatif, que le Gouvernement recherchât et acceptât par préférence pour candidats d'anciens fonctionnaires.

M. le comte DE CHASSELOUP-LAUBAT. (Charente-Inférieure.)

Cet ancien ministre de la marine compte d'honorables chevrons dans les assemblées politiques et dans le Conseil d'État; il siégea à la Chambre des députés de 1837 à 1848;

il fit partie de la Législative. Les commissaires du Gouvernement trouvent souvent dans M. de Chasseloup-Laubat un rude champion, habile à l'attaque, prompt à la défense, richement armé de science, de faits, de souvenirs et d'une brillante et persuasive parole. Il siége auprès de M. le comte de Montalembert, de M. le comte de Flavigny, petit groupe redoutable, dont la parole convaincue et savante eût inquiété, sur leurs bancs de ministre, les plus grands orateurs de la Restauration et de la monarchie de Juillet.

M. le comte DE MONTALEMBERT. (Doubs.)

Louer le talent de M. de Montalembert, mettre en relief l'homme de bien à la parole séduisante et magistrale, ce serait tomber ici dans le lieu commun. Je voudrais plutôt montrer l'état de l'âme de ce grand orateur politique au milieu d'un parlement dont toutes les croisées sont hermétiquement fermées ; au milieu d'une nuit profonde qui glace l'esprit et le cœur, et qui réduit à l'impuissance les passions les plus nobles et les plus énergiques.

Au bruit des tempêtes de la Constituante et de la Législative, l'éloquence de M. le comte de Montalembert courut de triomphe en triomphe, emportée par quatre chevaux couverts d'écume et dont les yeux lançaient l'éclair. Devant la Constitution de 1852, cette marche triomphale fut contrainte de s'arrêter, de reculer, comme devant une barricade. Tout ce cortége d'applaudissements enthousiastes s'évanouit, et cette majestueuse éloquence est, si j'osais ainsi dire, descendue du char de triomphe pour monter dans une humble et obscure *demi-fortune*.

Non-seulement on doit comprendre l'aigreur du talent et de hautes facultés contraintes de ronger leur frein, mais on doit encore tout leur passer, tout leur permettre. Ne demandons pas au cœur humain des vertus plus que chrétiennes.

Cicéron ne put se vaincre, se tempérer dans cette vie de silence que lui imposait César. Il se peut que la parole de M. le comte de Montalembert soit quelquefois en dissonance avec la *note* politique du Corps législatif, mais on s'estime toujours heureux de l'entendre et de l'écouter. Au sein du Corps législatif, toutes les déférences, tous les respects lui sont acquis; il est l'honneur de la maison.

MM. le vicomte CLARY. (Loir-et-Cher.)
le général LE BRETON. (Vendée.)
le général PARCHAPPE. (Marne.)
le colonel DU MARAIS. (Loire.)
le colonel RÉGUIS. (Basses-Alpes.)
DE VOIZE, ancien officier du génie. (Isère.)

Je réunis ici, dans ce médaillon, six orateurs ayant appartenu à l'armée. Leur langage net et ferme, leurs vues sensées et pratiques, peignent, dans leurs discours, leur caractère, leur cœur et leur esprit, *dum formans sui quisque et animi et ingenii redderet*. Je détacherai cependant de ce groupe le colonel Réguis, qui semble avoir reçu du ciel le don de l'éloquence. Son accent méridional, sa haute taille, sa physionomie sévère et sympathique servent l'action de l'orateur.

Soit qu'il vienne, dans la discussion des pensions civiles, plaider la cause de la pauvreté, des veuves de militaires et des ministres du culte, soit qu'il réclame en faveur des officiers retraités, membres de la Légion d'honneur, sans traitement, le plus grand silence se fait dans l'assemblée; elle s'intéresse, elle s'émeut, et cette émotion profonde que cause cette parole simple, accentuée, partant du cœur d'un vieux soldat, va souvent jusqu'à provoquer sur les bancs de la Chambre d'unanimes applaudissements.

M. KOENIGSWARTER. (Seine.)

Le député de Saint-Denis a remporté, dans la discussion sur la loi de la dotation de l'armée, une victoire complète d'orateur. Mettant en scène, de la façon la plus heureuse, une argumentation sensée et judicieuse, il a su tout à la fois faire rire et persuader l'assemblée. Mais les idées économiques et financières, qu'il prêche avec une certaine ostentation, l'ont fait plus d'une fois s'égarer dans des chemins pleins de ronces et d'épines où la Chambre s'est refusée à le suivre.

M. RICHÉ. (Ardennes.)

La province n'existe plus telle qu'on l'entendait autrefois, telle que l'entend Gresset, dans *le Méchant :*

« Elle a d'assez beaux yeux, pour des yeux de province! »

L'esprit s'est décentralisé; je vais plus loin, l'esprit qu'on a en province, quand on en a, contient moins d'alliage, offre moins de contrefaçons, est moins usé, comme les pièces de monnaie par le frottement, que l'esprit qu'on a à Paris.

D'une famille qui sut acquérir dans l'industrie une honorable aisance, M. Riché dut à ses succès de barreau une notoriété de savoir et d'esprit qui suffirent à lui mériter les suffrages de ses concitoyens; il fut élu en 1849 membre de l'Assemblée législative. Son haut bon sens, son cœur honnête, reconnurent bientôt, avec quelque regret peut-être, que la Montagne rendait la République impossible.

Libre de tout engagement envers les anciennes dynasties, il pencha du côté de la solution qui devait prévaloir au

2 décembre. Son caractère élevé l'éloigna des intrigues; ses études de jurisprudence, d'économie politique et commerciale le désignèrent pour toutes les commissions chargées de travaux utiles. Quelques rapports qui lui furent confiés le conduisirent à la tribune; la droite fit l'accueil le plus empressé et le plus attirant à ce talent jeune et nouveau, à cet auxiliaire inattendu qui lui venait du fond des Ardennes.

Comme toute la Chambre, j'ai un grand goût pour les qualités solides et charmantes que sait allier à un haut degré l'ancien membre de la Législative. Sa raison modérée, indulgente, va jusqu'à la bonhomie; sa pénétration, sa finesse, ses habitudes d'observation, le sérieux de ses études, n'éteignent pas chez lui une veine naturelle de sourires et de gaieté.

Causeur plein de verve, d'arguments et d'idées, son action sur la Chambre est souvent entraînante et décisive; M. Riché, orateur, eût honoré la tribune des anciennes assemblées; M. Thiers et M. Guizot se seraient certainement disputé la conquête de sa parole pleine de sagesse et d'agrément.

Le Corps législatif rend hommage à l'indépendance, au savoir de M. Riché, en le nommant de toutes les grandes commissions, en le chargeant de tous les rapports difficiles. Le *Constitutionnel* et la *Gazette des tribunaux* n'ont même pas voulu, par exception, laisser passer sans de vifs éloges son rapport remarquable sur la *mort civile*.

Plein de droiture et de franchise, M. Riché défend avec autorité ce qu'il approuve; il ruine, à force de malices contenues et de douces ironies, les projets de lois qu'il repousse et qu'il blâme. Son rapport sur les sociétés anonymes de nantissement perdit ce projet de loi, qui fut retiré.

Si quelques-uns de mes lecteurs vont un jour entendre au Corps législatif M. le comte de Montalembert, je leur souhaite que ce jour-là M. Riché prenne aussi la parole : il est, lui, le fils aîné de la maison.

M. DELAPALME. (Seine-et-Oise.)

Dans les Chambres, en Angleterre, si un orateur hésite ou bégaye, on ne l'écoute que plus attentivement. M. Delapalme est écouté au Corps législatif, sa parole marche ; seulement elle n'est ni vive, ni alerte ; mais il en jaillit souvent une réclamation juste, une observation sensée, une réflexion judicieuse, un fait oublié. Sous une écorce épaisse et rude, on peut trouver un fruit nourrissant et savoureux.

M. DEVINCK. (Seine.)

Négociant, ancien président du tribunal de commerce de Paris, membre du conseil municipal, M. Devinck est écouté, consulté sur beaucoup de questions spéciales, dans les bureaux, dans les commissions et jusque dans la salle des conférences. En séance publique, ses observations sont courtes, nettes et précises. Rapporteur, et il est souvent chargé de rapports d'un haut intérêt, il n'épargne alors ni ses peines, ni ses recherches, ni ses démarches pour s'éclairer, pour se renseigner. En 1854, dans la discussion du budget de 1855, il prononça un discours très-neuf d'aperçus, et très-rassurant sur l'avenir de nos finances; mais tout ce qui se dit et se fait au Corps législatif n'attire l'attention ni du Gouvernement, ni du public. *Comme* tous les discours du Corps législatif, ce discours reçut seulement du fossoyeur, M. Denis-Lagarde, la pelletée de terre dans la fosse commune du *Moniteur*.

Simple et modeste, M. Devinck n'a qu'une ambition, celle d'être utile.

M. DES MOLLES. (Lozère.)

M. Des Molles sait beaucoup de choses, et les sait bien; il parle finance, économie politique; il n'épelle pas les budgets, il les lit couramment. Sa parole est passionnée, sa critique est pressante; le Conseil d'État rencontre souvent en lui un opposant et un contradicteur.

M. DU MIRAL. (Puy-de-Dôme.)

D'une famille ancienne et estimée de Clermont, M. Du Miral entra en 1835 dans la magistrature. Après avoir résisté avec courage à une insurrection, dont le *recensement* était le prétexte, il fut substitut du procureur général à Riom ; quelques années après il devenait avocat général à la même cour.

Après la révolution de 1848, il donna sa démission, et prit place au barreau de Riom que venaient de quitter MM. Rouher et de Parieu ; en leur succédant, il les remplaça.

Membre du Corps législatif, M. Du Miral s'est fait inscrire au barreau de Paris ; c'est un des bons esprits de la Chambre ; il fut surtout chargé de deux rapports intéressants, l'un sur la nouvelle loi des travaux forcés, l'autre sur les impôts établis en 1855. C'est dans ce second rapport que, le premier, il émit l'idée d'un impôt direct sur les valeurs industrielles.

C'est surtout dans les deux dernières sessions que M. Du Miral, maître de sa parole, a réussi par des discours bien dits et bien pensés.

On ne trouve pas seulement dans M. Du Miral un savant jurisconsulte ; dans les loisirs que lui laissait la magistrature, il s'est occupé d'agriculture et d'industrie. Fondateur d'une ferme-école, il entreprit sur plusieurs points des travaux d'irrigations, des plantations de vignes, des constructions rurales d'une importance exceptionnelle : aussi M. Du Miral, dans les bureaux comme dans les discussions publiques, apporte-t-il un précieux contingent de savoir et d'expérience. Lorsque dans la Chambre on parle de ce qu'on sait bien, on est toujours écouté avec intérêt.

MM. Paul DUPONT. (Dordogne.)
le comte DE DURFORT DE CIVRAC. (Maine-et-Loire.)
FAUGIER. (Isère.)
GARNIER. (Loire-Inférieure.)

Je ne puis reproduire dans ce cadre la physionomie plus ou moins expressive de tous les orateurs de la Chambre, mais je ne dois pas omettre de mentionner les noms de MM. Paul Dupont, le comte de Durfort de Civrac, Faugier et Garnier, comme apportant, sans prétention, mais non sans utilité, leur part de butin, leur concours actif aux travaux sérieux de cette ruche législative dont les bourdonnements s'entendent si peu au dehors.

M. le comte DE KERGORLAY. (Manche.)

La famille de M. le comte de Kergorlay est une des plus anciennes de la noblesse de Bretagne ; son nom est inscrit dans la salle des Croisades, à Versailles, et un chevalier de sa famille perdit la vie près de Charles de Montfort, à la bataille d'Auray.

A la mort de son père, M. le comte Hervé de Kergorlay hérita de la pairie en mars 1830, au moment même où Charles X venait de prononcer la dissolution de la Chambre des députés ; il ne put prendre possession de son siége, la pairie, qui avait été conférée à son père en 1827, ayant été abolie par la Charte de 1830.

M. le comte Hervé de Kergorlay venait de terminer, en mars 1830, ses études de droit; mais il n'avait pas encore commencé son stage. Craignant de rencontrer quelque opposition dans le conseil de l'ordre, il alla trouver M. Dupin aîné, alors bâtonnier, et lui fit part de ses craintes.

« Est-ce que vous n'êtes pas dans vos meubles? lui dit M. Dupin.

— Si, mais je suis pair de France.

— N'est-il pas nécessaire que ceux qui doivent faire des lois apprennent à les appliquer? » répliqua M. Dupin.

M. de Kergorlay fut donc admis comme stagiaire.

Il se livra avec ardeur à l'étude de toutes les questions qui se rattachent à l'économie sociale et à l'agriculture. Il y joignit la pratique, et organisa autour de son habitation, à Canisy, près de Saint-Lô, une grande exploitation sur une propriété de plus de cent soixante hectares; il y introduisit les instruments les plus perfectionnés.

M. de Kergorlay prit une part active aux travaux du congrès central d'agriculture. En 1845, il fut chargé d'un rapport sur l'organisation du commerce de la boucherie de Paris, et se prononça en faveur de la liberté de ce commerce.

Appelé dès 1835 à faire partie du conseil général des hospices de Paris, il fut successivement chargé de la surveillance spéciale de l'*hôpital Necker*, des *Enfants malades*, de l'*hospice des Ménages*, des *Vieillards* et de *Bicêtre* (*aliénés*); il provoqua, dans ce dernier hospice surtout, d'heureuses innovations en faveur des aliénés : l'exercice du chant, le dîner en commun à des tables proprement servies de dix couverts.

M. de Kergorlay passa la journée du 24 février 1848 à l'Hôtel-Dieu, y recevant les blessés, et donnant un asile momentané et des vêtements pour la fuite à un certain nombre de gardes municipaux amenés et protégés par un bataillon de la garde nationale. Le conseil des hospices, coupable de cet acte d'humanité et de dévouement, fut dissous par la République. Ce conseil, cette grande et belle institution, avait traversé cinq gouvernements et duré quarante-six ans.

Membre de la société centrale et impériale d'agriculture, membre du conseil général de l'agriculture, du commerce et des manufactures, M. de Kergorlay a fait partie du jury de l'exposition, en 1849; de l'exposition universelle de Londres, en 1851; il a présidé plusieurs des concours de Poissy, des concours d'animaux, et un de ceux de l'exposition universelle, en 1856.

On comprend l'importance des services que, par son expérience, son savoir, son autorité, M. de Kergorlay peut rendre à l'agriculture, au sein du Corps législatif; elle trouve en lui un avocat ardent, tenant tête à ceux que leur situation fait avocats de l'industrie. Sa parole est animée, pénétrante. Laborieux, élu souvent membre des commissions, élu souvent rapporteur, M. de Kergorlay paye, on le voit, comme député, un large tribut de dévouement aux grands intérêts du pays.

M. FAVART. (Corrèze.)

Avocat, M. Favart prend peu de place dans les discussions publiques; mais son savoir comme légiste, son esprit juste et sensé, son élocution facile, lui donnent de l'autorité dans les bureaux et le font souvent élire membre de commissions appelées à modifier, à améliorer les projets de loi du Gouvernement. Comme tous les hommes distingués, M. Favart se montre très-bienveillant, très-indulgent pour autrui.

M. le comte DE FLAVIGNY. (Indre-et-Loire.)

Nous avons déjà classé M. le comte de Flavigny parmi les hautes notabilités du Corps législatif.

Ex-pair de France, membre de l'Assemblée législative, il est un de ceux qui ont pris une part active à la pratique du régime parlementaire; habile à bien dire, orateur élégant, causeur de bonne compagnie, modéré dans ses opinions et dans son langage, mais ferme dans ses convictions, M. le comte de Flavigny est très-écouté à la Chambre. On trouve en lui l'homme politique, élevant toutes les questions, saisissant bien toute la portée des projets de loi du Gouvernement, et les attaquant par le côté qui donne prise à une sage critique. Les discussions auxquelles se mêlent M. le comte de Montalembert, M. le comte de Flavigny, M. le comte de Chasseloup-Laubat, rappellent les jours où la tribune jetait le plus d'éclat.

M. GRANIER DE CASSAGNAC. (Gers.)

Grand écrivain, M. Granier de Cassagnac est devenu habile orateur. On se dit à la salle des conférences, comme une bonne nouvelle : « M. Granier de Cassagnac parlera aujourd'hui. » Les discours de ce député du Midi, très-étudiés, abondent surtout en documents historiques sur les grandes questions auxquelles peuvent se rattacher les projets de lois du Gouvernement.

En 1854, pour son début, il prononça un discours sur l'instruction publique; en 1855, un discours sur la dotation de l'armée; en 1856, deux discours : l'un à propos du budget des recettes, l'autre dans la discussion relative à la caisse de la boulangerie parisienne. La lecture de ces discours serait instructive pour tout le monde; on lirait avidement et utilement, dans tous les journaux, M. Granier de Cassagnac orateur, comme on lit dans le *Constitutionnel* M. Granier de Cassagnac écrivain. Sa parole est grave, pure, élevée. L'émotion qu'on éprouve devant une assemblée qui écoute modère l'imagination, tempère le style de cette éloquente plume de guerre.

M. GUYARD-DELALAIN. (Seine.)

Tous les discours prononcés par M. Guyard-Delalain feraient un gros volume ; il n'est guère de discussion dans laquelle il n'ait demandé la parole, tantôt parlant pour, tantôt parlant contre les projets du Gouvernement. M. Guyard-Delalain étudie très-sérieusement toutes les questions ; il s'éclaire, il se renseigne par la lecture des débats des anciennes Chambres, par la lecture des rapports des anciennes commissions, par des enquêtes personnelles auprès des ministères : aussi apporte-t-il dans les bureaux, dans les commissions dont il fait partie, un large contingent de faits, d'éclaircissements et d'observations justes et sensées. D'une taille élevée, se laissant souvent entraîner à des mouvements oratoires, M. Guyard-Delalain eût pu, comme son collègue M. Baragnon, dominer de sa voix retentissante les interruptions, les cris de la Montagne, et le courage ne lui eût certainement pas manqué pour la combattre. Ce député de Paris remplit tous ses devoirs de législateur avec zèle, avec amour.

M. ACHILLE JUBINAL. (Hautes-Pyrénées.)

Élève de l'École des chartes, qui a rendu tant de services aux sciences historiques, aux arts et aux lettres, M. A. Jubinal publia, avec des commentaires pleins d'érudition et de sagacité, des légendes, des fabliaux et d'autres œuvres du moyen âge. Son édition des *OEuvres complètes du trouvère Rutebeuf*, le Béranger du temps de saint Louis, resté inédit depuis le treizième siècle jusqu'à nous, est un modèle de philologie ; plus tard, il donna la collection des anciennes tapisseries de France, ouvrage couronné par l'Académie des inscriptions. On doit encore à M. Jubinal l'*Histoire des armes du moyen age par les monuments, et spécialement par la galerie royale de Madrid;* une édition de la *Danse des morts de la Chaise-Dieu*, fresque splendide du quinzième siècle ; un beau volume sur *les manuscrits de la bibliothèque de la Haye;* un *Voyage aux Pyrénées;* un savant travail sur *Christophe Colomb ;* enfin, un grand nombre d'articles remarquables dans les revues littéraires et scientifiques.

Professeur de littérature étrangère à la Faculté de Montpellier depuis 1839, il fut brutalement destitué par M. Carnot, ministre de la République.

Député de Bagnères de Bigorre, M. A. Jubinal a fondé dans cette ville deux grands établissements : une bibliothèque et un musée.

Ce savant écrivain se signale à chaque session par des réclamations utiles, par des vœux intelligents. Ce fut lui, comme nous l'avons déjà dit, qui provoqua le projet de loi étendant la réforme postale aux imprimés. Dans un discours très-écouté par la Chambre et par la commission du Gouvernement, M. A. Jubinal, lors de la discussion du budget, est venu réclamer en faveur des professeurs, des secrétaires d'académie et autres fonctionnaires de l'Université, auxquels on fait aujourd'hui subir le retrait de leur emploi sans leur accorder un traitement de retraite.

Comprenant tout l'intérêt que doivent inspirer les sciences, les arts et les lettres à la politique de la paix, il demande, sur le budget de 1858, une augmentation du fonds des souscriptions, du fonds des subventions et encouragements aux sociétés savantes, du fonds de secours aux savants et aux gens de lettres, du fonds de pensions et indemnités littéraires, et enfin une augmentation d'appointements en faveur des bibliothécaires et employés des bibliothèques.

La France ne vit pas seulement par les chemins de fer, par les entreprises industrielles, par des jeux de Bourse; elle vit aussi par la pensée. La France est plus littéraire qu'on ne le dit et qu'on ne le croit. Sa littérature, ses découvertes dans la science font surtout sa gloire à l'étranger.

Député laborieux, M. A. Jubinal, dans les séances publiques, ne professe pas; sa parole est rapide, colorée, spirituelle. Après la mort de M. Fortoul, il fut un instant désigné comme ministre de l'instruction publique.

MM. GOUIN. (Indre-et-Loire.)
LOUVET. (Maine-et-Loire.)
LEQUIEN. (Pas-de-Calais.)

Budgets de l'État, budgets des départements, budgets des communes, budgets des établissements publics; tout ce qui est chiffre, addition, soustraction, multiplication, division, subit le contrôle le plus clairvoyant, la critique la plus sagace devant MM. Gouin, Louvet et Lequien. Aussi, le Corps législatif regarde-t-il leur présence comme indispensable dans toutes les commissions de finances. Jamais, sous le régime parlementaire, à la pratique duquel d'ailleurs ces trois savants financiers ont pris une part active, jamais avertissements plus sévères, conseils plus sages n'ont été donnés dans un langage plus ferme au Gouvernement. Dans leur sollicitude pour la prospérité, pour l'avenir de la France, ils ne se payent ni d'illusions, ni de chimères; ils n'ont foi qu'en la réalité. Leur esprit positif est même enclin à rayer de tous les budgets le chapitre des espérances. Ceux qui croient que le bon plaisir seul administre nos finances et que le Corps législatif ne les surveille que les yeux fermés, tombent dans une profonde erreur. Sous la monarchie de Juillet, l'opposition parlementaire la plus féroce n'arrachait pas au pouvoir ministériel plus de millions d'économie que n'en obtient du gouvernement de l'Empereur le Corps législatif, par l'intermédiaire du Conseil d'État. Toutes les commissions du budget, depuis 1852, livrent surtout une guerre acharnée aux crédits supplémentaires, aux crédits extraordinaires; les vœux ardents exprimés dans tous les rapports de budget pour limiter, dans les chiffres les plus restreints, ces crédits qui, au moyen des virements, ne devraient se produire que dans des cas imprévus, très-exceptionnels, ont été pris en grande considération par le Conseil d'État, et le ministre des finances s'est engagé, dans la dernière session, à tenir grand compte des justes réclamations du Corps législatif[1].

Une autre concession a encore été faite à la Chambre : c'est que ces crédits seront soumis à son contrôle dans le plus court délai.

Il est surtout une prérogative qui devrait être concédée au Corps législatif, celle de voter isolément chaque article du budget, et non collectivement les chapitres.

Certes, tous les vœux financiers du Corps législatif ne sont pas et ne peuvent pas être plus exaucés sous le gouvernement de l'Empereur qu'ils ne l'étaient sous la Restauration et sous le gouvernement de Louis-Philippe, mais les députés d'aujourd'hui prennent autant à cœur de défendre *unguibus et rostro* les intérêts des contribuables que les députés des régimes tombés.

[1] Voir au *Post-Scriptum*, dernier chapitre de ce livre.

Les trois noms honorables que je cite ne font-ils pas autorité en finances? M. Gouin, banquier, député pendant toute la durée de la monarchie de Juillet, ex-représentant à la Constituante et à la Législative, a même été ministre de l'agriculture et du commerce.

M. Louvet, banquier, ex-représentant à la Constituante et à la Législative, administre depuis longues années, entouré de l'estime de ses concitoyens, une ville importante, la ville de Saumur.

Quant à M. Lequien, peut-être est-il moins connu; je crois donc devoir résumer ici sa vie politique, financière et administrative.

Avocat au barreau de Béthune dès 1829, il y fut élu bâtonnier. En 1831, il y est nommé juge suppléant; en 1838, sous-préfet.

Lors de la révolution de 1848, il ne quitta son poste que sur une révocation régulière; il se retira à Douai. En 1849, il était élu membre de l'Assemblée législative; en 1852, l'arrondissement de Béthune le nommait membre du Corps législatif.

En 1850 et 1854, il faisait partie de deux commissions extraparlementaires : l'une, nommée par les ministres des finances et de l'intérieur, pour étudier la situation financière des départements et des communes, et les moyens d'améliorer cette situation inquiétante; l'autre, sur les modifications à apporter dans la législation relative aux fonds communs des départements.

M. Lequien n'est pas seulement un administrateur, un financier; c'est l'homme-chiffre. Il ne discute, il n'argumente, il ne vit qu'avec des chiffres; il doit rêver chiffres! Il ne craint ni les longs discours qu'on n'entend pas, ni ceux qu'on ne veut pas écouter; le chiffre est pour lui une distraction, un plaisir à combattre tous les ennuis; c'est encore plus que tout cela : c'est une passion, qui, heureusement, trouve à s'assouvir chaque année dans la commission du budget, et tout le long de chaque session dans les budgets départementaux et communaux, à propos des nombreux emprunts des villes. Passion d'un esprit intègre, qui tourne au profit de l'intérêt public. D'ailleurs, M. Lequien rend le chiffre éloquent; il lui fait dire une foule de choses que le chiffre est fort étonné de savoir sans les avoir jamais apprises.

M. BENOIT-CHAMPY. (Ain.)

Savant légiste, avocat, M. Benoît-Champy est un des orateurs qu'on est d'autant plus heureux d'entendre et d'écouter, qu'il ne prend guère la parole qu'à titre de rapporteur.

M. DALLOZ. (Jura.)

L'un des jeunes secrétaires de la Chambre, avocat, d'une race estimable de jurisconsultes, M. Dalloz se plaît surtout à la réplique; ses discours sont souvent la réfutation d'opinions émises par ses collègues; il s'acquitte d'ailleurs de ce rôle de contradicteur convaincu, avec esprit et talent.

M. le vicomte DE KERVÉGUEN. (Var.)

Sous une forme railleuse, M. le vicomte de Kervéguen se montre habile à l'attaque. Homme d'affaires, il poursuit souvent de la critique la plus piquante, au point de vue pratique, les actes administratifs du Gouvernement.

M. LEGRAND. (Nord.)

Le Conseil d'État a fort à faire avec M. Legrand. Avocat,

ex-conseiller de préfecture, légiste consommé, M. Legrand, dans la discussion publique, se montre rude jouteur. Toutes les lois politiques importantes ont reçu le concours de ses votes ; mais combien de ses amendements adoptés par les commissions et par le Conseil d'État ! que de projets de lois modifiés et améliorés par lui !

Dans la discussion de la loi d'exonération du service militaire, son autorité dans la Chambre a même été jusqu'à faire rejeter au scrutin l'article 19 de ce projet de loi, qui cachait une confiscation du pécule du soldat. C'est le seul exemple d'une disposition approuvée par une commission, adoptée dans un rapport, et qui ait été rejetée par une majorité se produisant instantanément dans la Chambre.

Dans la discussion du projet de loi des pensions des grands fonctionnaires de l'Empire, M. Baroche venait de répondre à tous les opposants par l'improvisation la plus heureuse, la plus spirituelle et la plus habile ; M. Legrand ne se tient pas pour battu : il demande la parole comme rapporteur du projet de loi. Par des faits remis en évidence, par des arguments d'une grande valeur, M. Legrand bat en brèche le discours de M. le président du Conseil d'État. Un instant, les convictions qui s'étaient ralliées dans la Chambre à la parole de M. Baroche, hésitent et chancellent ; malheureusement (je dis malheureusement, car je m'intéressais au lutteur), l'opposant terminait son discours par les arguments les plus faibles, les moins entraînants, et la victoire resta à M. Baroche.

On rencontre le nom de M. Legrand dans toutes les commissions dont la tâche est difficile ; on lui doit d'excellents rapports qu'il défend avec conviction et acharnement.

M. Legrand est encore un de ces hommes nouveaux qui dateront du Corps législatif.

M. VÉRON. (Seine.)

M. Véron est un des orateurs qui osent parler. En dire du mal serait un danger : on pourrait me prendre au mot. En dire du bien serait une tentation; mais le silence me paraît le parti le plus prudent et le plus sage.

M. LANGLAIS. (Sarthe.)

La célébrité de M. Langlais, comme avocat, date déjà de loin; fils de très-pauvres ouvriers, il étudia la théologie au séminaire du Mans jusqu'en 1830. Il entra à cette époque dans l'Université; il ne commença ses études de droit qu'en 1834; il exerce la profession d'avocat depuis 1837.

Membre de la Constituante, de la Législative, il fut encore élu député au Corps législatif par le même département, le département de la Sarthe. Ses travaux à la Chambre sont d'une grande importance. On lui doit cinq rapports d'un haut intérêt :

1º Sur la loi de réhabilitation;

2º Sur la loi du jury;

3º Sur la loi de l'enseignement;

4º Sur la loi de l'organisation municipale;

5º Sur la loi des sociétés en commandite.

La voix très-accentuée de M. Langlais ne quitte guère les cordes hautes. Sa parole, ferme et concise, sait conquérir l'attention de l'assemblée par une argumentation solide et pleine de savoir; il est un des trente-six avocats de la Chambre qui abusent le moins de la langue française; il ne parle que quand il a quelque chose à dire, et ce n'est pas là un mince éloge. On voit que la haute intelligence de M. Langlais ne s'est pas mal trouvée de l'étude de la théologie.

M. LÉLUT. (Haute-Saône.)

M. Lélut est mon collègue à deux titres, et comme député et comme médecin.

Premier interne des hôpitaux de Paris en 1824, nommé membre de l'Institut vingt ans après, puis membre du conseil supérieur de l'instruction publique (52-56), il fut élu, par le département de la Haute-Saône, membre de l'Assemblée constituante, membre de l'Assemblée législative et député au Corps législatif.

Les travaux scientifiques de M. Lélut le rendent nécessaire et le désignent souvent comme rapporteur, dans plus d'une commission. Dans la discussion de la loi des travaux forcés, dans la discussion de la loi sur l'instruction publique, sur la dotation de l'armée ; dans la discussion de la taxe municipale sur les chiens, enfin dans la discussion relative au télégraphe électrique, de la loi relative à la conservation et à l'aménagement des eaux minérales, on le trouve sur la brèche, prompt à la réplique, éclairant les questions surtout par des faits exposés clairement, simplement. Cet esprit sage et calme était une terre fertile, et que vint encore vivifier le riche engrais de la science.

M. NOGENT-SAINT-LAURENS. (Loiret.)

Enfant du Midi, M. Nogent-Saint-Laurens est né à Orange (Vaucluse), ville célèbre par ses monuments romains. Son grand-père appartenait à la robe et adorait la musique.

Aujourd'hui juge de paix du canton de Sèvres, son père possède un cabinet de curiosités et une collection de médailles modernes fort estimée.

Ce fut en 1839 que M. Nogent-Saint-Laurens vint à Paris; il portait déjà la robe d'avocat.

Un jour, deux jeunes gens pénètrent dans le cabinet du directeur de l'Ambigu-Comique ; ils sont admis à lui lire un drame en cinq actes et en prose : *la Conquête de Naples par Charles VIII*. Ce drame ne fut ni joué ni reçu; ces deux jeunes gens étaient, l'un M. Nogent-Saint-Laurens, l'autre M. Émile Augier. M. Nogent-Saint-Laurens renonça à la littérature pour le barreau. Vous savez ce que devint l'auteur de *la Ciguë*, de *Gabrielle*, du *Gendre de M. Poirier*, etc., etc. : les portes de l'Académie française ne peuvent manquer de s'ouvrir un jour pour lui.

Une grande affaire politique vint décider de la célébrité et de l'avenir de M. Nogent-Saint-Laurens. Dans le procès de Boulogne, devant la cour des pairs, le jeune avocat provençal fut chargé de la défense du colonel Laborde, aujourd'hui commandant militaire du Sénat.

Entouré des premiers avocats du barreau de Paris, Me Nogent-Saint-Laurens eut un grand succès. Son plaidoyer eut pour auditeur le prince Louis-Napoléon, qui, plein de confiance dans le talent du jeune avocat, le manda bientôt au château de Ham, pour lui confier une affaire engagée devant le tribunal civil de la Seine.

Après l'évasion de Ham, M. Nogent-Saint-Laurens fut encore chargé devant le tribunal de Péronne de la défense du docteur Conneau.

Ce n'est que vers la fin de 1853 que M. Nogent-Saint-Laurens entra au Corps législatif, et bientôt il fut élu rapporteur de la loi sur la levée des mandats de dépôt, de la loi sur les appels correctionnels, de la loi sur la suppression des chambres du conseil, et enfin de la loi sur le contingent de l'armée.

M. Nogent-Saint-Laurens est très-sympathique à la Chambre; il n'abuse pas de la parole, il ne plaide pas devant ses collègues; il cause avec esprit, avec vivacité, et il doit souvent à l'entrain de l'improvisation des traits piquants, des mots heureux. Je le crois dépourvu de cet organe sécréteur de mots et de phrases vides si développé chez quelques-uns de ses confrères.

M. O'QUIN. (Basses-Pyrénées.)

M. O'Quin est un homme de la presse, dont la plume habile et courageuse a toujours défendu la cause de l'ordre depuis 1848, dans son journal *le Mémorial des Pyrénées*. Avocat, membre du conseil général des Basses-Pyrénées, M. O'Quin appartient au Corps législatif depuis 1852; à chaque session, ce député du Midi s'est fait remarquer dans la Chambre par des travaux sérieux et par des services rendus.

Dans la session de 1852, il est nommé membre et secrétaire de la commission chargée d'examiner le projet de loi sur la réhabilitation des condamnés; membre et secrétaire de la commission chargée d'examiner le projet de loi sur les crimes commis par des Français à l'étranger. En 1853, on le retrouve membre et secrétaire de la commission chargée d'examiner le projet de loi sur l'organisation du jury; membre et secrétaire de la commission chargée d'examiner le projet de loi sur le chemin de fer de Bordeaux à Bayonne. Il est encore élu membre et secrétaire de la commission chargée d'examiner le projet de loi relatif au chemin de fer de Grenoble à Saint-Rambert. En 1854, il est élu membre et rapporteur de la commission chargée d'examiner deux projets de lois relatifs à la télégraphie électrique; membre de la commission chargée d'examiner le projet de loi sur la falsification des denrées alimentaires. En 1855, il est élu membre, secrétaire et rapporteur de la commission chargée d'examiner le projet de loi relatif à l'impôt sur les voitures. En 1856, il est élu membre de la commission chargée d'examiner le projet de loi modifiant le

Code d'instruction criminelle et supprimant les chambres du conseil; membre, secrétaire et rapporteur de la commission chargée d'examiner le projet de loi sur le transport des imprimés par la voie de la poste; membre et président de la commission du réseau pyrénéen. Il avait publié deux brochures sur cette question (**1853** et **1855**).

Laborieux, instruit, d'un esprit vif et délié, M. O'Quin écrit et parle en improvisant avec élégance et facilité.

M. le baron DE MONTREUIL. (Eure.)

Ex-membre de la Constituante, M. le baron de Montreuil ne craint ni la discussion, ni la lutte; il ne se jette jamais dans les généralités, dans le lieu commun ; il entre dans le vif de la question et l'étreint par des arguments concis et serrés, ne dédaignant pour le succès de sa cause ni le sarcasme mitigé, ni la moquerie adoucie.

M. le baron de Montreuil a du particulier, il ne pense pas comme tout le monde : aussi est-on curieux de son opinion dans les bureaux, dans les commissions et dans les discussions publiques.

M. le comte DE PIERRE. (Puy-de-Dôme.)

Grand propriétaire, M. le comte de Pierre traite avec autorité, avec esprit, avec passion, dans les commissions et devant la Chambre, les questions d'agriculture et les questions forestières; il n'éclaire le débat que par des faits; il ne défend avec ardeur le drainage que parce qu'il l'a expérimenté avec les plus beaux résultats sur une très-grande échelle. Personne ne sait mieux que lui les infortunes d'un propriétaire de bois : aussi poursuit-il le Conseil d'État de justes doléances et de légitimes réclamations. La discussion publique semblait d'abord avoir intimidé cet agriculteur expérimenté; mais l'importance des documents qu'il produisit excita l'intérêt de la Chambre, et l'attention soutenue de ses collègues encouragea l'orateur. Tout le monde y a gagné, même l'agriculture et les propriétaires de bois. Ils ont au Corps législatif un rude avocat.

MM. le vicomte LE MERCIER. (Charente-Inférieure.)
le comte MURAT. (Lot.)
le baron DE VEAUCE. (Allier.)
MORIN. (Drôme.)

Ces quatre jeunes députés suivent avec assiduité les travaux de la Chambre. Leur parole, nette, franche et spirituelle, est très-encouragée.

MM. REVEIL. (Rhône.)
le baron DE RAVINEL. (Vosges.)
CUVERVILLE. (Côtes-du-Nord.)
le comte DE CHAMPAGNY. (Morbihan.)
CORNEILLE. (Seine-Inférieure.)
MILLET. (Vaucluse.)
BOIS DE MOUZILLY. (Finistère.)
TAILLEFER. (Dordogne.)

Chacun ne parle à la Chambre que de ce qu'il sait, il y a donc profit à écouter tous les orateurs. MM. Reveil, le baron de Ravinet, Cuverville, le comte de Champagny, Corneille, Millet, Bois de Mouzilly, Taillefer, apportent dans les discussions spéciales leur tribut d'expérience et de savoir.

M. le vicomte DE LATOUR. (Côtes-du-Nord.)

Esprit sérieux, réfléchi, persévérant, M. le vicomte de Latour prend souvent la parole. Ce ne sont pas les succès d'orateur qui le tentent, mais le noble désir d'éclairer la Chambre et de soumettre au Conseil d'État les vœux et les réclamations des populations qu'il répresente.

MM. LEVAVASSEUR. (Seine-Inférieure.)
RANDOING. (Somme.)

M. Levavasseur, armateur, M. Randoing, manufacturier, ayant tous deux appartenu aux anciennes assemblées politiques, traitent surtout dans la Chambre la question des prohibitions, la question des douanes et toutes celles qui touchent aux intérêts commerciaux. L'industrie et le commerce trouvent dans ces deux députés des représentants qui, par leur grande situation, par leur longue expérience, par la sage mesure de leurs opinions, ont conquis des droits à la confiance du Corps législatif.

Ce n'est pas que ces deux orateurs offrent la même physionomie. La parole de M. Randoing, ferme et grave, est toujours modérée et contenue. M. Levavasseur montre peut-être, dans la discussion, plus de verve, plus d'entrain, plus de laisser-aller. Tous deux prennent une part active aux travaux des commissions; les rapports dont ils sont chargés ont toujours de l'intérêt et de l'autorité. M. Gréterin, directeur général des douanes, homme d'un si profond savoir, a plus d'une fois rencontré en eux d'habiles et d'embarrassants contradicteurs.

M. ROQUES-SALVAZA. (Aude.)

Il faut écouter M. Roques-Salvaza, et l'écouter avec une scrupuleuse persévérance; sa pensée reste parfois, d'abord, comme enveloppée dans des nuages ; mais de ces nuages jaillit bientôt la lumière, qui, se projetant sur des horizons nouveaux, élève, agrandit et vivifie la discussion. On doit d'autant plus une sérieuse attention à M. Roques-Salvaza, que cet ancien magistrat suit religieusement toutes les discussions. Les raisonnements qu'il n'approuve pas, les opinions qu'il ne saurait partager, le font même, malgré lui, s'agiter sur son banc; il se lève, il interrompt, et demande convulsivement la parole. Lorsque M. le président se trouve contraint de la lui refuser, il ne lâche pas pied, et souvent alors il se rend maître du silence de la Chambre. Pour tout dire, ajoutons que dans les commissions, dans les séances publiques, ce député du Midi apporte le précieux tribut de sa science de légiste, de sa haute logique et de ses connaissances variées.

M. SCHNEIDER. (Saône-et-Loire.)

M. Schneider n'aurait pas besoin de son titre de vice-président du Corps législatif, de ses antécédents comme ministre, comme député aux anciennes assemblées, de son expérience comme chef de grandes entreprises, pour être un des hommes les plus importants de la Chambre. On trouve en lui les meilleures qualités de l'intelligence, la justesse de vues, la sagacité du raisonnement, la clarté de l'exposition, la modération de la pensée et du jugement.

La parole simple, modeste, de M. Schneider, pleine de sagesse et de raison, a plus d'une fois dirigé les mouvements et les opinions de la Chambre. Il y a prononcé plus d'un discours-ministre. Questions commerciales, industrielles et financières, tel est le vaste champ qu'il éclaire de son savoir et de son esprit pratique.

M. MONIER DE LA SIZERANNE. (Drôme.)

Ex-député de 1837 à 1848, M. Monier de la Sizeranne possède toutes les traditions du Gouvernement représenlatif. Esprit sage, modéré, animé du plus grand zèle pour les travaux de la Chambre, ce député de la Drôme a conservé la place honorable et importante qu'il avait conquise sous le régime parlementaire. Dans les diverses sessions du Corps législatif, il fut élu membre de la commission du budget, rapporteur de la loi sur l'emprunt turc, président de la commission et rapporteur du projet de loi sur les postes, président de la commission de la loi sur la dotation de l'armée.

M. Monier de la Sizeranne, dans les discussions publiques auxquelles il prend souvent part, fait preuve d'une dialectique fine et spirituelle. Sa jeunesse compte plus d'un succès au Théâtre-Français; dans l'homme politique on retrouve le lettré.

Président du conseil général de la Drôme depuis vingt ans, M. Monier de la Sizeranne semble avoir mis sa vie entière au service des grands intérêts du pays.

M. le baron Paul de Richemont. (Indre-et-Loire.)

Le Corps législatif a donné à M. Paul de Richemont la plus grande marque de confiance en le nommant, en 1854, rapporteur du budget de 1855. Administrateur de chemin de fer, M. le baron de Richemont s'est surtout occupé de questions industrielles et financières.

Assidu dans les bureaux, assidu dans les commissions, il est de ces orateurs discrets qui pensent que parler peu, c'est encore parler trop.

M. Alfred Leroux. (Vendée.)

M. Alfred Leroux est un des jeunes et des nouveaux députés au Corps législatif. Fils de banquier, il a même dirigé la maison de banque de son père, une des plus solides et des plus honorables de Paris.

Les lettres et la finance ne sont pas des majestés irréconciliables; M. Alfred Leroux a cultivé de compagnie la poésie et les comptes courants. Il publiait un volume de poésies en 1842; en 1843, *Édouard Aubert*, roman en un volume; dans la *Revue des Deux-Mondes*, *Henriette*, nouvelle (livraisons du 4 décembre 1844 et du 1er janvier 1845).

Ce financier poëte, ou plutôt ce poëte financier, s'associe avec zèle aux travaux de la Chambre. Membre et secrétaire des commissions du budget pour 1854, 1855 et 1856, il fut élu rapporteur du budget de 1857.

On trouve dans M. Alfred Leroux un collègue aimable et bienveillant. Tous les gens d'esprit ne sont pas médisants et railleurs.

M. LANQUETIN. (Seine.)

Le 24 février 1848, au moment où les combattants s'emparent de l'hôtel de ville, M. Lanquetin quitte les rangs de la garde nationale et se rend à la salle des délibérations du conseil municipal dont il était membre. Deux de ses collègues l'y avaient précédé; d'autres, convoqués, arrivent successivement. Tout le second rang des siéges et tout le pourtour de la salle étaient envahis par les vainqueurs *en armes;* ils voulaient que le conseil municipal délibérât sous la pression de ce cercle de fer qui l'étreignait.

« Décrétez l'armement de tous les citoyens valides; mettez Louis-Philippe en accusation, condamnez-le à mort, » et délibérez sans délai sur la forme du gouvernement à » adopter. » Tels furent les ordres donnés par un homme à longue barbe, bien vêtu, s'exprimant avec facilité.

« Condamner à mort? Jamais! » s'écrie avec courage M. Thierry.

M. Lanquetin, impassible devant la menace et le danger, répondit ainsi aux ordres donnés : « *Rendre un décret :* le » conseil municipal n'exerce aucune fonction législative. » *Formuler une accusation, prononcer la peine de mort :* le » conseil municipal n'exerce aucune fonction judiciaire ; il » n'accuse personne et il ne condamne personne. Quant à » la forme du gouvernement à adopter, c'est à la France, à » la France entière à se prononcer. »

Le *Moniteur* signala aussi dans les termes les plus honorables le courage de M. Lanquetin à la tête du bataillon qu'il commandait dans les journées de juin.

Membre du conseil municipal et du conseil général du département de la Seine pendant douze ans, il y remplaça M. Arago à la présidence, où le maintinrent trois réélections successives. En 1852, un malheur de famille le décida à donner sa démission, au grand regret de tous ses collègues.

Député, M. Lanquetin est toujours appelé par l'élection des bureaux dans les commissions de finances. En séance publique il s'élève surtout, en s'appuyant sur les vrais principes administratifs, contre les dépenses départementales et communales sans cesse croissantes, et contre les impôts extraordinaires. La Chambre écoute avec un vif intérêt M. Lanquetin. Ses observations pratiques, sensées, sont toujours présentées avec modération et modestie.

M. le duc D'UZÈS. (Gard.)

M. le duc d'Uzès, dans les deux premières sessions du Corps législatif, a parlé avec tant de verve et d'entrain, citant même Horace de mémoire, qu'il nous a donné le droit de nous plaindre de son silence dans les dernières sessions.

Les plaintes de ce député furent cependant prises en grande considération par le Gouvernement ; il avait attaqué, non le ministre, mais le ministère de la police générale, et bientôt après, le ministère et le ministre de la police générale étaient supprimés. Le régime parlementaire n'a peut-être jamais remporté une si éclatante victoire.

M. le marquis DE TORCY. (Orne.)

Le premier en France, M. le marquis de Torcy imprima un grand mouvement de progrès à l'élève du bétail. On peut dire que le dernier concours d'animaux au palais de l'Industrie, concours si remarquable et qui excita un si vif intérêt, est l'œuvre de M. le marquis de Torcy.

D'une instruction variée, ce député agriculteur éclaire encore dans les bureaux et dans les commissions les questions d'économie politique et les questions de finances ; il est certainement un de ceux qui étudient avec le plus de sagacité et de sage critique les projets de lois du Gouvernement.

M. le comte DE TROMELIN. (Finistère.)

M. le comte de Tromelin est fils du général Tromelin, qui, après avoir émigré, rentra en France, prit du service en 1802, avec le grade de capitaine de voltigeurs, fut fait bientôt chef de bataillon; puis, à Wagram, colonel; puis, en 1812, adjudant général, chef d'état-major de la grande armée ; puis enfin, en 1813, général de brigade dans la garde impériale.

Le député de Morlaix entra, lui aussi, au service dès 1814. Réformé sans solde après 1830, il se retira en Bretagne ; il y fut élu maire de la ville de Morlaix, premier vice-président, puis président de la société d'agriculture du même arrondissement, puis enfin député au Corps législatif.

M. le comte de Tromelin est un des députés assidus et laborieux; membre de plusieurs commissions, il a souvent été chargé de rapports importants. Il est de ceux qui parlent peu, brièvement, mais utilement.

Passionné pour les arts, M. le comte de Tromelin s'occupe surtout de peinture; il fit partie du jury de peinture pour l'exposition universelle.

M. Henri DIDIER. (Ariége.)

J'ai pour voisin sur mon banc M. Henri Didier. On trouve en lui le type d'un certain nombre de députés de l'esprit le plus sagace, du jugement le plus droit, qu'un raisonnement faux irrite, qui applaudissent presque convulsivement aux arguments de bonne qualité, et jettent à voix basse, au milieu des discussions, les réflexions les plus judicieuses; mais ces honorables collègues n'osent jamais prendre carrément la parole, leur modestie recule à tort devant le rôle d'orateur; toutefois, ces silencieux députés n'en sont pas moins des causeurs charmants et très-écoutés, soit dans les bureaux, soit dans la salle des conférences.

Le goût passionné de M. Henri Didier pour les études archéologiques et pour la peinture fait de lui un juge compétent pour toutes les questions qui touchent aux intérêts des beaux-arts.

M. le baron HALLEZ-CLAPARÈDE. (Bas-Rhin.)

Il fit partie de la Chambre des députés de 1844 à 1848. Il était alors le député le plus jeune de toute la Chambre; mais, pour suppléer à l'expérience que donnent les années, il s'y montra un des plus zélés et des plus laborieux. Avant d'être élu, M. Hallez-Claparède avait déjà fait au Conseil d'État, comme maître des requêtes, de bonnes études d'administration publique et de législation.

Le jeune député du Bas-Rhin ne craignit pas, sous le régime parlementaire, d'aborder souvent la tribune. Il y traita quelques questions se rattachant à l'Algérie, aux salles d'asile; il prit l'initiative d'une proposition neuve et touchant à de nombreux intérêts, la réduction des servitudes militaires; cette proposition ne tarda pas à être convertie en loi.

M. Hallez-Claparède publiait aussi vers le même temps une *Histoire politique de l'Alsace*, des *Études sur le système pénitentiaire;* il adressait à M. le ministre de l'intérieur un *Rapport sur les prisons et sur la législation criminelle de la Prusse.*

Au sein du Corps législatif, disons-le avec regret et presque avec reproche, M. Hallez-Claparède prend rarement la parole en séance publique. Mais, à l'exemple d'un grand nombre de députés pleins de savoir et d'un haut bon sens, il produit ses observations et ses opinions dans les commissions où il est appelé. Dès 1852, il fit partie de la commission du budget.

M. LEMAIRE. (Nord.)

Membre de l'Académie des beaux-arts, chef de bataillon de la garde nationale de Paris, M. Lemaire, l'un de nos premiers statuaires, est l'enfant de ses œuvres. Du péristyle du Corps législatif il peut montrer à ses collègues le fronton de la Madeleine, dont il fut chargé à la suite d'un brillant concours. Envoyé à la Chambre par un arrondissement agricole et industriel, il a su s'identifier aux intérêts du travail national et les défendre dans les bureaux et les commissions. Lors de la discussion sur la refonte des monnaies de cuivre, il demanda qu'un symbole de nationalité figurât au revers des nouvelles pièces, et l'*aigle* a pris place sur notre monnaie populaire.

J'espère n'avoir oublié dans cette galerie aucun des députés qui osent affronter non la tribune, puisqu'elle n'existe plus, mais la discussion publique. J'ai la conscience de n'avoir parlé de mes collègues qu'avec réserve et impartialité; j'ai seulement pris à tâche de conserver à chacun sa physionomie et ses allures. Les assemblées sont curieuses et intéressantes à étudier, en ce sens qu'on y trouve réunies toutes les notes de l'intelligence humaine, toutes les inclinations, tous les penchants du cœur humain... Pour ne rien cacher, je dois même dire qu'on rencontre au Corps législatif, comme dans les anciennes Chambres des régimes tombés, ce léger appoint personnel que M. Thiers appelait *les incapacités méconnues*.

Le Corps législatif compte dans ses rangs de très-grandes fortunes et peu de fortunes médiocres. N'est-ce pas là une garantie d'indépendance ?

Dans l'espace de cinq sessions, deux députés seulement ont été faits conseillers d'État, MM. le comte de Chantérac, le vicomte de la Guéronnière; deux députés sénateurs, MM. le comte Octave de Barral et le baron de Thieullen; deux préfets, M. Remacle et M. Baraguon. Son Exc. le ministre d'État, M. Achille Fould, est venu chercher sur les bancs du Corps législatif un directeur d'Opéra, M. Crosnier, que quelques mois après il remplaçait dans ces fonctions administratives par le directeur de l'Odéon. Le 18 juin 1856, sur la proposition de M. le comte de Morny, sur un rapport de Son Exc. le ministre d'État, l'Empereur nommait dans l'ordre impérial de la Légion d'honneur les membres du Corps législatif dont les noms suivent :

OFFICIER

M. le comte DE KERGORLAY, dont nous avons fait connaître les éminents services et les importants travaux.

CHEVALIERS

MM. DE BROTONNE, ex-député de 1846 à 1848, ex-représentant à la Constituante et à la Législative, membre du conseil général de l'Aisne.

CHAUCHARD, ex-représentant à la Constituante et à la Législative, membre du Conseil général de la Haute-Marne.

RICHÉ, connu de nos lecteurs.

DE LÉNARDIÈRE, membre du conseil général des Deux-Sèvres, maire de Nueil-sous-les-Aubiers.

MORIN, manufacturier, ex-représentant à la Constituante et à la Législative, membre du conseil général de la Drôme.

le marquis DE MORTEMART, ex-député de 1848, ex-représentant à la Constituante et à la Législative, membre du Conseil général du Rhône, maire de Chassagne.

M. NOUBEL, écrivain courageux, qui défendit avec talent dans le *Journal de Lot-et-Garonne* la civilisation et la société menacées.

Précédemment, M. Alfred Leroux avait été nommé chevalier de la Légion d'honneur, sur le rapport de Son Exc. le ministre d'État.

Les passions politiques sommeillent momentanément au sein du Corps législatif; c'est, pour ainsi dire, aujourd'hui un grand Conseil général avec un pouvoir plus étendu et veillant avec une inquiète sollicitude sur tous les grands intérêts du pays. Par son attitude digne, par son indépendance, par sa juste appréciation des besoins du temps présent, le Corps législatif tient à honneur de se mettre en règle à l'avance avec la justice sévère de l'histoire.

LA

SALLE DES CONFÉRENCES

Dans une des salles les plus voisines de la salle des conférences, on remarque les statues de Mirabeau, de Bailly, du général Foy et de Casimir Périer ; une seule statue est absente de son piédestal, c'est celle du roi *Louis-Philippe*.

Passons devant une des entrées de l'amphithéâtre consacré aux séances publiques, et nous nous trouvons tout de suite dans la salle des conférences. Les regards y sont d'abord attirés par une statue colossale de Henri IV.

Sur le socle de la statue on lit :

DONNÉ A LA CHAMBRE
PAR M. LE COMTE PH. DIJON,
DÉPUTÉ DE LOT-ET-GARONNE
1820

De l'ivresse de la gloire on en était revenu, vers cette époque, à la charmante Gabrielle et à *la poule au pot* de Henri IV.

Sur le piédestal on lit aussi en lettres capitales de cuivre doré ces paroles de Henri IV :

LA VIOLENTE AMOUR
QUE J'APPORTE A MES SUJETS
M'A FAIT TROUVER TOUT AISÉ ET HONORABLE.

La muraille devant laquelle cette statue est placée se trouve richement tapissée de drapeaux conquis par les armées françaises.

Un médaillon doré qui surmonte ces trophées contient cette inscription :

L'EMPEREUR NAPOLÉON
AU CORPS LÉGISLATIF
1810

Les murs de la salle des conférences sont encore recouverts par deux médiocres tableaux de grande dimension, de couleur blafarde, l'un de feu *Vinchon*, l'autre de feu *Vincent*. Pourquoi Son Exc. M. le ministre d'État ne proposerait-il pas à S. M. l'Empereur de remplacer par des œuvres importantes, commandées à nos maîtres d'à présent, ces vieilles toiles attristantes qui donnent aux députés de nos départements et aux nombreux visiteurs du palais du Corps législatif une si fausse idée de l'art de la peinture en France au dix-neuvième siècle ?

L'Empire d'autrefois, c'était la guerre ! Napoléon Ier n'avait pas à offrir au Corps législatif de plus glorieux présents que des drapeaux conquis; l'Empire d'aujourd'hui, c'est la paix! Les chefs-d'œuvre de nos artistes ne doivent-ils pas marcher de pair avec les trophées de la victoire?

La salle des conférences est, pour ainsi dire, une succursale de l'amphithéâtre consacré aux séances publiques; les députés s'y réunissent surtout au sortir des commissions, et en attendant que le président monte au fauteuil. Les uns y parcourent les journaux, un grand nombre y mettent à jour leur correspondance avec leurs électeurs. Malgré l'action avouée du Gouvernement dans les élections, les députés d'aujourd'hui ne montrent pas moins d'attentions, de zèle et de dévouement pour leurs électeurs que les députés d'autrefois.

Le jour où une loi importante doit être discutée, des groupes se forment, des conversations animées s'engagent, et c'est alors que commence à se produire l'opinion de la Chambre d'après le rapport de la commission déjà lu, déjà étudié.

Des doléances et des vœux se font souvent jour dans la salle des conférences; on se plaint surtout que les heures fixes des audiences ministérielles aient cet inconvénient, de forcer souvent les députés à quitter les commissions et les séances publiques pour se rendre soit dans les bureaux, soit auprès des ministres.

Dans les anciennes Chambres, les ministres

donnaient, pour ainsi dire, leurs audiences sur leurs bancs; aujourd'hui, les députés n'ont plus de rapports directs qu'avec MM. les conseillers d'État, acier poli sur lequel on ne peut graver aucune réclamation, aucune sollicitation.

Pour compléter mes indiscrétions, on se plaint surtout, dans la salle des conférences, du temps perdu pendant le premier mois de chaque session, par l'arrivée tardive des projets de lois du Gouvernement; il en résulte qu'à la fin de chaque session, les commissions se trouvent contraintes de hâter outre mesure leurs travaux et de précipiter la rédaction des rapports; de là même souvent des prolongations de session dispendieuses et que les députés voudraient qu'on pût éviter.

Aussitôt que deux hommes sont réunis, la comédie humaine commence : l'un est jaloux ou même envieux de l'autre; l'un veut à son profit exploiter l'autre, et souvent cette même pensée vient à tous deux. Dans son cynique mépris pour le cœur humain, le prince de Talleyrand disait : « Les affaires, c'est le bien d'autrui ! »

Au milieu de cette foule de députés simples, modestes, réservés, pleins de dignité et de bienveillance, qui se pressent dans la salle des conférences, un œil observateur pourrait peut-être bien surprendre quelques ambitions indiscrètes ; tel, à chaque poignée de main, adresse à ses collègues une requête, et à force de requêtes et de poignées de main, se montre habile à se faire nommer président de bureau, membre des commissions. Dans ces mêmes commissions, ce même personnage s'ingénie à faire grimper son nom par-dessus les noms de ses collègues. Ambitions stériles, peines perdues! La politique d'aujourd'hui dédaigne le système des conquêtes individuelles; elle ne se préoccupe que des forces compactes et des faits généraux. L'Empereur n'éprouve ni reconnaissance pour les bulletins blancs, ni éloignement pour les bulletins bleus du scrutin: ce n'est point dire qu'il ne tienne pas compte des majorités exprimant une opinion collective; il n'a jamais hésité, au contraire, à retirer par des décrets les projets de lois repoussés avec ensemble par le Corps législatif.

Les députés laborieux, appelés par leur savoir aux honneurs législatifs, trouvent dans leur conscience et dans l'estime de leurs collègues une noble récompense de leurs travaux; mais ceux qui, en se mettant en avant à force de soins et de démarches, pensent voir s'entr'ouvrir devant eux un ciel de faveurs et d'influences, se trompent dans leurs calculs et dans leur espoir.

Je n'assurerais pas que le Conseil d'État ou le Sénat n'excitât pas au sein du Corps législatif quelques convoitises; mais la grande majorité des députés, par leur fortune, par leur situation et par un légitime orgueil, se montrent indépendants, jouissent de leur indépendance, et tiennent avant tout à la conserver, comme le bien le plus précieux.

Dans ces conversations intimes qui se continuent chaque jour à l'écart dans la salle des conférences, j'ai peut-être rencontré aussi quelques âmes découragées, quelques cœurs abattus, se souvenant du passé, inquiets de l'avenir, inquiets d'une politique cloîtrée dans un cercle étroit et intime, inquiets d'une politique qui ne peut guère donner accès aux opinions désintéressées venant du dehors, qui ne peut guère élargir ni fortifier la haute sphère du pouvoir par l'élévation d'hommes nouveaux. C'est là le langage de ces esprits chagrins. Ces *Timons* politiques, étouffant sous une atmosphère qui leur semble lourde et brûlante, croient déjà entendre au loin les vents des tempêtes et les éclats de la foudre. Sollicitudes vaines, pressentiments trompeurs ! qui ne sont inspirés ni par la malveillance ni par l'esprit de parti, mais par ce vif désir de voir durer quelque chose en France, d'y voir durer surtout les bienfaits de la paix et d'une civilisation qui chaque jour compte des progrès nouveaux !

Tous ceux dont l'opinion se règle sur des sentiments de justice se plaisent d'ailleurs à reconnaître que depuis quatre ans de règne, Napoléon III a puisé une grande force, sa plus grande force peut-être, dans la MODÉRATION.

Investi d'un pouvoir suprême, comblé de ces hautes faveurs de la Providence si bien faites pour enivrer le cœur d'un prince longtemps exilé, longtemps malheureux, l'Empereur Napoléon III, depuis ses quatre années de règne, ne s'est-il pas toujours respectueusement incliné devant la Loi, devant la Justice? Le système politique qui nous régit a ses rigueurs : l'Empereur ne se complaît-il pas à les adoucir par son initiative personnelle, par des actes cléments de sa toute-puissance, en sorte qu'il faut faire deux parts, la part du régime nouveau que les dangers de la société ont rendu nécessaire, et la part personnelle de l'Empereur, qui, par sa modération, tempère les sévérités de ce régime et les contraintes qu'il impose.

Rien n'est plus court que la violence, rien ne déconcerte et n'use autant les passions courroucées que la modération. La modération, ce triomphe de la raison sur l'orgueil, sur l'ivresse de la toute-puissance, sur toutes les pauvretés de l'esprit et du cœur humain ; la modération, au point de vue de la morale, est une vertu ; c'est toute une haute politique au point de vue de la conduite des grandes affaires de ce monde.

Le prince Louis-Napoléon, Président de la

République, a pu, en trois années au plus, vaincre le régime parlementaire, parce que pendant ces trois années il sut opposer la sérénité la plus inaltérable, le calme le plus honnête, aux violences de paroles et de scrutins de tous les partis.

J'ai tout dit sur le Corps législatif; j'ai fait connaître ses travaux, ses doléances, ses regrets, ses vœux et jusqu'à ses pensées les plus secrètes; je n'ai en rien altéré ni les faits, ni la vérité. Si ce compte rendu peut être utile, l'approbation de mes collègues sera ma plus douce récompense.

L'année 1857 ne peut s'écouler sans que de nouvelles élections aient lieu; cette politique modérée du chef de l'Etat, qui fait sa force, répond à l'avance du résultat du scrutin dans les quatre-vingt-six départements. L'intervention active du Gouvernement poursuivra la réélection de tous les députés qui composent aujourd'hui le Corps législatif, sans distinction de nuances d'opinions ou de votes; les députés d'aujourd'hui ne se réunissent-ils pas tous dans un même dévouement pour le prince, dans un même dévouement pour tous les intérêts du pays?

LE CONSEIL D'ÉTAT

I

Le Conseil d'Etat rédige les projets de lois et en soutient la discussion devant le Sénat et le Corps législatif.

Il propose des décrets qui statuent :

1° Sur les affaires administratives dont l'examen lui est déféré par les dispositions législatives ou réglementaires ;

2° Sur le contentieux administratif ;

3° Sur les conflits d'attributions entre l'autorité administrative et l'autorité judiciaire.

Il est nécessairement appelé à donner son avis sur tous les décrets portant règlement d'administration publique ou qui doivent être rendus dans la forme de ces règlements.

Il connaît des affaires de haute police administrative à l'égard des fonctionnaires dont les actes sont déférés à sa connaissance par l'Empereur.

Enfin, il donne son avis sur toutes les questions qui lui sont soumises par l'Empereur ou par les ministres.

Le Conseil d'Etat est composé :

1° D'un président, d'un vice-président;

2° De quarante à cinquante conseillers d'Etat en service ordinaire;

3° De conseillers d'État en service ordinaire, hors section, dont le nombre ne peut excéder celui de quinze;

4° De conseillers d'État en service extraordinaire, dont le nombre ne peut excéder celui de vingt;

5° De quarante maîtres des requêtes, divisés en deux classes de vingt chacune;

6° De quatre-vingts auditeurs, dont vingt de première classe et soixante de seconde classe.

Un secrétaire général, ayant titre et rang de maître des requêtes, est attaché au Conseil d'État.

Le président du Conseil d'Etat préside également, lorsqu'il le juge convenable, les différentes sections administratives et l'assemblée du Conseil d'État, délibérant au contentieux.

Les conseillers d'Etat, en service ordinaire, hors section, prennent part aux délibérations de l'assemblée générale du Conseil d'État; ils ont voix délibérative.

Les conseillers d'État, en service extraordinaire, assistent et ont voix délibérative à celles des assemblées générales du Conseil d'État auxquelles ils ont été convoqués par un ordre spécial de l'Empereur.

Le Conseil d'État se divise en six sections :

Section de législation, justice et affaires étrangères ;

Section du contentieux ;

Section de l'intérieur, de l'instruction publique et des cultes ;

Section des travaux publics, de l'agriculture et du commerce ;

Section de la guerre et de la marine ;

Section des finances.

Chaque section a un président nommé par l'Empereur.

Les délibérations du Conseil d'État sont prises en assemblée générale et à la majorité des voix, sur le rapport d'un conseiller d'État pour les projets de lois et pour les affaires les plus importantes, et sur le rapport d'un maître des requêtes pour les autres affaires.

Le Conseil d'État ne peut délibérer qu'au nombre de vingt membres ayant voix délibérative, non compris les ministres qui peuvent assister à ces délibérations.

En cas de partage, la voix du président est prépondérante.

L'Empereur désigne trois conseillers d'État pour soutenir la discussion de chaque projet de loi présenté au Corps législatif ou au Sénat. L'un de ces conseillers peut être pris parmi les conseillers en service ordinaire hors section.

II

PRÉSIDENT DU CONSEIL D'ÉTAT

Son Exc. M. BAROCHE, ayant rang de ministre.

Cette désignation de l'*Almanach impérial* est de la rédaction de S. M. l'Empereur.

Le 29 juillet 1852, on lisait dans le *Moniteur :*

« Le Prince Président a décidé que M. Baroche, vice-président du Conseil d'État, prendrait part aux travaux du *conseil des ministres.* »

Cette note était une dérogation à la Constitution de 1852. D'après cette Constitution, il n'y a plus de *conseil des ministres.*

La Constitution dit en effet :

« Le chef de l'État étant responsable, il faut que son action soit libre et sans entraves : de là l'obligation d'avoir des ministres qui soient les auxiliaires honorés et puissants de sa pensée, mais qui ne forment plus un conseil responsable composé de membres solidaires, obstacle journalier à l'impulsion particulière du chef de l'État, expression d'une politique émanée des Chambres, et par là même exposée à des changements fréquents, qui empêchent tout esprit de suite, toute application d'un système régulier. »

On ne pouvait donner non plus à Son Exc. M. Baroche, président du Conseil d'État, le titre de *ministre d'État* ou de *ministre sans portefeuille ;* c'eût été encore ainsi déroger à la Constitution, puisqu'elle exclut formellement les ministres des séances des deux Chambres. Or le président du Conseil d'État, de concert avec MM. les conseillers d'État, est chargé, aux termes de la Constitution, de soutenir, au nom du Gouvernement, la discussion des projets de lois devant le Sénat et le Corps législatif.

De fait, Son Exc. M. le président du Conseil d'État assiste à tous les conseils de ministres.

Toutefois, l'état de choses actuel est commandé par la nécessité : ne fallait-il pas trouver un intermédiaire haut placé entre le chef de l'État et les deux corps délibérants?... Cet intermédiaire ne devait être autre que le président du Conseil d'État. Il peut, assistant aux délibérations du Sénat et du Corps législatif, faire connaître les pensées et les vœux de ces deux corps constitués à l'Empereur ; il peut, assistant à tous les conseils de ministres, éclairer, renseigner les délibérations du Sénat et du Corps législatif.

Le rôle politique de Son Exc. M. Baroche est

donc des plus importants dans le Gouvernement actuel. Au point de vue pratique, il est appelé à faire marcher avec ensemble, avec harmonie, tous les rouages législatifs de la Constitution de 1852. Je dois donc, pour atteindre le but politique de ce livre, étudier tout le passé de cet homme d'État, apprécier, d'après des faits, ses opinions, ses sentiments, ses qualités d'esprit et de caractère.

M. BAROCHE.

D'une famille de bonne et ancienne bourgeoisie, né à Paris le 18 novembre 1802, M. Baroche était orphelin dès l'âge de onze ans; il n'en fit pas moins au lycée Charlemagne de sérieuses études auxquelles ne manquèrent point les succès universitaires. Il n'entra dans le monde qu'avec une fortune modique.

Le 21 avril 1823, à l'âge de vingt et un ans, il prête, devant la cour de Paris, le serment d'avocat.

Dans toutes les professions libérales, les commencements sont rudes, et avant de pouvoir faire preuve de savoir et de talent, il faut faire preuve de courage et de persévérance.

La révolution de 1830, en éclaircissant les rangs des célébrités du barreau, fit à M. Baroche une position meilleure, quoique encore bien modeste. Mais la persévérance dans de sérieuses études, dans une louable conduite, crée d'heureuses aptitudes; on se trouve prêt, par sa bonne renommée, à profiter des premières faveurs de la fortune.

En 1838, dans une affaire à laquelle les scandales de la commandite donnèrent alors un grand retentissement, Me Baroche eut l'honneur de plaider devant la cour de

Paris contre Mes Philippe Dupin, Delangle, Crémieux et Teste; le jeune avocat gagna sa cause.

La même année, un procès fut intenté par les Messageries françaises contre les Messageries royales et les Messageries générales. Il s'agissait d'une plainte en coalition contre ces deux dernières entreprises. Les débats se produisirent avec des chances diverses devant la cour de Paris, devant la cour de cassation et devant la cour de Lyon. Me Baroche plaidait pour les Messageries françaises, Mes Ph. Dupin, Delangle et Chaix-d'Est-Ange défendaient les grandes Messageries.

En dernier ressort, devant la cour de Lyon, l'avocat des Messageries françaises perdit son procès; mais on n'eut que des éloges pour ses plaidoyers, dont l'habile et puissante argumentation s'appuyait sur une minutieuse étude des dossiers. La bonne réputation de Me Baroche devient de la célébrité; aussi, le 13 août 1846, obtient-il l'honneur d'être élu bâtonnier de l'ordre. Sur l'échiquier des professions libérales, il y a des coups de hasard, mais on voit qu'il y a aussi des coups sûrs.

Le 28 novembre 1846, le nouveau bâtonnier prononce le discours de rentrée, et il donne surtout alors à ses jeunes confrères des conseils de patience et de désintéressement, conseils sages, qui seraient utilement écoutés aujourd'hui, en haut comme en bas, par notre société tout entière, prise dans ce siècle d'argent d'une fièvre épidémique de cupidité.

En 1846, M. le bâtonnier disait :

« Sans la patience, sans la modération, sans le désintéressement, vertus d'autant plus difficiles dans les premières années qu'on a quelquefois à lutter contre les nécessités les plus absolues, il n'y a pas de succès possible, même pour les intelligences heureusement douées; tandis qu'au contraire, par la pratique de ces vertus professionnelles, il peut être donné à tous d'acquérir au barreau ces positions qui, pour être modestes, n'en sont pas moins honorables, puisqu'elles ont pour base l'affection des confrères, l'estime des magistrats et la considération publique. »

M. Baroche, homme politique, n'a pas oublié les bons conseils de l'avocat; je le dis ici, parce que le fait est rare et de notoriété publique : il ne s'est jamais aventuré dans cette forêt de Bondy de la Bourse, des spéculations d'argent et *des affaires*.

Le 11 août 1847, M. Baroche a pour la seconde fois l'honneur d'être élu bâtonnier.

Bien qu'étranger à la politique, il partageait alors les idées de l'opposition libérale; il était lié d'amitié avec M. Odilon Barrot.

Lorsqu'on a pu atteindre tous les honneurs d'une profession, on aspire souvent à en sortir; on aspire à s'élever encore.

M. Baroche voulut ajouter à ses succès de barreau des succès de tribune. Ne redoutant ni de nouvelles luttes, ni de nouvelles épreuves, il chercha à entrer dans la vie parlementaire : les ambitions de l'intelligence sont toujours honorables.

En 1840, en 1842, en 1846, l'avocat, déjà célèbre, se présente comme candidat de l'opposition au collége électoral de Mantes (Seine-et-Oise); il possédait quelques propriétés dans ce département. M. le contre-amiral Hernoux, candidat du Gouvernement, ou, comme on disait alors, candidat ministériel, dans ces trois élections, l'emporta sur le candidat de l'opposition.

Au mois de novembre 1847, le collége électoral de Rochefort (Charente-Inférieure) eut un député à nommer. Le colonel Dumas, aide de camp du roi Louis-Philippe, venait d'être fait général; il avait à subir les chances d'une réélection. Les électeurs opposants, ne trouvant pas dans le pays un candidat sur le choix duquel on pût s'entendre, se décidèrent à faire appel à un étranger.

M. Baroche, qui leur fut proposé par un de ses confrères, par M. Bethmont, député de la Rochelle, recevait une lettre du comité électoral de Rochefort, lui offrant cette candidature, le 24 novembre 1847.

L'élection est fixée au 27 novembre. Une réunion préparatoire a lieu pour le 26 ; le général Dumas refuse de s'y présenter; M. Baroche y prononce un discours, aux applaudissements de l'assemblée, et le 27 il est élu député de la Charente-Inférieure.

En homme d'esprit, M. Baroche ne voulut point tout d'abord escalader la tribune; il étudia ce nouveau terrain oratoire et chercha à se faire une clientèle dans les bureaux, dans les commissions, avant de faire son premier discours.

Telle fut sa conduite jusqu'au 24 février 1848. Il se contenta de voter avec l'opposition de gauche. Soldat fidèle au drapeau, il signa même, le 23 février, l'acte d'accusation rédigé et déposé par M. Odilon Barrot. Cet acte est depuis longtemps jugé : ce que l'on peut en dire, c'est qu'au milieu de l'exaspération du moment, il était peut-être, aux yeux de plusieurs de ceux qui le signaient, un moyen de sauver la monarchie en accusant seulement les ministres [1].

(1) Voici l'acte d'accusation qui fut signé par cinquante-trois députés de la gauche :

« Nous proposons de mettre le ministère en accusation, comme coupable :

» 1° D'avoir trahi au dehors l'honneur et les intérêts de la France;

» 2° D'avoir faussé les principes de la Constitution, violé les garanties de la liberté et attenté aux droits des citoyens ;

» 3° D'avoir, par une corruption systématique, tenté de substituer à la libre expression de l'opinion publique les calculs de l'intérêt privé, et de pervertir ainsi le gouvernement représentatif;

» 4° D'avoir trafiqué, dans un intérêt ministériel, des fonctions pu-

Veut-on savoir, d'ailleurs, ce qu'il arriva de cet acte d'accusation?

Sous la République, une enquête judiciaire fut ordonnée par M. le procureur général Portalis contre MM. Guizot et Duchâtel, sur l'injonction de M. Crémieux, alors garde des sceaux : cette enquête judiciaire ne put fournir aucun fait, aucun acte d'illégalité. Les deux juges d'instruction auxquels cette affaire fut confiée résumaient ainsi, devant un des témoins appelés, le résultat général des interrogatoires : « Il nous est démontré, disaient-ils, que si l'on pouvait accuser les ministres mis en cause, ce ne pourrait être pour ce qu'ils ont fait, mais pour ce qu'ils n'ont pas fait. » Les considérants qui absolvaient les ministres étaient presque un réquisitoire contre la révolution de février; ces considérants ne furent jamais publiés; seulement, le procureur général informa M. Guizot et M. Duchâtel que tous les papiers saisis chez eux et chez quelques-uns de leurs amis leur seraient rendus.

M. Baroche, ancien ami intime de M. Barrot, regarda comme un devoir de lui rester fidèle dans ces jours difficiles. Ne fallait-il pas, d'ailleurs, dans les anciennes Chambres, obéir aveuglément au commandement d'un chef de parti? La discipline était sévère!

Le 24 février au matin, M. Baroche se rend aux Tuileries avec M. Thiers et M. Barrot; il accompagne même ce dernier dans son inutile promenade sur le boulevard.

bliques, ainsi que de tous les attributs et priviléges du pouvoir;

» 5° D'avoir, dans le même intérêt, ruiné les finances de l'Etat et compromis ainsi les forces et la grandeur nationales;

» 6° D'avoir violemment dépouillé les citoyens d'un droit inhérent à toute Constitution libre et dont l'exercice leur avait été garanti par la Charte, par les lois et par les précédents;

» 7° D'avoir enfin, par une politique ouvertement contre-révolutionnaire, remis en question toutes les conquêtes de nos révolutions et jeté dans le pays une perturbation profonde. »

Lors des élections pour l'Assemblée constituante, l'ancien député de Rochefort est inscrit le troisième sur le bulletin de liste du département de la Charente-Inférieure, et nommé par 91,000 suffrages. Il fut réélu, par le même département, représentant à l'Assemblée législative.

De l'Assemblée constituante seulement date la carrière politique de M. Baroche.

Le lendemain de l'invasion de l'Assemblée (15 mai), il monte à la tribune et demande la destitution du préfet de police Caussidière et le licenciement de tous les corps armés qui n'appartenaient ni à l'armée, ni à la garde nationale, c'est-à-dire le licenciement des gendarmes de Sobrier, à la coiffure et à la ceinture rouges.

Plus tard, lors de la discussion de la Constitution, il repousse l'article 69, qui donnait à l'Assemblée le droit d'élire les conseillers d'État. Sous tous les régimes, le Conseil d'État doit être le collaborateur, l'auxiliaire du pouvoir exécutif; il doit donc être nommé par lui.

Dans la séance du 13 octobre 1848, l'article 69 n'en fut pas moins adopté par l'Assemblée constituante, dont les envahissements ne devaient point s'arrêter là.

Dans la séance du 21 octobre 1848 (discussion du budget), l'ancien avocat fait à la tribune d'impuissants efforts pour maintenir les traitements des présidents et procureurs généraux à la cour de Paris et à la cour de cassation; il défend encore, sans succès, les traitements des préfets; mais dans la séance du 7 novembre, il parvient à faire maintenir les traitements des conseillers de cour d'appel, sauf ceux de Paris.

Malgré son opposition, dans un sens gouvernemental, devant la Constituante, M. Baroche n'en est pas moins nommé par elle, le 9 décembre 1848, membre du Conseil d'État provisoire.

Bientôt le Prince Louis-Napoléon est élu Président de la

République, et, sur la proposition de M. Barrot, l'ancien bâtonnier est nommé procureur général à la cour de Paris.

L'Assemblée législative se réunit. M. Dupin est élu président, M. Baroche, premier vice-président. Il resta investi de ces fonctions législatives jusqu'à son entrée au ministère de l'intérieur.

Les auteurs de l'insurrection du 15 mai sont renvoyés devant une haute cour de justice réunie à Bourges. M. Baroche est nommé procureur général près cette haute cour (décret du 28 janvier 1849). Les débats s'ouvrent le 7 mars et durent jusqu'au 2 avril : Barbès, Albert, Blanqui, Sobrier, Flotte, sont condamnés.

Lors de l'émeute du 13 juin 1849, M. Baroche, en sa qualité de procureur général près la cour de Paris, demande à l'Assemblée législative et obtient d'elle l'autorisation de poursuivre Ledru-Rollin, Considerant, Boichot, Rattier, Félix Pyat et autres.

L'affaire est renvoyée devant la haute cour de Versailles.

Par un décret du 29 août 1849, M. Baroche est nommé procureur général près cette haute cour.

Au milieu des débats, une grave indisposition, causée par des fatigues d'audience, force M. le procureur général à se faire remplacer.

Le réquisitoire fut prononcé par MM. de Royer et Suin, alors avocats généraux, qui tous deux firent preuve d'un grand talent et d'une rare énergie.

Le ministère du 31 octobre est formé. M. Rouher, ministre de la justice, en instruit, par une lettre amicale, M. Baroche, et le prie de continuer son concours dévoué au nouveau cabinet.

Le 15 mars 1850, à une heure, le premier vice-président de l'Assemblée législative allait monter au fauteuil pour présider la séance, lorsqu'on vient le prévenir que M. Romain

Desfossés, ministre de la marine, demande à lui parler. L'amiral annonce à M. Baroche que le Président de la République voulait le voir à l'instant même.

Lorsque le ministre de la marine et le vice-président de l'Assemblée arrivèrent à l'Élysée, le conseil était réuni; l'amiral laisse M. Baroche dans le salon qui précède la salle des séances, et entre au conseil. Le Prince Président en sort aussitôt avec M. Ferdinand Barrot, ministre de l'intérieur.

Le Président adresse d'abord à M. Baroche les paroles les plus obligeantes sur sa conduite comme procureur général et comme vice-président de l'Assemblée législative.

« M. Barrot, ajoute-t-il, est décidé à quitter le ministère de l'intérieur, et j'ai pensé à vous pour le remplacer. »

M. Baroche fut presque étourdi de cette proposition inattendue; il eût compris qu'on lui offrît le portefeuille de la justice, mais il ne s'était jamais occupé d'administration, et il allégua de très-bonne foi son inexpérience.

A cet instant, M. Rouher sort de la salle des séances du conseil des ministres, et vient se mêler à la conversation.

« Pourquoi, dit M. Baroche, pourquoi M. Rouher, habitué aux affaires depuis quelques mois, ne prend-il pas le ministère de l'intérieur? Je pourrais alors, si on l'exigeait, le remplacer à la justice, et au milieu des attributions de ce ministère, je me trouverais peut-être moins emprunté, moins inexpérimenté.

» — Je ne connais pas mieux l'administration que M. Baroche, réplique M. Rouher. D'ailleurs, au ministère de l'intérieur, on a surtout à défendre la politique générale du Gouvernement, et M. Baroche est seul capable de remplir cette rude tâche devant l'Assemblée législative. »

M. Ferdinand Barrot insistait plus encore; il se montrait surtout impatient de se débarrasser de son portefeuille : comme compensation, la légation de Turin lui était promise.

Pressé par tant d'instances, M. Baroche demande vingt-quatre heures pour réfléchir et pour se consulter.

Mais le Président de la République fait appel à son dévouement et lui demande un consentement immédiat : « Il faut, ajoute-t-il, que votre nomination paraisse demain au *Moniteur*. »

M. Baroche céda, le Prince le fit entrer dans la salle du conseil et le présenta comme ministre de l'intérieur à ses nouveaux collègues, qui lui firent le plus affectueux accueil.

Le nouveau ministre demanda la permission de retourner à l'Assemblée, dont il devait présider la séance, et à deux heures un quart il était au fauteuil. Cette séance dura jusqu'à six heures, et ce fut alors seulement que M. Baroche put rentrer chez lui et annoncer la nouvelle de sa nomination à sa famille, qui en fut d'abord très-émue et très-effrayée.

Dans ces jours difficiles, les hautes positions militantes étaient peu convoitées. M. Rouher, ministre de la justice, se refusait, on vient de le voir, à prendre le ministère de l'intérieur; M. Ferdinand Barrot se montrait impatient de faire passer son portefeuille dans les mains d'un autre ; M. Baroche hésitait à l'accepter, et la nouvelle de sa nomination répandait l'effroi parmi les siens.

Ce fut le samedi 16 que M. Baroche parut, pour la première fois, devant l'Assemblée législative comme ministre de l'intérieur. Une majorité compacte voulait alors un gouvernement fort et honnête; le nouveau ministre fut accueilli avec une bienveillance très-marquée par cette majorité.

Dès la veille, M. Thiers avait écrit à M. Baroche le billet suivant, qui me fut montré alors et dont je pus prendre copie en ma qualité de directeur du *Constitutionnel*. Cette lettre était un événement :

« 15 mars 1850.

» Mon cher collègue,

» J'apprends que vous devenez ministre de l'intérieur, je me hâte de vous dire que cette nouvelle nous cause à tous le plus grand plaisir. Vous êtes un homme d'esprit et de cœur, que nous appuierons de toutes nos forces; comptez sur moi en particulier. Dans des temps comme ceux-ci, on doit son concours aux hommes qui savent se dévouer.

» Mille amitiés.

» A. Thiers. »

Au mois de janvier suivant, M. Thiers était le plus ardent adversaire de M. Baroche.

Dans ces temps d'orages parlementaires, le ministre de l'intérieur surtout s'entendait chaque jour interpeller, accuser; il fallait répondre à tout et à tous, dominer les interruptions hostiles, braver les clameurs furieuses de la Montagne, et, au milieu de tous les partis passionnés, rester calme, maître de soi.

La parole nette et ferme de M. Baroche parvint toujours à se faire écouter et souvent à dominer la Chambre.

A peine le nouveau ministre a-t-il pris place au banc de ses collègues, que M. Ferdinand de Lasteyrie l'interpelle à propos des récentes élections de Paris et d'un article de l'*Assemblée nationale;* il oppose, par insinuation, la conduite du ministre de l'intérieur aux actes de l'ancien procureur général. M. Baroche monte à la tribune, réplique, et l'Assemblée, applaudissant au discours de l'orateur sur cet incident, passe à l'ordre du jour.

Le 21 mars, nouvelle lutte. M. le ministre de l'intérieur présente un projet de loi qui prorogeait pour un an la loi du 19 juin sur les clubs et les réunions politiques; il demande à l'Assemblée de prendre cette proposition en considération, et de la voter d'urgence. M. Crémieux prononce un discours contre la loi et contre le ministre qui la présente. M. Baroche répond, entraîne la Chambre, et l'urgence est prise en considération.

Chaque jour les orateurs de la gauche, MM. Jules Favre, Chauffour, Mauguin, Pascal Duprat, Schœlcher, Michel de Bourges, etc., etc., interpellent le ministre de l'intérieur, portent à la tribune de nouvelles accusations contre lui; M. Baroche, toujours sur la brèche, luttant avec autant de talent que d'énergie, sort souvent vainqueur de ces combats acharnés.

Mais bientôt le parti modéré lui-même se désunit et se mêle à la Montagne pour combattre le Président de la République et ses ministres.

Dans les séances des 15, 16, 17 et 18 janvier 1851, l'agitation de l'Assemblée est à son comble. Le 18, M. le président de la Chambre lit la proposition de M. Sainte-Beuve, dont voici la rédaction :

« L'Assemblée déclare qu'elle n'a pas confiance dans le ministère, et passe à l'ordre du jour. »

Cette proposition est appuyée avec ardeur par M. de Rémusat, par M. Berryer, par M. le général Cavaignac et surtout par M. Thiers.

M. Baroche défend la politique du Gouvernement avec conviction, avec chaleur; infatigable, il ne laisse passer aucun discours sans y répondre; mais une coalition de tous les partis s'était formée dans la Chambre, et la proposition Sainte-Beuve obtient au scrutin 417 voix contre 278.

Pour M. Thiers, M. Baroche, défendant le Président de la République, *n'était-il donc plus un homme d'esprit et de cœur?* L'ancien ministre de Louis-Philippe oubliait les paroles écrites par lui le 15 mars 1850 : *Dans des temps comme ceux-ci, on doit son concours aux hommes qui savent se dévouer.*

La démission de M. Baroche n'apaisa pas l'animosité des partis poursuivant sans relâche un si redoutable adversaire, et après avoir quitté le banc des ministres, il eut encore à défendre quelques actes de son ministère; mais il trouva dans l'Assemblée une majorité qui les approuva.

Le 10 avril 1851, M. Baroche est appelé par le Président de la République au ministère des affaires étrangères.

Dans la séance du 7 août, M. Emmanuel Arago demande la suppression du crédit de 1,400,000 francs ouvert pour l'occupation de Rome. M. le ministre des affaires étrangères défend la politique du Gouvernement français dans les États du pape, et l'amendement de M. Arago est rejeté.

Le 26 octobre, M. Baroche se retire volontairement du ministère. Il n'était plus question que de coups d'État, et le Président de la République se décidait à demander à l'Assemblée législative le retrait de la loi du 31 mai. M. Baroche était un de ceux qui avaient défendu, qui avaient voté cette loi, il dut se refuser à venir l'attaquer et la combattre.

J'ai tenu à montrer combien l'apprentissage politique de Son Exc. M. le président du Conseil d'État avait été rude. Les hautes situations sont la ruine des hommes médiocres; elles développent, au contraire, chez les hommes d'étude et de savoir, qui ont de la valeur, des qualités de caractère, des ressources d'esprit et de talent.

M. le président du Conseil d'État, devant le Corps législatif, ne se trouve plus en face de passions effrénées. On y discute avec calme ; mais il s'y rencontre des esprits déliés, même subtils, pénétrants, tenaces, argumentant avec un profond savoir, avec un haut bon sens.

Dans la discussion de tous les projets de lois, M. Baroche

peut remplacer tous les membres du Conseil d'Etat; dans la discussion des lois politiques, aucun membre du Conseil d'État ne pourrait remplacer M. Baroche. La Chambre l'écoute avec déférence, et se montre prodigue de marques d'approbation pour sa parole pleine d'autorité. On ne trouve plus dans les discours de M. le président du Conseil d'État la faconde, la chaleur un peu factice, mais nécessaire, d'un avocat qui plaide devant des juges endormis ou distraits ; mais le sérieux d'un homme d'État convaincu, la dignité d'un ministre défendant un Gouvernement devant une Chambre indépendante et consciencieuse.

Messieurs les conseillers d'État ont, pour la discussion, un avantage incontestable sur les députés; chaque projet de loi du Gouvernement est d'abord étudié dans la section à laquelle il ressortit, puis discuté en assemblée générale du Conseil d'État. L'examen des projets de lois dans les bureaux du Corps législatif, dans les commissions, doit nécessairement être plus rapide; mais il faut dire que dans les discussions importantes, M. le président du Conseil d'État doit souvent répondre à plusieurs orateurs, et tenir tête à des attaques qui se prennent à tous les côtés du projet de loi, et quelquefois s'y acharnent.

M. Baroche expose et résume d'abord avec clarté, avec méthode, les critiques de ses adversaires, puis, dans une improvisation dont le diapason se règle toujours sur la gamme plus ou moins passionnée de ses contradicteurs, il sait trouver sur son chemin des faits concluants, des rapprochements heureux, des raisons d'une vive justesse; en s'animant lui-même, il anime, il entraîne la Chambre. *Magna eloquentia, sicut flamma, materia alitur et motibus excitatur et urendo clarescit.* « La grande éloquence est comme la flamme, il faut des aliments pour l'entretenir, il faut du mouvement pour l'exciter; c'est en brûlant qu'elle éclaire. »

Nous avons vu M. Baroche, avocat, étudier minutieusement les dossiers ; à la Chambre, il écoute religieusement tous ceux qui parlent, il prend des notes, et ne laisse pas un argument, pas une objection sans réponse. Il ne dédaigne même pas de relever d'un mot piquant une velléité d'ironie, une tentative d'épigramme. Par son grand talent de parole, par son ardente fécondité d'esprit, par son caractère ferme et résolu, mais plein de bienveillance, M. le président du Conseil d'État exerce une puissante action sur la Chambre.

M. Baroche venait de rendre un grand service à un de ses anciens camarades du barreau. — « Je pourrais peut-être ne pas vous remercier, lui dit ce dernier, parce qu'en obligeant vos amis, vous vous faites d'abord à vous-même le plus vif plaisir. » Ce mot juste ne révèle-t-il pas tout un caractère?

En acceptant une haute situation sous le gouvernement de Napoléon III, M. Baroche eut à faire violence à ses anciens penchants d'opposition parlementaire; mais du moins il est un des esprits élevés, un des conseillers de la couronne qui n'arrêteront point le chef de l'État sur la pente des concessions libérales.

III

VICE-PRÉSIDENT DU CONSEIL D'ÉTAT

M. DE PARIEU.

Depuis la fin du dix-huitième siècle, et pendant les années déjà écoulées depuis le commencement du dix-neuvième, on a surtout vu arriver dans les assemblées politiques, du fond de leur province qu'ils ont illustrée, des hommes qui surent bientôt conquérir les premières places au milieu de ceux qu'ils avaient tout d'abord étonnés par leur solide savoir et par la portée de leur esprit. M. de Parieu mérita et obtint les honneurs de cette double bonne fortune.

Né à Aurillac, le 13 avril 1815, pendant les cent-jours, issu d'une ancienne famille de magistrature, M. de Parieu eut pour bisaïeul un doyen des conseillers au présidial d'Aurillac. Son père, maire à Aurillac, siége aujourd'hui comme député au Corps législatif. Le jeune de Parieu poursuivit ses études d'abord au collége d'Aurillac, puis au collége royal de Lyon, où il compta pour condisciples MM. Ozanam, Fortoul et Ponsard. Il fit sa philosophie au collége de Juilly. Cet établissement religieux était alors dirigé par M. l'abbé de Salinis, aujourd'hui archevêque d'Auch. On y rédigeait, en 1831, le journal *l'Avenir*. Très-jeune, M. de Parieu fut présenté, comme donnant de grandes espérances, à MM. de Lamennais et Lacordaire.

L'élève de Juilly se laissa entraîner par diverses vocations : à Juilly, il se livra avec une certaine passion à l'étude des langues orientales; il suivit ses cours de droit à Paris et à Strasbourg, à Strasbourg pour y apprendre surtout l'allemand. L'étude du sanscrit et de la langue allemande passionna l'élève en droit.

M. Guizot, longtemps ministre de l'instruction publique, a surtout eu le mérite de découvrir au loin les hommes d'un grand esprit, de les encourager, de les protéger, et, le plus souvent, de les appeler à Paris. Klimerath, ce savant qui, bien que mort très-jeune, a cependant laissé un des plus beaux ouvrages sur la science du droit, l'*Histoire du droit français éclairé par les sources allemandes*, fut un de ces protégés de M. Guizot. Klimerath ne fit qu'un seul cours de droit, auquel il n'admit que quatre élèves. M. de Parieu eut l'honneur d'être un de ces privilégiés.

Avant que l'intelligence de l'enfant d'Aurillac eût pris pour résidence définitive la science du droit, elle eut encore de nouveaux entraînements pour l'histoire naturelle : M. de Parieu présenta à l'Académie des sciences quelques mémoires paléontologiques, en collaboration de M. le colonel comte de Laizer, qui habite le département du Puy-de-Dôme, si riche en ossements fossiles. Ces deux esprits curieux donnèrent la description d'un fragment fossile, témoin irrécusable d'un genre éteint de mammifères, chez lequel l'aptitude destructrice des dents se multipliait par leur nombre. Ce fragment trouvé à Cournon (Puy-de-Dôme), dont un modèle colorié a été donné au Muséum d'histoire naturelle de Paris, fait partie du cabinet formé depuis vingt ans par M. de Laizer pour la géologie et l'archéologie du pays qu'il habite. Les penchants d'esprit de M. de Parieu l'entraînaient à rechercher dans les sciences naturelles l'histoire des races éteintes, de même que dans l'étude du droit, il s'attacha plutôt à des recherches théoriques et scientifiques qu'à l'application pratique et vivante des textes de nos Codes. On reconnaît là un esprit curieux, élevé, abstrait, amoureux de la solitude et de la méditation.

Cependant, en 1841, M. de Parieu, marié, débute au barreau de Riom. M. Eugène Rouher y tenait déjà une des premières places. Peut-être les plaideurs se présentaient-ils plus souvent au cabinet de M. Rouher qu'à celui de son collègue. Il y avait chez M. de Parieu plutôt du magistrat que de l'avocat : il se montrait trop bref pour le client, et ne prêtait pas assez l'oreille à tous ces oiseux détails sur lesquels insiste le plaideur pour la défense de sa fortune, aussi bien que l'homme souffrant pour la guérison de sa maladie. L'avocat de Riom fut élu représentant en 1848.

Sous la Constituante, dans la discussion générale de la Constitution, le disciple de Klimerath se fit remarquer par un discours élevé, substantiel, d'une grande originalité de vues. Examinant la question de savoir si le Président de la République devait être nommé par le suffrage universel ou par l'Assemblée nationale, M. de Parieu penchait vers cette dernière opinion : « Prenez garde, disait-il, de donner à la Présidence des racines de chêne et une végétation de roseau. » Puis, poursuivant avec logique son raisonnement, il demandait que le Président de la République, s'il était élu par le suffrage universel, reçût de la Constitution de grands pouvoirs.

Tous les esprits distingués de la Chambre, M. Thiers surtout, furent frappés des mérites de ce discours d'un avocat.

Dès 1848, plus d'une commission chargea M. de Parieu d'importants rapports sur des questions de finances, du rapport contre l'impôt progressif, du rapport sur l'impôt du revenu mobilier. Du premier coup, M. de Parieu s'était révélé et s'était placé au premier rang du très-petit nombre des savants et des bons esprits de la Constituante.

Ce fut M. Ferdinand Barrot, homme sensé, modeste et honnête, qui le premier désigna au Président de la République M. de Parieu comme un de ceux dont la haute intelligence, sans préjugés, ennemie des sophismes, pouvait rendre de grands services au pays et à un gouvernement nouveau.

L'avocat de Riom fut nommé ministre de l'instruction publique, le 30 octobre 1849, et fit partie du cabinet dans lequel M. Rouher était garde des sceaux.

M. de Parieu défendit surtout la liberté de l'enseignement. Élève du collége d'Aurillac, du collége royal de Lyon et du collége de Juilly, il avait pu comparer et apprécier l'enseignement universitaire et l'enseignement religieux. Ministre, il publia, en 1850, un ouvrage de droit écrit à Riom dans les loisirs du barreau : *Études historiques et critiques sur les actions possessoires*. En 1848, 1849 et

1853, il inséra dans divers recueils d'économie des articles pleins de science et d'intérêt.

Lorsqu'au mois de novembre fut discutée dans les bureaux de l'Assemblée législative la proposition Pradié, sur la responsabilité des ministres et du Président de la République, M. de Parieu combattit avec tant d'éclat et de talent cette proposition, qu'il reçut le soir même à l'Élysée, du prince Louis-Napoléon, des félicitations et des remerciments.

Vivant surtout dans l'étude et pour l'étude, M. de Parieu, bien peu au courant de ce qui se passait, se rendait, le 2 décembre au matin, à la bibliothèque de la Chambre, quand l'entrée lui en fut interdite. Il s'attendait comme tout le monde à un coup d'État, et il vit avec joie que le coup d'État était fait. Après le 2 décembre, il fut appelé au Conseil d'État et nommé président de la section des finances, puis vice-président du Conseil d'État lors de la retraite de M. Rouher, nommé ministre des travaux publics [1].

M. de Parieu a souvent pris la parole en séance publique devant la Chambre. Il sait donner aux questions de la grandeur; mais, plus abstrait que pratique, ne cédant rien aux opinions qui se produisent dans le sein du Corps législatif, il défend avant tout les doctrines et les principes.

Avec un grand talent de parole, il manque peut-être, pour la discussion, de ces ménagements, de ces formes conciliantes qui gagnent sur l'esprit des assemblées. Absolu dans ses convictions, il prend peu de souci des impressions des députés réunis, et ne craint pas de leur résister plutôt que de chercher à les convaincre. J'ai plus d'une fois été cap-

1 Cette notice a déjà été imprimée en partie dans les *Mémoires d'un Bourgeois de Paris*; mais elle devait encore trouver ici sa place.

tivé par cet orateur à la physionomie grave et austère, d'un talent élevé, ferme et concis; mais peut-être, par l'exagération de ces qualités, s'expose-t-il parfois à compromettre les questions dans lesquelles s'engage sa dialectique inexorable.

IV

PRÉSIDENTS DES SECTIONS

Le général ALLARD, président de la section de la guerre et de la marine, appartient à l'arme du génie. Il était capitaine du génie, lorsqu'en 1837 il fut élu député de Parthenay (Deux-Sèvres). Bientôt, en 1839, il est nommé maître des requêtes au Conseil d'État, en service extraordinaire, avec autorisation de participer aux délibérations des comités et du Conseil.

M. Allard ne tarda pas à se faire remarquer par ses aptitudes dans les commissions de la Chambre. En 1841, il est choisi dans un des bureaux comme commissaire pour la loi des fortifications de Paris. Lorsque, dans la commission, il fallut élire le rapporteur du projet de loi, ce fut lui que les députés ministériels opposèrent à M. Thiers, qui désirait vivement être chargé du rapport. M. Allard décida la majorité en faveur de son compétiteur, en donnant sa voix à ce dernier. Il pouvait avoir le premier rôle, il se contenta du second. Il n'en prit pas moins part au long débat législatif que suscitèrent les fortifications de Paris. Plus tard, comme officier du génie, il travailla à cette œuvre sur le terrain. Ce double concours lui valut un avancement mérité dans son arme.

Après la révolution de 1848, M. Allard, pendant trois ans, n'appartient plus qu'à l'armée; il ne fait partie ni de l'Assemblée constituante, ni de l'Assemblée législative. Le décret du 18 avril 1848, qui supprimait sa qualité de maître des requêtes en service extraordinaire, l'avait fait sortir du Conseil d'État; le décret du 25 janvier 1852 l'y fit rentrer comme conseiller. M. Allard, par des promotions successives dues à ses services variés, était alors devenu général.

Dix-huit mois après, non moins méritant et non moins heureux comme magistrat administratif que comme officier du génie, il était élevé à la présidence de la section de la guerre et de la marine. M. Allard parcourt avec un succès égal sa triple carrière militaire, politique et administrative.

M. BOUDET, né dans le département de la Mayenne, appartenait au barreau de Paris, lorsqu'en 1835 les électeurs de Laval le choisirent pour député. Depuis lors, M. Boudet a toujours fait partie des Chambres jusqu'au 11 avril 1849. Siégeant, à cette dernière époque, dans la Constituante, il fut nommé conseiller d'État par cette assemblée. Dix ans auparavant, il avait déjà obtenu ce titre, mais comme attaché au service extraordinaire; en 1840, M. Thiers, alors président du conseil des ministres, l'avait appelé aux fonctions de secrétaire général du ministère de la justice.

Le Prince Président, appréciant dans M. Boudet les qualités de savoir et d'activité laborieuse, lui maintint d'abord, dans le Conseil d'État réorganisé, le titre et les fonctions que lui avait conférés une assemblée de la République; un peu plus d'un an après, il l'élevait à la présidence de la section du contentieux. M. Boudet, par sa grande puissance de travail, parvint à liquider le vaste arriéré d'affaires résultant des remaniements organiques que la révolution de février fit subir au Conseil d'État.

M. WUILLEFROY, président de la section des travaux publics, ne doit son élévation qu'à ses services administratifs. Entré au Conseil en 1832, il s'y fit de tout temps remarquer par sa supériorité d'esprit et par sa studieuse assiduité. Profondément versé dans la connaissance des affaires administratives, il en possède la philosophie et la doctrine; il expose avec netteté, discute avec vigueur, et, pour appliquer les principes aux espèces, il joint à la droiture de la conscience le discernement de l'esprit pratique. Toute sa carrière se renferme dans le Conseil : nommé maître des requêtes en 1835, il devint conseiller d'État par l'élection, après 1848. Élu d'abord par la Constituante, il fut réélu par l'Assemblée législative, et maintenu dans ces fonctions le 25 janvier 1852, par le Prince Président.

L'Empereur a élevé M. Wuillefroy à la présidence de la section des travaux publics. Orateur à la parole claire et facile, ce conseiller d'État est très-écouté à la Chambre.

M. JOSEPH BOULAY (de la Meurthe) est de bonne race administrative. Son père, le baron Boulay (de la Meurthe), présidait une section au Conseil d'État sous le premier Empire; Napoléon Ier l'appela à de hauts emplois. Le frère aîné de M. Joseph Boulay, siégea fréquemment dans les assemblées politiques; il eut l'honneur d'être choisi pour vice-président par le Président de la République après l'élection du 10 décembre.

M. Joseph Boulay, après avoir appartenu au barreau de Paris, entra au Conseil d'État en 1832, comme maître des requêtes en service ordinaire. Il siégeait en cette qualité dans le service extraordinaire, lorsqu'en 1837 il devint secrétaire général du ministère du commerce.

Deux ans après, il est nommé conseiller d'État, et depuis lors, il n'a pas cessé d'appartenir à ce titre au Conseil. Élu en 1848 par l'Assemblée constituante, il fut maintenu après le 2 décembre par le Prince Président.

Le 16 février 1855, il succéda, dans la présidence de la section de l'intérieur, à M. Bonjean, qui, élevé alors à la dignité de sénateur, a laissé de vifs regrets au sein du Conseil.

M. BOINVILLIERS sort du barreau de Paris. Il a été élu bâtonnier de l'ordre. Les électeurs de la Seine le choisirent pour un de leurs représentants à l'Assemblée législative. Nommé conseiller d'État en 1852, il a été élevé aux honneurs de la présidence en 1855. Il préside la section des finances.

M. Boinvilliers, par des légèretés d'examen, par quelques inexactitudes de renseignements, a peut-être affaibli l'autorité de sa parole dans les commissions du budget.

V

CONSEILLERS D'ÉTAT EN SERVICE ORDINAIRE

M. HERMAN est né à Londres en 1785. Son père, directeur politique, ou, comme on disait jadis, *premier commis des affaires étrangères*, ayant rempli plusieurs missions au dehors, ouvrit de bonne heure à son fils la carrière des emplois publics, et l'attacha d'abord au département dans lequel il occupait lui-même un poste élevé. M. Herman, si l'on compte ses années de service, est à coup sûr un des doyens de l'administration française. Il fut tour à tour préfet, chef de division, secrétaire général du ministre de l'intérieur et conseiller d'État. Ce dernier titre lui a été conféré pour la première fois en 1849 par l'Assemblée législative. Maintenu en la même qualité après le 2 décembre, M. Herman était, on peut le dire de lui avec justice, une des lumières du Conseil, surtout dans les affaires qui touchent à l'administration départementale et communale.

Tous ses collègues regrettent que le chef de l'État ait récemment appelé M. Herman au Sénat : cette haute récompense, bien méritée, a fait dans le Conseil d'État un vide difficile à combler.

M. BARBAROUX, fils du célèbre conventionnel de ce nom, a servi longtemps dans la magistrature coloniale. Après la révolution de 1848, l'île de la Réunion le nomma son représentant à l'Assemblée constituante. Le Prince Président le fit conseiller d'État en 1852. Attaché à la section de la guerre et de la marine, il éclaire d'une expérience toute spéciale les questions qui se rattachent à l'administration des colonies.

M. CARLIER s'est fait un nom par l'intelligente audace avec laquelle, comme préfet de police, il a combattu l'anarchie et servi la cause de l'ordre. Paris, après la révolution de février, était devenu l'atelier central de la démagogie universelle. On y élaborait des révolutions pour les expédier dans le monde entier. M. Carlier a été, pendant un certain temps, le préfet de police de toute l'Europe, et les souverains du Nord et du Midi l'ont comblé de récompenses honorifiques en retour des services qu'il leur rendait.

M. Carlier, qui donna sa démission de préfet de police quelque temps avant le 2 décembre, a été appelé au Conseil d'État réorganisé. D'un tempérament et d'un caractère faits pour la lutte ou tout au moins pour l'action, M. Carlier trouvait dans ses anciennes fonctions un rôle mieux approprié à ses facultés natives. Mais comme le bon sens et la justesse d'esprit sont de mise partout, l'ancien préfet de police apporte son contingent de vues utiles aux délibérations du Conseil d'État.

M. CHARLEMAGNE s'est fait une place honorable dans toutes les assemblées politiques. Avant et après la révolution de 1848, il a invariablement représenté le département de l'Indre. Jurisconsulte plein de savoir, initié à toutes les questions d'affaires, M. Charlemagne occupe une place distinguée dans le Conseil.

M. VILLEMAIN, frère du grand écrivain, compte environ quarante années consacrées au service de l'État. Comme officier du génie, il a longtemps été employé hors d'Europe. Arrivé au grade de chef d'escadron, il quitta son arme pour passer dans l'intendance militaire.

Nommé intendant de la garde mobile en 1848, il a vigoureusement appliqué à cette milice, peut-être un peu anarchique, les principes de la plus rigoureuse comptabilité. Au moyen de retenues justement exercées contre tous les faits d'indiscipline ou de désordre, il a diminué, autant que possible, l'abus d'une solde excessive et ruineuse pour l'État [1]. Les comptes de la garde mobile, après son licenciement, furent l'objet d'un rapport à l'Assemblée nationale, et M. l'intendant Villemain reçut d'officielles félicitations des représentants du pays.

M. Villemain vit de près tous les éléments d'anarchie déchaînés par la révolution de 1848, aussi devina-t-il de bonne heure que le prince Louis-Napoléon était le seul qui pût en finir avec le désordre et rendre au pays un gouvernement digne et fort.

Appelé au Conseil d'État, après le 2 décembre 1852, M. Villemain apporte dans l'examen des affaires un savoir qui les éclaire et les résume : il se plaît souvent à donner à sa discussion une forme piquante qui en déride le sérieux. D'une famille où l'esprit abonde, M. Villemain, quoi-

[1] Cette solde était de 1 fr. 50 c. par jour pour chaque soldat.

que frère puîné, semble avoir eu sa bonne part dans le droit d'aînesse. On lui demandait un jour, avec une intention d'ironie, lors de la naissance du Prince impérial, pourquoi l'on donnait à ce prince le titre d'*enfant de France?* « C'est, répondit M. Villemain, qu'il est petit-fils du suffrage universel. »

M. SUIN, dans des temps d'orages, passa du barreau dans la magistrature militante. Appelé au parquet de Paris, après l'élection du 10 décembre, il fit une vigoureuse campagne contre les anarchistes de la presse et de la rue. Sa vaillante ardeur lui valut tout à la fois la haine des folliculaires en vers et en prose, la considération des gens de bien et l'estime du Prince qui a vaincu l'anarchie. M. Suin met au service du Conseil d'État son immense savoir de légiste. Avec lui, on n'a pas besoin de recourir au texte des Codes, aux répertoires de jurisprudence : vivante bibliothèque de droit, il abonde en commentaires lumineux sur l'application des principes.

M. LACAZE est du petit nombre des hommes de talent que la révolution de 1848 mit en lumière. Il n'avait pas appartenu aux Chambres de la monarchie. Le département des Hautes-Pyrénées l'envoya à l'Assemblée constituante et à l'Assemblée législative. Ayant passé quelques années de sa jeunesse aux États-Unis, au milieu des hommes politiques les plus éminents de ce pays, M. Lacaze s'était imbu à ce contact d'un certain fonds d'idées américaines en matière de liberté ; mais il tranchait par la modération et la justesse de son esprit sur la majorité démagogique de la députation qui représentait le midi de la France dans ces deux assemblées. Adopté par les conservateurs, il eut l'honneur de les représenter dans le bureau de l'Assemblée législative en qualité de secrétaire.

M. Lacaze est un des membres distingués du Conseil d'État. Chaleur d'âme, élévation de sentiments, science de jurisconsulte, imagination méridionale, il réunit des qualités qui semblent s'exclure : ayant eu à défendre un projet de loi devant la Chambre, il y fut très-écouté; mais peut-être sa parole vive, émue, ne pourra-t-elle s'acclimater que difficilement sous cette température souvent glaciale des séances du Corps législatif.

M. LE ROY DE SAINT-ARNAUD, frère du maréchal, sort du barreau. Il faut consulter les lettres du maréchal et interroger les pauvres du douzième arrondissement, dont M. Le Roy de Saint-Arnaud est maire, pour savoir ce qu'il y a de cœur et d'intelligence dans cet homme de bien. M. Le Roy de Saint-Arnaud n'entra au Conseil d'État qu'après le 2 décembre.

M. CUVIER est le neveu de Georges Cuvier, cet esprit universel qui a jeté presque autant de lumière dans la science administrative que dans les sciences naturelles. Avant d'entrer au Conseil d'État, M. Cuvier avait rempli des fonctions publiques auxquelles il joignait le titre de maître des requêtes en service extraordinaire, ayant séance. Nommé, en 1849, conseiller d'État par l'Assemblée nationale, il fit partie, en cette qualité, du Conseil réorganisé après le 2 décembre. M. Cuvier est profondément versé dans le droit administratif.

M. MARCHAND entra au Conseil d'État, pour ainsi dire, au sortir des écoles. C'est là qu'il a commencé, c'est là qu'il a grandi. Dès l'année 1831, il est maître des requêtes en service ordinaire. On peut dire qu'il a été nommé et confirmé conseiller d'État par le suffrage universel de tous les Gouvernements. Conseiller d'État sous la monarchie, conseiller d'État élu sous la République, conseiller d'État sous l'Empire, M. Marchand s'est toujours fait remarquer par son profond savoir, par son expérience pratique des hommes et des affaires, par son dévouement incessant à ses fonctions et au bien public. Il est attaché au contentieux.

M. FLANDIN appartenait au barreau de Paris, lorsqu'en 1848 il fut envoyé à l'Assemblée constituante par les électeurs du département de Seine-et-Oise; il siégea aussi à la Législative. Il n'entra dans le Conseil d'État réorganisé qu'après le 2 décembre. M. Flandin parle peu au Corps législatif, et fait peu parler de lui au Conseil d'État.

M. GODELLE a été fourni par le notariat à la vie publique. Candidat malheureux dans les élections du département de l'Aisne, sous la monarchie de Juillet, il dut son élection comme député au suffrage universel. Il fit partie de la Constituante et de la Législative. Son dévouement à la cause de l'ordre, ses connaissances pratiques, l'ont désigné au choix du Prince Président, lors de la réorganisation du Conseil d'État. Il sait se faire écouter au Corps législatif.

M. BOULATIGNIER fut le disciple favori des plus grands docteurs en la science des affaires publiques. Après avoir passé par divers emplois dans les ministères, il entra au Conseil d'État, comme maître des requêtes, en 1839. Le Gouvernement issu de Février, qui avait besoin d'être éclairé par des gens instruits, l'appela au Conseil d'État. L'Assemblée nationale l'y maintint, et il fut compris dans la réorganisation qui a suivi le 2 décembre. En matière d'administration et de jurisprudence, M. Boulatignier est la doctrine vivante.

M. FREMY, d'origine administrative, a passé de l'administration active au Conseil, et du Conseil dans l'administration active. Tour à tour auditeur, chef de cabinet de ministre, maître des requêtes, conseiller d'État, directeur général de l'administration de l'intérieur, M. Fremy possède une grande expérience des affaires; il les abrége parce qu'il les sait bien.

M. MICHEL CHEVALIER est l'éminent économiste que ses nombreux écrits ont rendu célèbre. A cet esprit généralisateur qui embrasse l'ensemble des faits sociaux, il joint le savoir spécial de l'ingénieur versé dans la connaissance des mines et de la science métallurgique. M. Michel Chevalier, dans les discussions, apporte un point de vue à lui; il est un élément considérable et original dans un Conseil d'État, qui, sans une grande diversité d'esprits, n'arriverait pas à l'examen, à l'étude des affaires sous tous les aspects variés qu'elles peuvent offrir.

M. QUENTIN-BAUCHART a été porté du barreau dans les assemblées par la Révolution de 1848. Il tenait un rôle qui n'était pas sans importance dans le parti de la République modérée pendant le court passage du général Cavaignac. Il fut nommé conseiller d'État lors de la réorganisation qui a suivi le 2 décembre.

M. CONTI est né en Corse. Sa famille était liée, de très-ancienne date, avec la famille Bonaparte; et son grand-père, sur l'offre de l'Empereur Napoléon Ier, eut à choisir entre plusieurs des grandes fonctions, des grandes dignités de l'Empire.

M. Conti fut, de tout temps, sous la monarchie de Juillet comme sous la République, dévoué de cœur à la cause napoléonienne. En relation constante avec le prince Louis, il fut le noble courtisan de son exil et de sa captivité. Membre du conseil général de la Corse, il obtenait de cette assemblée, sous le règne de Louis-Philippe, un vœu unanime pour la mise en liberté de l'auguste prisonnier. Membre de l'Assemblée constituante, il ne douta pas, dès les premiers jours, que l'Empire ne succédât à la présidence du Prince.

M. Conti est un esprit très élevé, très-cultivé, nourri de ce qu'on peut appeler les grandes belles-lettres. Dès sa jeunesse, il se passionna pour la philosophie, l'histoire, la législation et la poésie. Il n'est entré dans les fonctions publiques qu'après 1848. Nommé d'emblée procureur général de la Corse, il exerça avec distinction ces fonctions élevées. Après le 2 décembre, il passa de la direction des affaires criminelles du ministère de la justice au Conseil d'État réorganisé. Les travaux écrits de M. Conti se distinguent autant par un grand savoir de jurisconsulte que par un bon talent d'écrivain.

M. VUITRY, dont le père a longtemps siégé dans les assemblées politiques, s'est préparé à la vie publique par des études approfondies et variées. Aux connaissances qui se puisent à l'École polytechnique, il a joint l'étude du droit. C'est avec ces amples provisions de savoir qu'il aborda la carrière des emplois. Passant tour à tour de l'administration active au Conseil d'État, il s'est de plus en plus initié aux principes et à la pratique de l'administration. Doué d'une mémoire immense et sûre, il sait les précédents de toutes les questions importantes. Une clarté supérieure illumine ses exposés. Il discute avec autant de perspicacité naturelle que de science acquise.

M. DENJOY appartenait, avant la révolution de Février, au barreau et à l'administration. Les services qu'il rendit comme administrateur dans un des arrondissements de la

Gironde, ses actes de dévouement et de courage en plus d'une circonstance difficile, lui méritèrent les suffrages de ce département, qui le nomma un de ses représentants à la Constituante et à l'Assemblée législative. Il était digne de continuer par son talent de parole la tradition de la belle et pure élocution girondine. Personne n'a montré dans les assemblées plus d'énergie que M. Denjoy contre les partis anarchistes. Le restaurateur de l'ordre, en France, devait à cet intelligent et courageux conservateur une place dans le Conseil d'État de l'Empire.

M. HEURTIER occupait une position élevée dans le barreau de Saint-Étienne lorsque, après la dissolution de l'Assemblée constituante, il fut élu par le département de la Loire membre de l'Assemblée législative. Il y défendit la cause de l'ordre, qui lui parut identifiée à celle du Président. M. Persigny, ministre de l'intérieur, appela M. Heurtier à la direction générale du commerce. Il n'a quitté cette haute fonction administrative que pour entrer dans le service ordinaire du Conseil d'État. M. Heurtier, à la Chambre, parle très-bien affaires,

M. le baron DE VINCENT est entré au Conseil d'État en sortant de la préfecture de Lyon, où il avait déployé, devant le désordre, la plus intrépide énergie. Il a débuté par la carrière des armes : on sent chez lui le soldat sous l'habit du magistrat administratif.

M. PERSIL fut, sous un autre régime, un dompteur d'anarchie, comme chef du parquet de Paris et comme ministre de la justice. Jurisconsulte savant, et logicien dans les matières de droit, il devait, sous l'Empire, être appelé au Conseil d'État. L'ancien Gouvernement, que M. Persil servit, l'avait relégué dans la direction de la monnaie, sorte de retraite peu appropriée au caractère et aux habitudes d'un ancien garde des sceaux.

M. CORMENIN a publié beaucoup de brochures politiques et des livres d'administration. C'est par là qu'il est célèbre. Il a écrit sous plusieurs régimes et n'a parlé sous aucun. Le Conseil d'État le connaît d'ailleurs depuis longtemps. Il fut auditeur sous l'Empire, maître des requêtes sous la Restauration, démissionnaire sous la monarchie de 1830, conseiller d'État trois jours après l'installation du Gouvernement provisoire en 1848, vice-président le lendemain, président honoraire un peu plus tard. Conseiller d'État élu par l'Assemblée constituante et réélu par l'Assemblée législative, il obtint le même titre et la même fonction sous Napoléon III.

M. COCHELET est, lui aussi, une bien ancienne connaissance du Conseil d'État. Il était auditeur en 1809. En cette qualité, il administra à l'étranger des provinces conquises. Rattaché plus tard au Conseil d'État par le titre de conseiller en service extraordinaire, il parcourut avec distinction la carrière des consulats. Il s'est trouvé le consul général et le chargé d'affaires de la France en Égypte au moment de la grave question d'Orient en 1840. Après tant d'années de service, M. Cochelet sert encore dans la section de la guerre et de la marine. Il passe pour un de ceux auxquels l'Empereur réserve, dans sa justice, *otium cum dignitate*.

M. MAIGNE est cité au Conseil d'État pour la rapidité de son avancement. Maître des requêtes de date assez récente, il fut confirmé en cette qualité par le décret de janvier 1852. Six mois après, il était conseiller d'État.

M. CORNUDET a fait toute sa carrière au Conseil d'État. Compris après le 2 décembre comme conseiller dans la nouvelle organisation, il fut bientôt révoqué de ses fonctions; mais il y fut réintégré moins d'un an après.

M. DUBESSEY était préfet d'Orléans lorsqu'il fut appelé au Conseil d'État. Il apporte dans les délibérations une expérience acquise dans l'administration active.

M. AMÉDÉE THIERRY s'est fait une renommée d'historien, à côté de son illustre frère, récemment enlevé à la France. Ancien préfet, membre du Conseil depuis 1839, M. Amédée Thierry a puisé des lumières à toutes les sources, dans la pratique administrative, dans les doctrines d'un corps délibérant et dans les lettres. Il sert la cause de l'Empereur en faisant, comme conseiller d'État, de l'administration; en faisant comme membre de l'Institut, de la politique.

M. MONTAUD, nommé auditeur en 1831, est arrivé en suivant la voie hiérarchique au rang qu'il occupe dans le Conseil d'État. A l'avantage d'être immensément riche, il joint le mérite d'être laborieux. Sa grande fortune comme son avancement ne furent pas l'effet d'une hausse soudaine, ni d'une faveur du hasard.

M. le baron DE BUTENVAL a parcouru une longue et brillante carrière diplomatique. Comme il est un de ces consciencieux fonctionnaires qui sont toujours à leur poste, il a passé la plus grande partie de sa vie au dehors. On pourrait presque dire que la France est le pays qu'il a le moins habité. C'est en quittant Bruxelles, où il était ministre, que M. de Butenval est entré au Conseil d'État.

M. le comte DUBOIS, fils de l'ancien préfet de police de ce nom, a déjà de longs services administratifs. Nommé auditeur en 1836, il a passé du Conseil dans l'administration et réciproquement. Il fut appelé à d'importantes fonctions en Algérie. Maître des requêtes, il fut nommé à la direction générale des chemins de fer, avec le titre de conseiller d'État hors section. Il n'est sorti de cette position que pour entrer dans le service ordinaire.

M. le baron QUINETTE a siégé dans les anciennes Chambres. Il est d'origine diplomatique. Il acquerra, avec le temps, au Corps législatif, l'habitude de la parole.

M. BLONDEL a parcouru avec distinction une longue carrière administrative. Il a longtemps appartenu à l'administration des finances. Après avoir été chargé de missions importantes en Afrique, il fut nommé directeur des affaires de l'Algérie; après avoir rempli des missions importantes en Corse, il fut nommé directeur général des forêts. Il ne quitta ces dernières fonctions que pour entrer au Conseil d'État.

M. le comte DE CHANTÉRAC est ancien maire de Marseille. L'Empereur l'a pris au Corps législatif pour le donner au Conseil d'État.

M. le vicomte DE LA GUÉRONNIÈRE, prosateur de l'école de M. de Lamartine, parut avec éclat dans la presse parisienne. Il écrivit un instant dans la *Presse*, à côté de M. Émile de Girardin; dans le *Pays*, à côté de M. de Lamartine. Plus tard, après le 2 décembre, il fut appelé à la haute direction politique et littéraire du *Pays* et du *Constitutionnel* réunis en société, sous la gérance de M. Mirès.

Rallié à la politique du 2 décembre, M. de la Guéronnière fit partie du Corps législatif. Il y signala son passage par un rapport très-remarqué et très-remarquable contre un projet de loi qui rétablissait la peine de mort en matière politique. Cette loi fut annulée par un amendement de la commission, dont le rapport de M. de la Guéronnière était l'éloquente et ferme expression. Il quitta bientôt l'uniforme de député pour prendre celui de conseiller d'État.

Le journal *l'Indépendance belge* a souvent répandu la nouvelle de la candidature de M. de la Guéronnière au ministère de l'instruction publique.

M. le baron LÉON DE BUSSIERRE appartient au Conseil d'État depuis 1836. Homme de savoir et d'esprit, modeste et digne, il n'a jamais demandé les promotions qu'il a obtenues, se contentant de les mériter.

M. le vicomte DE ROUGÉ, membre de l'Institut, était connu comme *égyptologue* avant d'être conseiller d'État.

M. GASC, avocat célèbre de Toulouse, fut envoyé par les électeurs de la Haute-Garonne à la Législative. Après le 2 décembre, il entra au Conseil comme maître des requêtes. Il fut promu, trois ans après, aux fonctions de conseiller d'État.

M. DUVERGIER, ancien bâtonnier, a tenu une place éminente dans le barreau de Paris. C'était un des jurisconsultes les plus instruits et les plus considérés. Il exerça de hautes fonctions au ministère de la justice, et publia des travaux judiciaires et administratifs qui témoignent de la plus studieuse patience et de l'esprit critique le plus judicieux. La collection Duvergier est un monument. La nomination de M. Duvergier a été saluée au Conseil d'État d'un applaudissement unanime.

M. LESTIBOUDOIS a siégé dans les anciennes Chambres et dans l'Assemblée législative, comme député du Nord. D'une grande aptitude d'esprit et d'une instruction très-variée, il joint des études scientifiques à un savoir d'économiste. Après le 2 décembre, il entra au Conseil d'État en qualité de maître des requêtes, et ne fut nommé que plusieurs années après conseiller d'État.

M. DELACOUR, qui commença sa carrière au ministère des affaires étrangères, était plus préparé à remplir des missions diplomatiques que les fonctions de conseiller d'État. Il a passé de Vienne à Constantinople, de Constantinople à Naples et de Naples au quai d'Orçay.

M. le vicomte DU MARTROY est d'une famille vouée au service de l'État. Son père a occupé des préfectures importantes sous la Restauration et plus tard.

M. le vicomte du Martroy a renfermé sa carrière dans le Conseil d'État; il s'est rendu digne de toutes les promotions dont il a été l'objet, avant de les obtenir.

M. LE PLAY est un ingénieur des mines. Il a siégé dans la commission supérieure de l'Exposition universelle. Il a fait un livre d'un format immense, intéressant et curieux. Ce livre, qui a pour titre *les Ouvriers européens*, est une comparaison très-étudiée de ce que mangent, de ce que boivent, de ce que consomment enfin dans tous les genres les divers ouvriers des divers pays. M. Le Play a eu la patience de parcourir l'Europe pour observer les différentes conditions du travailleur.

Ce livre, éminemment philosophique et qui a obtenu les éloges d'une critique compétente, a valu à cet *ingénieux* ingénieur des mines le titre, les fonctions et le traitement de conseiller d'État, avec la croix de commandeur.

M. BRÉHIER, nommé conseiller d'État dans le courant du mois de septembre dernier, n'est pas connu du Corps législatif. Il s'est fait apprécier par d'importants rapports au Conseil d'État. Il appartenait à l'administration. M. Bréhier siégeait à l'Assemblée législative ; il y défendait la cause de l'ordre et celle du pouvoir exécutif. M. Bréhier était d'ailleurs naturellement attaché à la famille impériale, par d'honorables services qu'il avait pu rendre à l'adolescence studieuse et exilée du prince Napoléon ; depuis cette époque, il a été honoré de la confiance de S. A. I. le prince Jérôme. Lorsque M. Bréhier a été promu aux fonctions de conseiller d'État, il était le premier sur la liste des maîtres des requêtes. M. Bréhier, dont l'avancement peut paraître dû au rang qu'il occupait sur la liste, aurait pleinement justifié une promotion qui n'aurait été faite qu'au choix.

SECRÉTAIRE GÉNÉRAL DU CONSEIL D'ÉTAT

M. BOILAY, maître des requêtes.

M. Boilay ne quitta le *Constitutionnel* que pour entrer au Conseil d'État. Écrivain très-exercé, d'une haute raison, fécond, plein d'idées et d'aperçus, M. Boilay fut au *Constitutionnel* un de mes collaborateurs les plus actifs, les plus laborieux pendant toute la durée de la République. Se dévouant avec courage à la cause du Prince Président, qui était aussi la cause de la société, il publiait le 4 décembre 1851, dans le *Constitutionnel*, l'article suivant, écrit le 3 au matin, sous l'émotion de la lutte qui allait commencer :

« Paris, 3 décembre 1851.

» Les destinées de la patrie sont remises entre les mains du peuple. Au peuple seul, assemblé dans ses comices, il pouvait appartenir de dénouer la situation.

» Il fallait de deux choses l'une : ou appeler le peuple pour juge entre les pouvoirs, ou que l'un de ces pouvoirs usurpât sur le peuple.

» Les partis coalisés dans l'Assemblée, qui voulaient s'emparer de la force, n'eussent pu s'en servir que pour usurper les droits du peuple.

» Louis-Napoléon se sert de la force pour mettre en action le droit du peuple.

» Le peuple va donc prononcer son jugement.

» Des factieux tentent de s'y opposer, parce qu'ils tremblent de voir sortir de ce jugement la condamnation de leurs doctrines sauvages, et le salut de la société.

» Tout Paris comprend qu'il s'agit, à l'heure qu'il est, non pas d'une lutte entre deux pouvoirs, mais de la guerre que le socialisme fomentait depuis longtemps contre la société civilisée.

» Le mouvement socialiste concerté pour 1852 et que l'acte énergique du 2 décembre a eu pour but de conjurer, on vient d'essayer de le faire éclater aujourd'hui, et déjà on a ensanglanté le pavé de nos rues.

» En un instant les insurgés ont été balayés par la troupe.

» Leurs chefs, c'étaient ceux qui, dans les assemblées, s'étaient montrés le plus engagés dans le socialisme.

» Vous voyez donc bien qu'il s'agit de la hideuse guerre sociale !

» Les factieux qui se mettraient aujourd'hui derrière les barricades seraient de la pire espèce de ceux qui se sont mis derrière les barricades en juin.

» En juin, on pouvait invoquer pour excuse le chômage et la misère.

» Aujourd'hui, on a le travail pour vivre et un scrutin libre pour se prononcer.

» Quel crime qu'un appel aux armes, en face d'un appel au peuple !

» F. BOILAY. »

D'après la longue étude que j'ai faite des qualités d'esprit de M. Boilay, je regrette sincèrement qu'il ait été appelé à des fonctions sans doute honorables, mais qui l'ont trop caché.

MM. les conseillers d'Etat ne paraissent en séance publique, au Sénat et au Corps législatif, qu'en uniforme. Pour parler, ils se lèvent du banc qui leur est réservé et qui fait face à l'assemblée.

Nous avons déjà signalé ceux de MM. les conseillers d'État dont le savoir et la parole ont le plus de crédit devant la Chambre ; il serait regrettable que le titre et les fonctions de conseiller d'État devinssent monnaie courante de faveur ou de récompense pour services rendus. Rien n'est plus affligeant, rien n'affaiblit plus la dignité, l'autorité du Gouvernement, que le triste spectacle d'un conseiller d'État défendant par les plus pauvres arguments, d'une voix hésitante et intimidée, le projet de loi qu'il est chargé de soutenir, et, disons-le ici sans nommer personne, le Corps législatif a plus d'une fois, en séance publique, assisté à un pareil spectacle.

Un incident également fâcheux s'est produit dans la Chambre, lors de la discussion du projet de loi pour le réseau pyrénéen.

M. Wuillefroy, M. le comte Eugène Dubois, commissaires du Gouvernement, siégeaient au banc du Conseil d'État. Un député interpelle MM. les conseillers : « Est-il vrai, demande-t-il, que M. le ministre des travaux publics ait rejeté une soumission, pour ce réseau de chemin de fer, offrant un rabais important sur le minimum de la subvention inscrit au projet de loi? »

MM. les conseillers d'État Wuillefroy et le comte Eugène Dubois, hommes spéciaux, pleins de savoir et d'un certain talent de parole, balbutient, ne savent que répondre et finissent par avouer qu'ils ignorent entièrement ce qui se passe dans la haute sphère du pouvoir. La Chambre s'étonne, s'inquiète, et plusieurs membres proposent d'ajourner le vote du projet de loi jusqu'à plus ample informé. Les députés du Midi réclament ; les interruptions, les cris se croisent et se confondent ; l'agitation est à son comble. Seuls, MM. les commissaires du Gouvernement, dans leur ignorance et dans leur embarras, restent silencieux. M. Schneider, député, par une improvisation pleine de mesure, parvient à faire cesser cet orage, en rappelant à la Chambre qu'il ne s'agissait pour elle que de voter ou de rejeter le projet de loi présenté, et qu'elle n'avait point à s'immiscer dans des faits purement administratifs.

Cette scène mettait en relief les inconvénients

pratiques qui peuvent résulter de l'exclusion des ministres des séances du Sénat et du Corps législatif; elle ne se serait point produite, il est vrai, si M. Baroche eût été présent. J'ai donc eu raison de dire que, pour la discussion de toutes les lois importantes, aucun conseiller d'État ne pouvait remplacer M. Baroche.

Les discours de MM. les commissaires du Gouvernement, tout comme ceux des députés, sont ensevelis dans les colonnes du *Moniteur*. Députés et conseillers d'État sont égaux sous le bec de la plume de M. Denis-Lagarde. Le Gouvernement se prive même, jusqu'à un certain point, du droit de réponse, droit légitime dans toutes les causes.

Ainsi les députés, avec l'approbation d'un vote de la Chambre, sont autorisés à faire imprimer leur discours, tel qu'ils l'ont prononcé; les réponses de MM. les conseillers d'État se trouvent privées de cette retentissante publicité. Citons un exemple. M. de Montalembert prononce un discours d'une opposition personnelle très-tranchée. Il demande et obtient l'autorisation de faire imprimer son discours, à ses frais. Tirée à un grand nombre d'exemplaires, cette philippique se répand à profusion dans la clientèle nombreuse de ce député; le nom célèbre et l'attitude politique de l'orateur donnent à cette publication le plus vif intérêt.

Le président du Conseil d'État, devant le Corps législatif, répond avec talent, avec gain de cause, aux attaques de M. de Montalembert, et cette réponse, défigurée par le compte rendu d'un procès-verbal, n'est, nulle part, reproduite avec cette fidélité d'expressions, de tours, de mouvements, avec cet entrain de conviction, qui reçoivent l'approbation la plus sympathique de la Chambre. Le public ne connaît ainsi que les allégations de celui qui a parlé *contre*, et n'entend ni la rectification des faits, ni l'argumentation victorieuse de celui qui a parlé *pour*.

Lorsqu'un député fait imprimer le discours qu'il a prononcé, il y aurait justice, selon moi, à reproduire textuellement, au moins dans le *Moniteur*, la réponse qui lui a été faite par M. le président du Conseil d'État, ou par un des commissaires du Gouvernement. Une politique, si sage, si honnête qu'elle soit, ne doit jamais dédaigner de s'expliquer, de se justifier, de se défendre.

Cette observation m'entraîne, par digression, à l'examen d'une question qui a son intérêt.

Le gouvernement de l'Empereur, en mettant au-dessous du prix d'abonnement des autres journaux le prix d'abonnement du *Moniteur*, en faisant tous ses efforts pour réunir dans la rédaction littéraire de ce journal les écrivains les plus goûtés, les plus célèbres, semble prouver qu'il veut être défendu par un organe quotidien jouissant d'une grande publicité ; ne serait-il pas logique de tenir à ce que la direction politique du *Moniteur* fût surtout, aussi, très-surveillée?

Le président du Conseil d'État est chargé, aux termes de la Constitution, de défendre les actes et les projets de lois du Gouvernement devant le Sénat et le Corps législatif ; pourquoi ne défendrait-il pas aussi, dans le *Moniteur*, la politique du Gouvernement ? Les articles signés ou non signés émaneraient alors d'une source officielle, et n'en auraient que plus d'autorité. La politique du *Moniteur,* dirigée par le président du Conseil d'État, assistant à tous les conseils des ministres, défendant tous les projets de lois devant les assemblées délibérantes, offrirait plus d'unité, plus de suite. Au moins faudrait-il que M. le président du Conseil d'État fût chargé de la direction *parlementaire* dans le *Moniteur*. Une publicité opportune serait alors assurée à la reproduction textuelle des discours de MM. les commissaires du Gouvernement, comme réponse officielle aux discours imprimés de MM. les députés.

Le *Moniteur* a surtout pour mission de rectifier les autres journaux. Je ne commets point d'indiscrétion, je rappelle seulement un fait public, en disant qu'il suffit à peine aujourd'hui à se rectifier lui-même. Tantôt il estropie les noms, même ceux des ministres, tantôt il donne à un département ministériel des attributions qui appartiennent à un autre ministère. Le lendemain de la mort de M. Fortoul, le *Moniteur*, de son autorité privée, faisait M. Abbatucci ministre de la justice et *des cultes*, scindant ainsi les attributions du ministère de l'instruction publique ; tantôt, enfin, il commet des erreurs et des méprises dans la désignation des titres officiels des maisons régnantes.

Sous le premier Empire, sous la Restauration, sous la monarchie de Juillet, le *Moniteur*, annales officielles, lues, consultées par tous les hommes politiques et par toutes les chancelleries, a toujours eu pour directeur, pour rédacteur en chef, des hommes sérieux, compétents, répertoires vivants de faits, de dates, de tout le personnel des Gouvernements de France et de l'étranger.

Qui ne se rappelle l'honorable M. Sauvo? Sa vie entière se passa au *Moniteur*. Que de gouvernements, que de régimes, que de systèmes divers il vit se succéder! Combien de ministres ne firent que passer devant lui! Fin observateur, il surprenait tous les secrets de la comédie, il vivait dans les coulisses de la politique ; il savait tout, il savait ce qu'on ne pouvait pas, ce qu'on ne devait pas dire. Si le *Moniteur* eût commis une erreur de nom, une erreur de date, une indiscrétion plus ou moins compromettante, il en serait devenu fou. Dans ses longues audiences du matin, il commençait par demander aux ministres leurs instructions ; mais bientôt c'étaient les ministres eux-mêmes qui l'interrogeaient, qui le consultaient, et il n'était pas toujours de leur avis. On prenait plaisir à le faire deviser sur les choses et sur les hommes du passé. Bienveillant, mais plein de malice, et grand philosophe, M. Sauvo se souvenait surtout, dans ses récits, du côté plaisant des événements, du côté comique des personnages ; il se rappelait la date, le jour, l'heure des faits importants devenus historiques ; il les mettait en scène ; il vous disait si ce jour-là il pleuvait ou s'il faisait beau ; d'un seul mot il peignait la physionomie, l'attitude, l'état de l'âme des héros de ces grandes journées ; il n'oubliait pas un seul des bons mots qui, à ce propos, avaient couru la ville. M. Sauvo était un Moniteur en chair et en os, un Moniteur petite édition, revue et augmentée, un Moniteur spirituel et anecdotique.

Je reviens au Conseil d'État.

J'ai déjà eu l'occasion de dire que les relations fréquentes entre MM. les députés et MM. les conseillers avaient presque amené une entente cordiale entre le Conseil d'Etat et le Corps législatif; mais il se produit encore, dans ces fréquentes et intimes relations, un échange d'idées profitable, une mutuelle conversion qui porte ses fruits : le Conseil d'Etat fait pénétrer dans le Corps législatif des doctrines gouvernementales ; le Corps législatif, à son tour, dans son indépendance, fait connaître au Conseil d'État à quelles limites doivent s'arrêter les initiatives du pouvoir.

Le projet de loi sur les pensions des hauts fonctionnaires rencontra, comme je l'ai dit, une vive opposition dans les bureaux et dans la commission de la Chambre, qui eurent à l'examiner ; ce projet de loi dut lui-même être profondément modifié, pour que le rapport de la commission en proposât l'adoption au scrutin. Le Conseil d'État, dans une de ses récentes délibérations, s'est souvenu des observations, pleines de déférence, qui se produisirent dans la Chambre à propos de ce projet de loi.

L'Empereur a cru devoir soumettre au Conseil d'État un décret accordant une pension de 20,000 francs à la veuve du général Petit, *commandant* de l'hôtel des Invalides. N'oubliant pas que la Chambre avait vivement regretté que ce titre de *hauts fonctionnaires* n'eût pas reçu dans le projet de loi une définition précise, le Conseil d'Etat vient, par un vote, de consacrer à ce sujet un précédent : il a conclu que le général Petit n'ayant été élevé qu'au grade de général de division, n'ayant eu que le titre de *commandant* et non celui de *gouverneur* de l'hôtel des Invalides, ne pouvait être classé parmi les *hauts fonctionnaires.*

Toutefois, le Conseil d'État, dans le procès-verbal de sa délibération, rappelle que le général Petit a rempli un rôle historique dans la scène des *adieux de Fontainebleau,* et, tout en décidant que le général ne peut être classé parmi les hauts fonctionnaires, il estime que les droits de sa veuve à une pension extraordinaire et que le chiffre de cette pension pourraient être soumis à l'appréciation et au vote du Corps législatif.

Je me résume.

Le Conseil d'État est composé, en grande majorité, de savants légistes, ayant fait un long apprentissage politique dans les assemblées délibérantes, ou comptant de nombreuses années d'exercice, soit dans la diplomatie, soit dans la haute administration.

D'après la Constitution de 1852, le rôle du Conseil d'État est des plus considérables et des plus actifs.

Il exerce un contrôle permanent sur l'administration, il rend la justice administrative; tout projet de loi vient dans son sein subir un double degré d'examen, d'abord dans la section compétente qui en est saisie, puis en séance générale, au milieu des lumières de tout le Conseil d'État.

Dès l'origine, voulant créer la tradition, l'Empereur est venu lui-même présider les séances où s'agitaient les questions de haute portée. Le ministre signataire du projet était présent, mais quelquefois l'initiative de ce projet remontait plus haut.

Des faits nombreux prouvent, d'une part, avec quelle indépendance les avis du Conseil d'Etat ont été donnés, et de l'autre, avec quelle considération ils ont été reçus.

Dans le courant de l'année 1852, le Conseil d'État est saisi d'une question de l'ordre moral le plus élevé, d'une nouvelle loi sur l'enseignement qui portait atteinte à la transaction législative opérée entre l'Université et le Clergé par la loi de 1850. L'Empereur présidait, tous les ministres étaient présents, et le consciencieux auteur du projet défendit son œuvre avec un rare talent; le débat fut profond, animé, digne de la grandeur du sujet; mais des raisons si fortes, si concluantes se produisirent contre ce projet de loi, que le lendemain il fut retiré.

Peu de temps après, voulant justifier et encourager lui-même les manifestations d'indépendance du Conseil d'État, l'Empereur venait présider la discussion d'un projet de loi d'organisation politique. Certains principes fondamentaux en matière d'élection municipale étaient grièvement entamés par ce projet de loi; vigoureusement défendus par le Conseil d'État, ces principes fondamentaux furent respectés et maintenus.

Lorsque le Conseil d'État eut à discuter le premier budget de l'Empire, les avant-projets dont il avait été saisi par les divers ministères faisaient monter l'excédant des dépenses sur les recettes à une somme de 60 millions.

Après un travail immense, après une enquête minutieuse, après des luttes répétées entre les sections et les ministres, le budget général rectifié réduisait de 43 millions l'insuffisance des projets primitifs. A la vérité, tous les départements ministériels réclamaient ; ce grand procès restait à juger en assemblée générale. L'Empereur convoque le Conseil d'État, sous sa présidence, au Palais des Tuileries ; il veut être l'arbitre de ce long débat. Plusieurs séances furent consacrées à la discussion ; elle fut libre et animée ; en fin de compte, grâce à toutes les réductions auxquelles adhéra l'Empereur, grâce au remaniement des recettes calculées sur les dernières augmentations des produits, on arriva à présenter au Corps législatif un budget non-seulement en équilibre, mais se soldant avec un léger excédant de recette.

Ce fut encore à l'indépendance et à la franchise des opinions exprimées devant l'Empereur, en assemblée générale du Conseil d'État, que l'on dut la suppression du ministère de la police générale. Ce ministère, de récente création, n'avait-il pas, entre autres inconvénients, celui de rappeler des temps de crise et de péril au milieu de la paix publique rétablie?

Il n'en est pas aujourd'hui du Conseil d'État comme du conseil des ministres; le conseil des ministres, en effet, ne formule plus ses opinions par un vote décisif, qui place la couronne dans cette alternative: ou d'adopter la politique de ses conseillers, ou de s'en séparer en formant un nouveau cabinet.

Les délibérations du Conseil d'État sont toujours, au contraire, suivies d'un vote décisif pour les questions qui lui sont soumises. Au contentieux, il prononce en dernier ressort.

Pour me servir ici d'une métaphore pittoresque de M. de Parieu, je dirai que, par le suffrage universel, l'Empereur s'est attaché au sol de la France par des racines vigoureuses et profondes, par des racines de chêne; mais j'ajouterai qne le Sénat, le Corps législatif et le Conseil d'État sont des ramifications fécondes et actives de ce grand et robuste pouvoir.

L'INSTITUT

I

Où en sommes-nous avec l'Institut ?

L'Institut, cette réunion des hommes les plus distingués, les plus célèbres dans les sciences, les lettres et les arts, a joué un rôle politique pendant les cinq années qui viennent de s'écouler.

L'Institut, comme on sait, se compose de cinq Académies : l'Académie des sciences, l'Académie des inscriptions et belles-lettres, l'Académie des beaux-arts, l'Académie des sciences morales et politiques, et enfin l'Académie française.

La plupart des hommes politiques éminents, anciens ministres, orateurs illustres, qui ont le plus influé sur les régimes précédents, faisaient et font encore partie de quelques-unes de ces compagnies. Il était difficile qu'on ne les y retrouvât pas avec leurs idées, avec leurs passions, avec leurs regrets, même dans des moments de nobles récréations et à des heures d'intimes loisirs.

Au lendemain du 24 février 1848, l'Institut reçut du ministre Carnot une certaine impulsion dans l'ancien sens républicain. Ce nouveau ministre de l'instruction publique voulut que l'Institut tînt des séances trimestrielles générales, non publiques, dans lesquelles les membres des cinq Académies, qui souvent ne se connaissaient pas, se trouvassent réunis.

Ces séances générales eurent lieu ; il n'y manquait qu'une chose : un sujet de discussion, et c'est encore presque toujours ce qui fait défaut ; on ne sait, le plus souvent, qu'y dire ni qu'y faire. Plus d'une fois, on eut recours à l'obligeance du savant M. Babinet, pour qu'il voulût bien improviser une leçon, devant les cinq Académies, sur les curiosités du ciel et de la terre, comme dans une séance d'Athénée.

Dans la pensée du ministre Carnot, les sujets à traiter au sein de ces conférences ne devaient point faire faute. A l'époque de sa fondation, et dans les années voisines de l'an III, l'Institut, en effet, n'en était point encore à éviter les grandes questions philosophiques, politiques, philanthropiques et sociales, dût-on se rapprocher quelquefois de la déclamation et du lieu commun. C'est ainsi qu'Arago concevait l'Institut dans son ensemble ; il l'entendait volontiers ainsi, même pour l'Académie des sciences ; il ne craignait pas la déclamation, mais la précision de ses études le retenait.

Sous la dictature du général Cavaignac, l'Institut s'accommoda fort bien d'être consulté par ce général, homme de doctrine ; et l'Académie des sciences morales et politiques, notamment, vint en aide, sur son invitation, à la défense de la société et de la propriété par une foule de petits livrets, destinés à convertir les masses. M. Thiers fit sa brochure sur la propriété, que je publiai dans le *Constitutionnel*. Chacun fit la sienne. M. Mignet écrivit une *Vie de Franklin*, qui devait apaiser et civiliser les prolétaires. C'est par ces œuvres académiques, au style élégant et tempéré, qu'on espérait lutter contre les doctrines menaçantes du socialisme. Il y avait à cette époque accord parfait entre l'Institut et le Gouvernement.

Le coup d'État du 2 décembre changea du tout au tout cette situation. Sans doute, l'Académie des beaux-arts et l'Académie des inscriptions et belles-lettres, ne comptant dans leur sein que des artistes et des érudits, ne devaient guère s'émouvoir des grands événements accomplis ; le sol ne tremblait plus, la société retrouvait un calme favorable aux travaux pacifiques et aux recherches savantes; mais on ne pouvait demander aux autres Académies, composées, en grande partie, d'hommes politiques émérites ou écartés, qui avaient précédemment joué un si grand rôle, de prendre brusquement l'esprit du régime inattendu qui s'inaugurait contre leurs vœux. Un certain nombre de membres, les plus influents de l'Académie des sciences morales et politiques et de l'Académie française, étaient même momentanément exilés. Il y eut donc des irritations inévitables, des peines de famille et des blessures d'amitié.

Peu s'en fallut, si l'on rapproche certains faits, que quelques classes de l'Institut ne devinssent pour les mécontents ce qu'étaient, dans l'ancienne France, les places de sûreté pour les grands seigneurs disgraciés, ou pour les calvinistes vaincus. Ils s'y cantonnaient pour résister au Gouvernement central.

Dans les séances publiques qui se succédèrent pendant les deux premières années de l'Empire, on vit les présidents ou les secrétaires perpétuels de quelques Académies se complaire, par le choix des sujets, par les artifices de style, voire même par des inflexions de voix facilement comprises, à des allusions qui faisaient la joie et les délices de l'auditoire sur lequel on pouvait compter, et des salons d'alors auxquels on voulait plaire. L'Académie des sciences morales et politiques, surtout, réunissait un si grand nombre de parlementaires grondeurs et mécontents, que ceux de ces membres qui, adhérant au régime actuel, occupaient le rang le plus éminent, se trouvaient comme perdus et isolés. Les confrères d'une opinion et d'une religion politique opposées ne se regardaient pas, ne se saluaient pas; les hauts fonctionnaires de l'Empire étaient là en pays ennemi. Les choix de cette Académie se produisaient de plus en plus, à chaque vacance, dans le sens d'une opposition flagrante au régime présent, ou du moins d'une fidélité affichée au régime passé. M. Odilon Barrot fut un de ces derniers choix qui donnèrent le plus à penser. On ne pouvait prévoir où s'arrêterait ce mouvement, cet entrain de la nouvelle Fronde académique; on serait peut-être bientôt ainsi remonté, comme gamme d'opposition, ou descendu, comme talent de tribune, jusqu'à M. Duvergier de Hauranne.

Les cinq secrétaires perpétuels des Académies, qui ont une si grande influence sur la direction et sur la marche de chaque compagnie, étaient, après 1852 :

MM. NAUDET, pour l'Académie des inscriptions et belles-lettres;

RAOUL-ROCHETTE, pour l'Académie des beaux-arts;

MM. MIGNET, pour l'Académie des sciences morales et politiques;

VILLEMAIN, pour l'Académie française;

ARAGO, conjointement avec M. FLOURENS, pour l'Académie des sciences.

Ce n'est pas manquer à la discrétion que de remarquer que trois au moins de ces secrétaires perpétuels appartenaient, plus ou moins vivement, d'une manière notoire, à l'opposition et au mécontentement politique : — mécontentement républicain chez M. Arago, mécontentement parlementaire et constitutionnel chez MM. Mignet et Villemain.

La mort de M. Arago fit surgir, pour la place de secrétaire perpétuel de l'Académie des sciences, des candidatures dont l'une surtout, celle de M. Pouillet, le savant physicien, se produisait avec un caractère d'opposition assez marqué. M. Pouillet, ancien professeur des princes de la maison d'Orléans, avait été destitué par le Président de la République, comme directeur de l'École des arts et métiers, pour trop d'hésitation et trop de faiblesse lors d'une des dernières émeutes. Toutefois, l'Académie des sciences, composée d'esprits positifs, de savants qui se payent peu de théories vagues, ne crut pas devoir faire un pas dans cette voie, qui ne mène à rien de bon pour l'avancement de la societé et les progrès de la science.

Le Gouvernement, à qui la nomination de M. Pouillet, si distingué d'ailleurs par la lucidité de ses expositions, n'aurait pu être agréable, dut voir avec plaisir l'élection de M. Élie de Beaumont, qui, à l'égal de son collègue M. Flourens, n'a de passions que pour des études incessantes, et d'enthousiasme que pour de nouvelles découvertes.

L'Académie des sciences ne s'arrêta pas là. M. le maréchal Vaillant, qui commandait en chef l'expédition de Rome, fut élu à la place d'académicien libre, devenue vacante par la mort du maréchal duc de Raguse.

Une autre succession, celle de secrétaire perpétuel de l'Académie des beaux-arts, s'ouvrit bientôt à l'Institut: on eut à remplacer M. Raoul-Rochette.

Un homme bien distingué dans les lettres et dans les arts, passionné pour la religion du dessin en peinture, M. Vitet, se mit sur les rangs; mais, on se le rappelle, M. Vitet avait été le dernier président de l'Assemblée législative, le jour où elle cessa d'exister. Par la diversité de ses talents et de ses connaissances, M. Vitet se présentait avec des chances sérieuses; mais, par la complication de ses aptitudes et de ses rôles, son élection parut dangereuse jusqu'à devenir impossible.

Un charmant esprit, un grand compositeur, dont les œuvres savantes, spirituelles, originales, pleines surtout de sensibilité, de tendresse, ne mourront pas avec lui, M. Halévy, fut appelé à recueillir la succession de M. Raoul-Rochette; et dans plus d'une séance publique, il s'est déjà acquitté de sa tâche de secrétaire perpétuel aux applaudissements de ses collègues et de la société d'élite accourue pour l'entendre.

Évidemment, si l'Académie des sciences eût remplacé M. Arago par M. Pouillet, si l'Académie des beaux-arts eût remplacé M. Raoul-Rochette par M. Vitet, le nombre des secrétaires perpétuels peu favorables à l'Empire, et disposés à lui faire des grimaces dans les solennités publiques, représentait presque l'unanimité; c'eût été un danger. L'Institut ne pouvait se jeter ni dans les bouderies ni dans les coups de tête, et il ne voulut point que, sous son nom, dans son enceinte, on tirât périodiquement de cinq petites citadelles, ne fût-ce que des feux d'artifice, contre le Gouvernement.

Cependant, l'Académie des sciences morales et politiques et l'Académie française, où les mêmes écrivains forment la majorité, restaient toujours très-aliénées et trouvaient, dans la variété des sujets traités en séance publique, de fréquentes occasions d'escarmouches et d'ironies légères : on se jouait en frondant.

Le choix de l'Académie française, pour remplacer les membres qu'elle perdait, prenait de plus en plus une signification hostile ; les titres littéraires semblaient moins compter que les souvenirs constitutionnels et politiques ; la majorité dans les élections était surtout acquise à d'anciens ministres, à des hommes même du parti ecclésiastique et clérical, mais qui s'étaient montrés actifs et s'étaient rendus utiles dans les coalitions parlementaires : l'Académie française payait ainsi toutes les vieilles dettes des anciennes alliances et des fusions nouvelles.

M. Berryer, élu avant le 2 décembre, n'avait point encore fait son entrée dans l'illustre compagnie, et son discours de réception, impatiemment attendu, promettait pour l'Académie une bonne journée.

Ce discours fut enfin prononcé le 22 février 1855.

Ce fut M. de Salvandy qui répondit au récipiendaire : ainsi, les deux discours de cette séance de guerre portaient chacun leur drapeau d'opposition, de nuances différentes, mais qui, ce jour-là, se rapprochaient et se confondaient.

Ces deux manifestes furent vite imprimés et réunis en brochure, et l'on put lire sur les vitres de tous les libraires et de tous les cabinets de lecture : DISCOURS DE MM. BERRYER ET SALVANDY.

Ce petit esclandre académique n'eut cependant pas fait grand bruit, si le refus du nouvel académicien d'être présenté, selon l'usage, au chef de l'État, n'avait aggravé les interprétations et fait durer les commentaires.

Deux lettres furent échangées, à l'occasion de cette audience impériale, entre M. Berryer et M. Mocquard, chef du cabinet de l'Empereur. Publiées d'abord dans les journaux étrangers (en anglais et en français dans les journaux de Londres), puis répétées dans quelques journaux de Paris, ces deux lettres furent certainement plus remarquées et plus lues que les deux discours. M. Mocquard eut, de l'avis de tous, l'avantage sur son éloquent confrère. Sa réponse eut un grand succès de bon goût, de traits et de malices.

Nous reproduisons ici cette curieuse correspondance.

LETTRE DE M. BERRYER.

« Paris, 22 février 1855.

» Je fais appel aux souvenirs de mon ancien confrère M. Mocquard, pour réclamer de lui un bon office. Je viens d'être reçu à l'Académie française. Il est d'usage, à peu près constant, que chaque nouvel académicien aille présenter aux Tuileries son discours de réception. La situation particulière qui m'a été faite en décembre 1851 rend cette présentation tout à fait impossible de ma part.

» Je crois avoir acquis, il y a quinze ans, le droit de m'abstenir aujourd'hui d'une formalité dont l'accomplissement ne serait peut-être pas pénible pour moi seul. M. Mocquard sait bien que, par principe comme par caractère, j'ai autant de répugnance pour le bruit inutile et les vaines manifestations que pour un manque d'égards personnel. Je le prie de vouloir bien, sans retard, faire connaître la détermination qu'un sentiment honorable m'impose.

» Je prie M. Mocquard de recevoir les compliments de ma vieille confraternité.

» *Signé* : BERRYER,

» Avocat, ancien membre de l'Assemblée législative. »

RÉPONSE DE M. MOCQUARD.

« L'ancien confrère s'est empressé de se rendre à l'appel de M. Berryer : la réponse suivante en est la preuve.

» L'Empereur regrette que, dans M. Berryer, les inspirations de l'homme politique l'aient emporté sur les devoirs de l'académicien. Sa présence aux Tuileries n'aurait pas causé l'embarras qu'il semble redouter. De la hauteur où elle est placée, Sa Majesté n'aurait vu dans l'élu de l'Académie que l'orateur et l'écrivain, dans l'adversaire d'aujourd'hui que le défenseur d'autrefois.

» M. Berryer est parfaitement libre d'obéir, ou à ce que lui prescrit l'usage, ou à ce que ses répugnances lui conseillent.

» L'ancien confrère est heureux, dans cette circonstance, d'avoir pu rendre à M. Berryer ce qu'il appelle, ce qu'il croit un bon office. Il lui offre les compliments de sa vieille et cordiale confraternité.

» *Signé* : MOCQUARD,

» Secrétaire de l'Empereur. »

II

Ce fut alors, et sur cette espèce d'éclat, que le ministre qui dirigeait l'instruction publique, et dont la perte récente a causé de si légitimes regrets, pensa qu'il y avait *quelque chose à faire.*

M. Hippolyte Fortoul, ancien professeur de littérature à la Faculté de Toulouse, doyen à la Faculté des lettres d'Aix, très-lettré, disert, agréable, aimait l'Université, et, dans une position assez difficile, lui a rendu bien des services *mixtes*, qui sont mieux appréciés maintenant qu'il n'est plus. Il aimait également l'Institut de France, et le tenait pour le premier corps savant du monde ; il avait vivement désiré en faire partie, non pas comme simple amateur, comme membre libre, mais à titre de travailleur et d'homme de lettres.

Après une première opposition, bientôt très-adoucie, l'Académie avait élu M. Fortoul en remplacement de M. Raoul-Rochette.

Quoique membre de l'Académie, M. Fortoul n'en remit pas moins à l'Institut un décret de l'Empereur, daté du 14 avril 1855. Ce décret devint l'objet des plus vives discussions, des plus bruyantes réclamations, au sein des diverses classes.

Les cinq Académies croyaient, chacune, leurs droits plus ou moins atteints, plus ou moins méconnus. Des observations furent présentées au ministre; mais le bureau de l'Académie française, présidé alors par M. le duc de Noailles, profitant du privilége dont jouit cette compagnie, d'être directement protégée et accueillie par le chef de l'État (Monarchie, République ou Empire), demanda et obtint une audience de l'Empereur. Dans un langage plein de dignité et de respect, M. le duc de Noailles plaida la cause de l'Institut. L'Empereur, avec une fermeté bienveillante, promit d'examiner les observations qui lui étaient soumises. Le récit de cet entretien courut les salons, avec bien des variantes et des commentaires.

Toutefois, la partie essentielle du décret, quand tous les autres articles ne s'appliqueraient pas et seraient comme non avenus, a été acceptée, et s'est accomplie sans résistance, sans protestation. Ce décret nommait, en effet, dix membres nouveaux de l'Académie des sciences morales et politiques, choisis par le Gouvernement; ces dix membres composaient une section nouvelle sous ce titre : *Politique, administration, finances*.

Voici les noms et les titres de ces dix membres nouveaux :

MM. AUDIFFRET (le marquis d'), si connu par ses travaux financiers et ses lumineuses analyses des budgets;
BARTHE, premier président de la cour des comptes;
BINEAU, ancien ministre des finances, mort peu de temps après;
CLÉMENT (Pierre), connu par des travaux littéraires sur Colbert et les anciens contrôleurs généraux;
CORMENIN (le vicomte), l'un des écrivains opposants les plus vifs sous le règne de Louis-Philippe;
GRÉTERIN, directeur général des douanes;
LAFERRIÈRE, l'un des doyens les plus éclairés de la Faculté de droit;
LEFÈVRE (Armand), ancien ministre de France à l'étranger, conseiller d'État, et l'auteur d'une *Histoire diplomatique* de l'ancien Empire, très-estimée des gens du métier;
MESNARD (le président), vice-président du Sénat, et l'auteur d'une traduction de la *Divine Comédie* du Dante;
PELET (le général baron), qui a présidé à d'intéressantes publications des *Campagnes du règne de Louis XIV*.

Par cette création de dix membres nouveaux, l'esprit d'opposition de l'Académie des sciences morales et politiques s'est trouvé assez modifié et assez averti pour que cette compagnie ait paru renoncer à son jeu et se résigner à la loi des temps.

Il est impossible aussi que l'Académie française, dont le bureau a demandé et obtenu plus d'une fois des audiences particulières du chef de l'État, ne se lasse pas d'un rôle qui cesserait d'être piquant et spirituel. Le bureau de l'Académie, ayant entendu de la bouche de l'Empereur des paroles gracieuses, mêlées à quelques légers reproches, très-modérés, se serait même, dit-on, attaché à se justifier de ces reproches en protestant de la sincérité toute loyale de ses intentions.

A l'heure qu'il est, on peut dire que l'Institut tout entier, à part quelques individualités récalcitrantes, et qui elles-mêmes se modèrent, est rentré en accord et en harmonie avec le régime qui adopte toutes les gloires et cherche à réunir en faisceau tous les éléments de grandeur de la France.

L'Académie a, sous tous les règnes, demandé à la langue française bien des phrases adulatrices, bien des tours ingénieux de courtisanerie; qu'elle renonce, si elle le veut, à ces formules usées de la louange, mais qu'elle ne se tienne pas du moins à distance du pouvoir; qu'elle s'en rapproche pour lui soumettre, avec autant de dignité que de respect, les mesures, les innovations inspirées par l'amour des lettres et profitables à l'avenir de ceux qui les cultivent. L'Empereur comprend tout, et comprend vite; il s'éprend d'une vive ardeur pour tout ce qui peut jeter de l'éclat sur son règne; son grand talent d'écrivain ne lui donne-t-il pas, d'ailleurs, un droit de bourgeoisie dans la république des lettres?

Béranger disait devant quelques-uns de ses amis : « Rien que pour ses proclamations, je nommerais Napoléon III membre de l'Académie française. »

DES JOURNAUX

ET

DES LIVRES

I

DES JOURNAUX

Un des jeux de salon qui met le plus en relief l'esprit d'à-propos consiste à tirer au hasard une question écrite à laquelle on doit promptement répondre. Dans une des soirées intimes du palais des Tuileries, la question suivante échut à l'Empereur, qui prenait part à ce jeu : *Comment distinguer le mensonge de la vérité?* — « Ouvrez les portes à la vérité et au mensonge, répondit l'Empereur ; ce sera le mensonge qui entrera le premier. »

C'est peut-être, en effet, le mensonge qui se glisse d'abord dans les journaux; mais la vérité, du moins, finit toujours par en forcer les portes.

Dans une nuit profonde, au contraire, on voit

apparaître des fantômes qu'un peu de lumière ferait évanouir. Le silence fait penser, et les pensées qui nous assiégent pendant un long silence sont, le plus souvent, pleines d'inquiétudes, de défiances et de craintes. Je n'hésite pas à croire que si, malgré toutes les grandes choses accomplies en quatre ans de règne, il se produit aujourd'hui quelques mauvais courants dans l'opinion publique, il faut s'en prendre au silence exagéré de la presse. Le drame émouvant de la guerre d'Orient, les terribles péripéties de ce long siége de Sébastopol, les rapports si impatiemment attendus des deux généraux en chef, Canrobert et Pélissier, répétés et commentés par des correspondances particulières, dans les journaux, ont largement suffi pendant deux années à intéresser, à passionner l'opinion publique; mais, aujourd'hui, le calme plat de la politique, l'immobilité apparente d'un gouvernement, qui semble ne pas agir parce qu'on parle peu de ce qu'il fait, ne peuvent-ils point suggérer des préventions hostiles, des suppositions fausses et injustes?

J'ai à examiner dans ce chapitre quelle a été la situation des journaux depuis quatre ans de règne, et quels adoucissements pourraient être apportés au régime sous lequel ils vivent.

J'ai vécu moi-même sous la législation encore en vigueur; directeur du *Constitutionnel*, mes jours étaient sans repos, mes nuits sans sommeil.

Un *fait-Paris* inexact, des renseignements trop précis, un article politique prêtant aux réclamations d'un ambassadeur, d'un ministre étranger, et je ne sais quels délits, toujours réparables par des rectifications, peuvent aujourd'hui attirer sur la tête des journaux les foudres des *avertissements*. Ce n'est pas tout : outre ces sévères pénalités, les journaux subissent encore une censure préventive ; on les avertit avec obligeance, par amitié, de ne pas parler de telle affaire, de tel fait, de tel personnage : de là ce morne silence qui peut contenir des dangers. Citons à ce sujet un fait curieux.

Il ne se produit pas une modification ministérielle, il ne se forme pas un nouveau cabinet en Angleterre, aux États-Unis, en Russie, en Portugal, en Espagne (et les crises ministérielles ne sont pas rares à la cour de Madrid), en Turquie, en Danemark, en Piémont, au Brésil, en Perse, en Chine, sans que les journaux français s'empressent de se renseigner sur les hommes nouveaux qui arrivent au pouvoir; toute la presse française publie alors la biographie des hommes d'État qui, sur les plus lointains rivages, doivent prendre une part active à l'administration et aux affaires de leur pays ; mais sur les hommes nouveaux que la confiance de l'empereur Napoléon III appelle dans ses conseils, toute la presse française, par calcul ou par prudence, reste muette.

M. Rouland est nommé par l'Empereur *ministre de l'instruction publique et des cultes*, en remplacement de feu M. Fortoul. Compté dans la magistrature, M. Rouland, comme homme d'État, est un homme nouveau; il n'a figuré que peu de temps comme député sous le régime parlementaire; ses opinions, ses tendances politiques se sont donc peu produites; un nombreux public en France ne le connaît point; aucun journal n'en a dit mot, et il vient grossir la liste de ce nombreux personnel de hauts fonctionnaires qui, par le silence obstiné de la presse, constitue un Gouvernement anonyme.

Ainsi, nous sommes minutieusement renseignés sur ceux qui gouvernent au loin le plus petit et le plus humble des empires, et nous ne savons rien ou peu de chose sur la plupart des hommes d'État qui, en France, honorés aujourd'hui de la confiance de l'Empereur, sont écoutés et consultés par lui.

Sous tous les régimes se sont rencontrés des écrivains convaincus, qui n'ont pas craint de s'exposer personnellement aux amendes et à la prison pour la prédication de leurs doctrines, mais, il faut le dire à la louange des écrivains d'aujourd'hui, c'est la crainte de compromettre la propriété et la fortune d'autrui qui arrête leur plume et leur impose la plus persévérante circonspection, le plus profond silence.

Les journaux importants sont des propriétés collectives, dont les parts sont très-divisées. Ces propriétés existent à l'état de société en commandite, avec un gérant responsable. La législation de la presse menace aujourd'hui la propriété elle-même, la propriété de tiers aussi étrangers à la rédaction qu'à l'administration. Deux arrêts de justice, après réquisitoire et débats, un décret après deux avertissements, peuvent également ordonner la suspension et même la suppression du journal, c'est-à-dire la ruine plus ou moins complète de tiers possesseurs d'actions, qui n'en peuvent mais.

Je ferai remarquer, d'ailleurs, que tous les actes de société qui régissent les grands journaux politiques, pour la plupart de très-ancienne date, ont été rédigés sans aucune prévision possible de l'état de choses actuel.

Peut-être dira-t-on que la loi n'a pas eu pour but de faire des victimes, de ruiner des propriétaires, mais seulement de prévenir les dangereux excès de la presse.

Le but est dépassé. On a voulu rendre les journaux prudents; ils se sont faits muets, et par leur silence, ils ont ainsi mis en relief les rigueurs et les violences possibles de la loi.

M. Émile de Girardin, qui, soit dans le journal *la Presse*, soit dans des brochures politiques, publiait *une idée par jour*, a surtout donné le signal de cette politique d'abstention, de cette politique expectante. Il a fait plus, il a abandonné la *Presse*, qu'il avait fondée; il n'a plus voulu de cette vie de journaliste, qui n'est plus une vie utilement militante. Dans une lettre à un ami, qu'on a rendue publique, M. Emile de Girardin donne ses raisons; voici cette lettre :

« Oui, mon ami, l'invraisemblable peut quelquefois être vrai. Le fait est accompli. J'ai renoncé à la direction de la *Presse*, dont j'étais, ainsi que vous vous le rappelez, le fondateur, le principal propriétaire, l'un des deux gérants et le rédacteur en chef. Mon acquéreur, M. Millaud, m'a succédé en qualité de cogérant de M. H. Rouy, jeune administrateur de vingt-cinq ans, doué d'une rare capacité; mon second, M. Nefftzer, dont vous connaissez le caractère éprouvé et l'esprit exercé, m'a remplacé en qualité de rédacteur en chef. MM. Darimon et Feuillide sont restés; MM. Peyrat et Pelletan se sont retirés. Pourquoi se sont-ils retirés? C'est ce que je ne saurais exactement vous dire, quoiqu'ils l'aient expliqué. Depuis l'adoption de la proposition Tinguy, qui est devenue l'article 3 de la loi du 16 juillet 1850, chacun, dans un journal, n'est plus responsable légalement, politiquement, moralement, que de ce qu'il a signé. Il y a responsabilité, il n'y a plus solidarité. M. Proudhon et M. de Césena pourraient écrire dans la même feuille sans que le rapprochement de leurs articles impliquât, comme en 1848, communautés d'idées. Depuis la loi de juillet 1850, un journal, dans la réalité du fait, n'est plus qu'une poste aux articles, qu'une voie de communication des opinions. Le chemin de fer qui conduit ceux qui vont de Paris à Bordeaux ramène également ceux qui reviennent de Bordeaux à Paris ; il est divisé en stations où chacun, soit en allant, soit en venant, peut s'arrêter à son gré sans être tenu de franchir la distance tout entière. Pourquoi n'en serait-il pas des opinions qui circulent comme il en est des personnes qui voyagent ainsi en sens contraires ou à distances inégales ? — Mais que dirait la Routine ? — Elle dirait ce qu'elle voudrait ; vous savez, mon cher ami, qu'elle ne siégeait pas d'habitude dans mon conseil, et que, sciemment, je n'ai jamais pris son avis. Selon moi, Peyrat a courbé la tête sous la Routine, tandis que Darimon, lui, s'en est affranchi. Qui connaît l'esprit des deux hommes ne s'en étonnera pas. Peyrat est un infatigable liseur, qui se complaît dans l'étude du passé ; Darimon est un patient chercheur qui, lui, préfère l'étude de l'avenir. Tous les deux, en tenant une conduite opposée, ont été conséquents. Je donne raison à Darimon et tort à Peyrat, parce que je réprouve le communisme, sous quelque forme qu'il se cache, sous quelque toit qu'il s'abrite. Si le journal où personne ne signe, où chacun répond pour tous, où tous répondent pour chacun, où il est impossible de reconnaître et de séparer ce qui appartient à l'un de ce qui appartient à l'autre, où la responsabilité ne se divise point et ne s'individualise pas ; si un tel journal n'est pas le communisme, déguisé sous le faux nom d'unité, qu'est-ce donc que le communisme ? Je sais que cet avis n'est pas le vôtre, mais il a toujours été le mien ; aussi la proposition Tinguy, que je considérais et que je considère comme un véritable progrès, comme un heureux retour aux principes, n'a-t-elle pas eu, dans les rangs de l'opposition de l'Assemblée législative, dont je faisais partie, d'adhérent plus fervent et plus actif que moi. Que la puissance du journal y ait perdu, peu m'importe si la liberté de l'écrivain y a gagné. J'ai toujours été, je suis et je serai toujours pour toutes les libertés contre tous les despotismes.

» Vous prétendez que je regretterai ce qu'il vous plaît de nommer « un acte d'abdication. » Cet acte, pourquoi le regretterais-je? J'y étais préparé depuis deux ans, car, depuis août 1854, je n'exerçais plus les fonctions de rédacteur en chef de la *Presse* que nominalement et passivement. Or, qu'est-ce qu'un rédacteur en chef qui dirige et ne rédige pas? C'est une sorte de Procuste raccourcissant les articles qu'il trouve trop longs, rallongeant les articles qu'il trouve trop courts, ajoutant un mot ou en retranchant un, redressant une phrase ou la torturant; c'est une sorte de caporal commandant à ses quatre hommes d'aligner le pas, le doigt sur la couture du pantalon; c'est une sorte de pape visant à l'unité et finissant par croire à son infaillibilité... Vous qui me connaissez, mon ami, comment pouvez-vous supposer que je regretterai la perte d'une situation où toute la besogne consiste à s'attribuer une importance qu'on n'a pas?

» Le journalisme a une raison d'être en Angleterre, en Belgique, aux États-Unis, où la presse est libre, et où elle peut, en élucidant les questions, en dévoilant les abus, finir par déplacer telle majorité, par renverser tel ministère, par faire élire tel président; mais quelle raison de subsister le pauvre journalisme a-t-il en France, depuis que les ministres ont cessé d'y être responsables, et que, d'électif, le chef de l'État est devenu héréditaire? A quoi sert-il? A quoi peut-il servir? Dites-le-moi.

» Rappelez-vous que le 14 février 1848, dix jours avant que la révolution mît la République improvisée à la place de la Monarchie évadée, je donnais en ces termes ma démission de député de la Creuse :

« Monsieur le président,

» Entre la majorité intolérante et la minorité inconsé-
» quente, il n'y a pas de place pour qui ne comprend pas :
» Le pouvoir sans l'initiative et le progrès;
» L'opposition sans la vigueur et la logique.
» Je donne donc ma démission. »

» Eh bien, conçue dans le même esprit, ma démission de rédacteur en chef de la *Presse* pourrait se traduire ainsi, presque dans les mêmes termes :

« Entre la presse intolérante et la presse tolérée, il n'y
» a pas de place pour qui ne comprend pas :
» Le pouvoir sans l'initiative et le progrès;
» L'opposition sans la vigueur et la logique.
» Je donne donc ma démission. »

» Après le coup d'État du 2 décembre, ma première pensée fut que les journaux qui l'improuvaient et qui cependant avaient échappé à la suppression, n'avaient plus qu'un rôle à remplir, c'était de compléter l'œuvre en renonçant eux-mêmes à paraître.

» Cet avis, je l'émis; mais il ne fut pas partagé, et la *Presse*, après avoir suspendu volontairement sa publication le 2 décembre, dut reparaître judiciairement le 12 décembre, par jugement que rendit M. Casenave, présidant la première chambre du tribunal de première instance.

» Si, de retour de Belgique, le 31 mars 1852, j'ai repris la plume, l'explication s'en trouve dans l'article même qui porte pour titre: *Conservons la République*, article qui se terminait par ces mots : « Ne fût-ce que de nom, conser-
» vons la République; elle nous rendra la liberté. »

» Du 31 mars 1852 au 21 août 1854, jamais, même en 1848, je n'ai plus activement concouru à la rédaction de la *Presse*. Or, je vous le demande, quel fruit ont porté ces deux années d'efforts? Quelle impulsion ai-je donnée? quelle faute ai-je empêchée? quelle idée ai-je fait adopter? Aucune. Comme sous la monarchie de 1830, comme sous la République de février, j'ai tourné la meule sans rien moudre. Ne me parlez donc plus de la puissance du journalisme; entre nous, point de lieux communs: le journalisme est une profession, il n'est pas une puissance. A quoi bon nier l'évidence? Reconnaissez donc cette vérité, et cessez de vous étonner qu'une occasion imprévue, inespérée, s'étant offerte à moi, me permettant de quitter le journal pour le livre, et de donner à l'étude tout mon temps, j'aie saisi cette occasion s'appelant Moïse Millaud. Mais vienne une circonstance propice à l'application des idées succédant à l'apaisement des passions, où une voix indépendante de tous les partis ait quelque chance d'être écoutée, est-ce qu'il n'y aura pas toujours une feuille de papier au service de ma plume? J'ai vendu les quarante centièmes qui m'appartenaient dans la propriété du journal *la Presse*, mais j'ai gardé ma plume, pleinement libre de disposer d'elle-même. Est-ce qu'elle vaudra moins parce qu'elle se sera plus fortement exercée? Qu'en pensez-vous, mon ami?

» Tout à vous,

» ÉMILE DE GIRARDIN. »

Peut-être, selon moi, M. Emile de Girardin va-t-il trop loin en disant que depuis la loi de juillet 1850, un journal, dans la réalité du fait, n'est plus *qu'une poste aux articles, qu'une voie de communication des opinions*.

Malgré le silence auquel les écrivains sont aujourd'hui condamnés, chaque journal a son drapeau, derrière lequel marche plus ou moins fidèlement sa clientèle. La personnalité de MM. de Sacy, Saint-Marc Girardin, Cuvillier-Fleury au *Journal des Débats*, la personnalité de M. Havin au *Siècle*, la personnalité de M. de Girardin à la *Presse* représentent assurément pour le public des opinions et un but politiques bien différents et presque contraires; chaque journal, il est vrai, est forcé de mettre aujourd'hui son drapeau dans sa poche, mais s'il est contraint de s'abstenir de toute polémique dans le présent, on se souvient de la politique du *Journal des Débats*, de la politique du *Siècle*, de la politique de la *Presse*, dans le passé.

M. É. de Girardin donne tort à M. Peyrat, grand écrivain, d'un talent élevé, d'un cœur et d'un esprit honnêtes, d'avoir quitté la *Presse* au moment où M. de Girardin la quittait lui-même.

Sous la Présidence du prince Louis-Napoléon, je fis proposer à M. Peyrat, qui n'écrivait que rarement dans la *Presse*, d'écrire souvent dans le *Constitutionnel*. « Nos opinions ne sont pas les mêmes, » me répondit-il avec netteté. M. Emile de Girardin aurait-il alors blâmé M. Peyrat de sa fidélité au drapeau politique de la *Presse?* et cependant, à cette époque, la loi Tinguy-Laboulie existait déjà.

Je reviens, après cette digression, à la législation qui régit aujourd'hui les journaux.

Depuis quatre années de règne, aucun journal important, disons-le, n'a été supprimé; mais plusieurs ont été suspendus. D'autres, dont les opinions, très-avancées, ne pouvaient plus se faire jour, ont volontairement affronté les menaces de la loi, pour mourir avec la résignation du martyr.

Des amnisties ont, à plusieurs reprises, relevé les journaux des avertissements qu'ils avaient subis, et les tiers porteurs d'actions en ont été quittes pour la peur.

D'ailleurs, tous les Gouvernements, jeunes ou vieux, se montrent ennemis de la presse. Sous le régime parlementaire, les chefs de parti, qui, pour arriver au pouvoir, proclamaient le plus haut leur dévouement aux idées libérales, dès qu'ils étaient ministres, dès qu'ils gouvernaient, se tournaient contre elle. M. Thiers, l'ancien rédacteur du *National*, n'est-il pas l'auteur des lois de septembre?

Sous le règne de Louis-Philippe, les journaux n'étaient point ménagés. On a publié en un volume les noms des écrivains, les titres des journaux condamnés pour délits de presse, sous la monarchie de Juillet, et la liste en est longue.

On ne doit donc pas s'étonner que le Gouvernement nouveau, qui eut pour mission de sauver la société, la civilisation, ait tout d'abord songé à bâillonner les journaux. Mais un nouveau genre de torture a été inventé contre eux : la torture d'une fiévreuse et quotidienne inquiétude, la crainte d'une expropriation.

La presse a certainement commis des excès; mais si la liberté de la presse a ses dangers, le silence poussé jusqu'au mutisme a aussi les siens. Ne tombons dans aucun excès.

Une législation nouvelle ne pourrait-elle pas, sans compromettre les intérêts de la société, ni les intérêts du Gouvernement, dégager la propriété des journaux des dangers de la ruine. Il est des lois qui ne s'appliquent jamais, ce sont celles qui, trop sévères, pourraient devenir injustes. L'empereur Napoléon III montrerait aux partis, aux prétendants, à l'étranger surtout, quelle est aujourd'hui sa sécurité, sa force, en désarmant de sa propre volonté, en renonçant à cet appui trompeur du silence. Sans une critique possible, sans une réplique permise, il n'est pas d'éloge flatteur ; et cependant, il y a beaucoup à louer dans les quatre années de règne de l'empereur Napoléon III. Cette loi sévère du silence, qui régit la presse française, n'inspire d'ailleurs qu'une plus vive curiosité pour les journaux étrangers, dont l'esprit de dénigrement et d'hostilité va jusqu'à l'injure et à la calomnie. Je comprends qu'une critique, même sage et modérée, puisse gêner, intimider quelques-uns de ceux qui entourent le pouvoir et qui, se prélassant dans la quiétude d'une autorité non contrôlée, tiennent à ce qu'aucun bruit du dehors ne vienne les troubler. Mais le mutisme des journaux porte certainement un préjudice moral à la personnalité du chef de l'État.

La législation actuelle sur les journaux a voulu protéger les sciences et les lettres, en exonérant de l'impôt du timbre les journaux scientifiques et littéraires ; mais cette protection n'est qu'apparente. En exonérant ces journaux de l'impôt du timbre , on leur a simultanément interdit l'exploitation des annonces payées, des annonces de la quatrième page. Dans l'économie financière de toutes les feuilles, quotidiennes ou non, le revenu de cette exploitation doit couvrir les frais généraux.

Que le Gouvernement fasse cesser cette restriction, qu'il permette aux journaux scientifiques et littéraires, non timbrés, d'ouvrir leurs colonnes aux annonces payantes, et, sans diminuer d'un centime les revenus du Trésor, il accordera ainsi un nouvel encouragement aux savants, aux écrivains, aux sciences et aux lettres.

Ces sollicitations respectueuses me sont inspirées par l'esprit de modération et de générosité dont sont empreintes toutes les initiatives du chef de l'État.

La politique de l'Empereur s'appuie sur des corporations puissantes, sur l'armée, sur le clergé, sur le peuple qui se compose des classes ouvrières, des classes nécessiteuses. Les savants et les écrivains, eux aussi, forment une corporation puissante, surtout par les idées.

Les idées se propagent et se répandent rapidement au loin, elles remuent l'esprit et le cœur. C'est par et pour des idées, plus ou moins nouvelles, que se sont accomplies toutes les révolutions en France. Lorsqu'une révolution éclate par la violence de l'émeute sur la place publique, c'est que depuis longtemps cette révolution est déjà faite dans les esprits par des idées. La force matérielle, le canon et la mitraille sont l'*ultima ratio* en politique; c'est le dernier moyen, mais ce n'est certainement ni le meilleur ni le plus sûr. Napoléon lui-même disait à Fontanes : « A la longue, le sabre est toujours battu par l'esprit. » Je fais donc des vœux ardents pour que la politique de la paix soit, pour ainsi dire, inaugurée par des adoucissements à la législation qui régit la presse, par une puissante protection, par ces flatteurs encouragements, comme savait en donner Louis XIV aux savants, aux écrivains, aux artistes, à la poésie, aux lettres, aux beaux-arts, à toutes ces belles et charmantes choses que surent aimer nos pères et qui, dans tous les pays civilisés, sont une des gloires les plus enviées et les plus durables de la France.

II

DES LIVRES

Sous le premier Empire, les livres furent soumis à la surveillance spéciale d'un directeur de la librairie. En 1810, l'empereur Napoléon Ier nomma le comte Portalis directeur de l'imprimerie et de la librairie. Après onze mois d'exercice, le comte Portalis fut destitué.

Comme, dans ce temps-là, on estimait que les généraux étaient bons à tout, ce fut un ancien officier général, M. de Pommereul, qui le remplaça.

Sous la dictature littéraire de M. de Pommereul, tout écrivain suspect d'indépendance ne pouvait publier aucun livre. On sait que le livre sur l'Allemagne, de madame de Staël, ne put paraître en France. M. de Pommereul n'eût pas permis une réimpression de Voltaire.

Sous la Restauration, M. Royer-Collard, puis M. Villemain, furent successivement chargés des fonctions qu'avaient exercées MM. de Portalis et de Pommereul. En 1829, Charles X appela à la direction de la librairie et de l'imprimerie M. le comte Siméon. Cette direction fut supprimée en 1830. Rétablie en 1852, elle fut confiée à M. Latour du Moulin. Aujourd'hui, elle fait partie des attributions de M. Collet-Meygret, directeur de la police générale.

J'ai sous les yeux la longue liste des nombreux ouvrages politiques, non périodiques, saisis et condamnés à la prison et à l'amende sous la monarchie de Juillet. Il faut reconnaître qu'aujourd'hui les écrivains, pour des œuvres historiques, pour des œuvres politiques même, jouissent d'une grande liberté. Peut-être, sous le règne de Louis-Philippe, se croyait-on plus libre qu'on ne l'était; peut-être, sous le règne de Napoléon III, est-on plus libre qu'on ne le croit.

Dans l'intérêt de la société, de la morale, de la religion et des générations futures, le gouvernement de l'Empereur a su accomplir la plus heureuse réforme, le colportage. M. Théodore Ducos, ancien ministre de la marine, écrivait à ce sujet :

« Avant cette utile réforme, plus de douze millions d'ouvrages irréligieux et de la plus révoltante immoralité se vendaient chaque année par la voie du colportage, et se répandaient périodiquement dans toutes les villes, dans tous les villages, dans tous les hameaux. Maintenant, au contraire, grâce à la réglementation complète et toute nouvelle dont M. Latour du Moulin a eu l'initiative, grâce à l'obligation imposée par lui d'une estampille spéciale, sans laquelle aucun livre ne peut circuler dans l'Empire, grâce enfin à l'organisation d'une commission permanente et centrale d'examen, les bons livres ont remplacé les mauvais, et les générations futures ne seront plus démoralisées par le poison des doctrines antireligieuses, antisociales. »

La réforme du colportage, accomplie par M. Latour-du-Moulin, n'avait pas seulement pour objet de mettre un frein efficace à la propagation, toujours croissante, de ces innombrables petits livres qui, tirés à plusieurs millions d'exemplaires, se répandaient chaque année dans les campagnes, y semaient le poison des plus funestes doctrines, n'enseignaient que l'immoralité, perpétuaient l'ignorance et la superstition.

Cette réforme, dans la pensée de son auteur, avait un autre but, non moins important : c'était de substituer à la propagande dangereuse des livres obscènes et impies, l'utile propagande des livres instructifs, moraux et religieux ; c'était de remplacer les premiers par les seconds dans la balle du colporteur ; c'était aussi de créer, dans toutes les communes, des bibliothèques où le peuple des campagnes pût satisfaire, sans danger, le besoin qu'il éprouve d'apprendre, et où il prît, gratuitement, des livres à sa portée qui lui fissent oublier ceux auxquels il sacrifiait autrefois ses économies.

Il serait superflu de démontrer l'importance capitale du choix des livres destinés aux bibliothèques populaires et au colportage autorisé. Si ce choix est fait avec sagacité et discernement, l'instruction se répandra insensiblement dans les masses; les mœurs se modifieront, les idées d'une saine morale remplaceront les fausses notions qui leur ont été données depuis des siècles par ces livres impies, licencieux, ridicules, dont on inondait les campagnes, et les générations futures, élevées dans de nouveaux principes, subiront une véritable transformation intellectuelle.

C'est, selon nous, à une grande commission du Gouvernement que ce choix devrait appartenir.

Cette commission, composée de la plupart des membres des différentes Académies, auxquels seraient adjoints un certain nombre d'hommes politiques, se diviserait en sections, répondant aux diverses classes de l'Institut: section des lettres et d'histoire, section des sciences et de médecine, section d'économie politique et rurale, section des beaux-arts, etc., etc.

Chaque section déciderait quels sont, dans sa

spécialité, les meilleurs livres existants, les plus appropriés aux classes populaires, et proposerait à l'assemblée générale des sections réunies les sujets des ouvrages qui, tous les ans, seraient mis par elle au concours.

Tous les écrivains auraient le droit de prendre part à ces concours, pour lesquels des prix de 5,000 et de 10,000 francs seraient institués.

Les prix seraient distribués dans une séance solennelle présidée par l'Empereur.

L'Empereur se placerait ainsi à la tête du mouvement littéraire, qui porterait l'empreinte de son génie. Les écrivains trouvant, dans une semblable institution, tout à la fois honneur et profit, une noble émulation s'emparerait d'eux, et tous, sans distinction d'opinion, contribueraient avec joie à l'éducation du peuple.

Voici comment, dans la pratique, on pourrait organiser les bibliothèques communales :

Il y a en France 36,846 communes.

En les divisant en sept catégories d'après le chiffre de leur population,

La première comprendrait les communes ayant moins de 500 habitants (il y en a 15,694);

La deuxième, celles qui ont de 500 à 1,000 habitants (il y en a 11,946) ;

La troisième, celles qui ont de 1,000 à 1,500 habitants (il y en a 4,423) ;

La quatrième, celles qui ont de 1,500 à 2,000 habitants (il y en a 2,094) ;

La cinquième, celles qui ont de 2,000 à 3,000 habitants (il y en a 1,462) ;

La sixième, celles qui ont de 3,000 à 5,000 habitants (il y en a 800) ;

Enfin, la septième comprendrait toutes les communes de plus de 5,000 habitants, et qui n'ont pas de bibliothèque.

Dix volumes seraient, chaque année, attribués aux communes de la première catégorie,

Quinze volumes à celles de la seconde,

Vingt à celles de la troisième,

Vingt-cinq à celles de la quatrième,

Trente à celles de la cinquième,

Quarante à celles de la sixième,

Et *cinquante* à celles de la septième.

Ce qui ferait environ *six cent mille volumes* par an. Il ne faudrait que dix années pour que chaque commune possédât ainsi une bibliothèque suffisant aux besoins de sa population.

Un volume in-8°, de quatre à cinq cents pages, convenablement relié, coûterait *un franc*. Ce serait *six cent mille francs* de dépense annuelle, à laquelle il faudrait ajouter *cent mille francs* pour les frais d'administration, et *deux cent mille francs* donnés par l'Empereur pour les différents prix qui seraient distribués aux auteurs des meilleurs ouvrages mis au concours.

Cette dépense de *neuf cent mille francs* par an pourrait être couverte :

1° Par la souscription annuelle de *cinq francs*, qui serait facilement obtenue des membres des comités chargés, dans chaque commune, de la distribution des livres, et qui produirait environ *cinq cent cinquante mille francs ;*

2° Par une faible subvention votée par les conseils généraux des départements;

3° Au besoin, par une allocation supplémentaire de l'État.

La surveillance des bibliothèques serait confiée, dans chaque commune, à un comité de cinq membres, dont ferait partie de droit l'instituteur-bibliothécaire, et qui serait présidé par le curé ou par le pasteur. Les trois autres membres de ce comité seraient désignés par le préfet et choisis parmi les notabilités de la commune.

Si la fourniture des livres destinés aux bibliothèques communales se trouvait monopolisée au profit d'un seul éditeur, ces bibliothèques porteraient un grand préjudice au commerce de la librairie et de l'imprimerie.

Le seul système équitable et rationnel est celui des adjudications partielles.

C'est encore au gouvernement de l'empereur Napoléon III que revient l'honneur d'avoir, le premier, détruit les abus de la contrefaçon littéraire et artistique à l'étranger, et d'avoir assuré la protection réciproque du droit de propriété pour les œuvres de l'intelligence. Sous la direction de M. Latour du Moulin, divers traités ont été conclus, dans ce but, par la diplomatie avec l'Angleterre, le Portugal, l'Espagne, la Hollande, le Hanovre, la Confédération germanique (duché de Brunswick, grand-duché de Hesse, landgraviat de Hesse, principauté de Reuss branche aînée et cadette, duché de Nassau, Hesse électorale, Saxe-Weimar, grand-duché d'Oldembourg, principautés de Schwartzbourg), et enfin, avec la Belgique. D'autres négociations ont été entamées avec la Prusse, l'Autriche, etc.

Le traité conclu avec la Belgique, ce grand foyer de la contrefaçon, est en quelque sorte le couronnement de tous les autres. Les principes qu'il consacre sont : la garantie internationale de la propriété littéraire et artistique; l'assimilation réciproque des auteurs français et belges aux nationaux; la constatation de la propriété au moyen d'un dépôt; la rétroactivité admise pour les ouvrages de littérature et d'art, mais non pas pour les pièces de théâtre. L'auteur de tout ouvrage original a, d'après ce traité, le droit exclusif, pendant cinq ans, d'en publier ou d'en faire publier des traductions;

les éditeurs français ou belges ont pu publier les volumes ou livraisons nécessaires à l'achèvement des reproductions non autorisées, mais en cours de publication, moyennant une indemnité préalable. Une estampille a dû être apposée, à la suite de ce traité, par les autorités des deux pays sur les exemplaires contrefaits existant en magasin. Enfin, le certificat d'origine a été maintenu.

Je ne sais quelle sera la destinée de ce livre ; je ne sais si les idées que je n'ai pas craint d'exposer feront leur chemin ; mais ce livre, en tout cas, aura rendu ce service, de prouver que, les journaux exceptés, tout le monde en France peut écrire ce qu'il pense et qu'on est plus libre qu'on ne le croit.

LE MINISTÈRE D'ÉTAT

Depuis le commencement du règne de Napoléon III, deux ministères nouveaux ont été créés : un ministère de la police générale et un ministère d'Etat.

Le ministère de la police n'a pas tardé à être supprimé ; mais le ministère d'État et de la maison de l'Empereur a vu chaque jour s'accroître ses nombreuses et importantes attributions.

MINISTÈRE DE LA MAISON DE L'EMPEREUR

Ce ministère comprend l'administration générale des revenus de la couronne ;

Le personnel de tous les services ;

L'administration
- des domaines,
- des forêts,
- des bâtiments,
- des parcs et jardins,
- du mobilier,
- des bibliothèques,

L'administration { des musées impériaux, des manufactures impériales, du théâtre impérial de l'Opéra ;

Les prix de courses, les encouragements aux arts, les concessions de brevets de fournisseurs.

MINISTERE D'ÉTAT

Ce ministère comprend :

Les rapports du Sénat, du Corps législatif avec l'Empereur et le Conseil d'État;

La correspondance de l'Empereur avec les divers ministères ;

La rédaction et la conservation des procès-verbaux du conseil des ministres, des prestations de serment entre les mains de l'Empereur ;

La direction du *Moniteur;*

L'administration du Conseil d'État;

La Légion d'honneur;

Les archives de l'Empire ;

L'administration des beaux-arts;

L'Académie de France à Rome ;

L'École spéciale des beaux-arts ;

Les écoles gratuites de dessin ;

Les ouvrages d'art et les décorations d'édifices publics ;

La conservation des monuments historiques ;

Tous les théâtres;

Le Conservatoire de musique et de déclamation;

Les succursales du Conservatoire;

Les bâtiments civils;

L'achèvement du Louvre et de ses abords.

Toutes les belles et charmantes choses qui honorent la France, qui illustrent un règne, qui parlent à l'intelligence, à l'imagination du pays, sont accumulées dans les attributions du ministre de la maison de l'Empereur et du ministre d'État.

Son Exc. M. Achille Fould, pour plus d'unité, est chargé de ces deux ministères.

Ce haut dignitaire doit donc être étudié dans ce livre, comme tous les personnages appelés à faire fonctionner la Constitution de 1852 et à prendre la part la plus active au gouvernement de l'Empereur.

M. Achille FOULD.

D'une famille de finance, M. Fould secoua de bonne heure la poussière des comptes courants, des livres de caisse, des bordereaux; sa jeune ambition fut de hanter les salons d'un monde élégant, aristocratique : c'était déjà montrer du goût pour l'esprit.

Sous la monarchie de Juillet, à une époque où de jeunes princes placés près du trône faisaient courir des chevaux de *sang*, entretenaient à grands frais des haras; à une époque où l'on briguait l'honneur d'être des invités de Chantilly,

M. Achille Fould, en attendant mieux, se distingua d'abord dans la foule des éleveurs par la plus brillante écurie. Il entra ainsi de plain-pied au Jockey's-Club.

Réservé, modeste, simple, tenant peu de place et faisant peu de bruit, n'ayant que de bonnes façons, affectant quelques habitudes anglaises, se posant moins en homme d'esprit qu'en homme comme il faut, M. Achille Fould ne trouva sur sa route que bon accueil; il sut conquérir sinon de vives amitiés, du moins de bienveillantes camaraderies.

Je n'ai pas entendu dire qu'au sortir du collége il se fût jamais passionné pour les lettres, pour la poésie, pour le théâtre; il se montra seulement dans l'atelier de Girodet, alors que ce peintre, peu coloriste, mais de poétique mémoire, marchait triomphalement à la tête de l'école française.

J'assistai un jour à une assemblée générale des actionnaires du chemin de fer de Versailles (rive gauche). Ce fut là que je vis M. Achille Fould pour la première fois. Mêlé déjà aux grandes affaires, aux grosses opérations de banque et de bourse, il dut, en sa qualité d'administrateur de ce chemin de fer, répondre à plus d'une observation d'actionnaires récalcitrants. Par une rare netteté de parole, par une habile argumentation, par son ton dégagé, par une attitude presque dédaigneuse, il déconcerta et fit taire tous les opposants.

Chaque quartier de Paris est, pour ainsi dire, une petite ville; on se rencontre, on se coudoie, on se regarde, on se remarque; on s'observe, on se connaît! Habitant tous deux dans la Chaussée-d'Antin, M. Fould et moi, nous nous connaissions. Je n'en fus pas moins surpris de recevoir un matin sa visite. Voici ce qui lui arrivait :

Un jeune écrivain, sous le règne de Louis-Philippe, taille finement sa plume et, dans une petite revue mensuelle, déclare effrontément la guerre, une guerre d'esprit et de bon sens, aux importances politiques, aux comiques élégances, à de ridicules excentricités de salon. M. A. Fould reçut quelques atteintes légères dans cette bagarre de personnages travestis et moqués. Les médisances imprimées, même lorsqu'elles ne frappent pas juste, causent tout d'abord d'aiguës névralgies d'amour-propre. Il faut s'y faire. Le jeune et mondain financier était ému, irrité, et, dans son ressentiment, maudissait les journaux, les journalistes et cette liberté de la presse qui ne respectait rien, pas même les gens comme il faut.

Dans cette situation, M. A. Fould ne venait pas me demander mon appui, mais des conseils : « Mon cher monsieur, lui répondis-je, pour de semblables affaires, on se consulte soi-même le matin, en prenant le chocolat ou un œuf frais ; tantôt on fait la sottise de se couper la gorge avec son ennemi, tantôt on a le courage de ne rien faire et de ne rien dire. Ce dernier parti est le plus digne et le plus sage. Ces gens d'esprit qui, du bec de leur plume, vous irritent les nerfs, sont les meilleures gens du monde ; ils ne vous en veulent pas ; ils ont même bonne opinion de vous ; ils vous croient un des heureux de ce monde ; ils savent qu'en vous raillant ils feront rire tout un public et surtout vos meilleurs amis ; ils ne voient là qu'une bonne fortune pour leur esprit, qu'un succès pour leur journal, et voilà tout. D'ailleurs, croyez-moi, le ridicule ne tue plus en France ; l'éloge, depuis qu'on en affiche les prix courants, est discrédité. Vous êtes déjà haut placé, vous irez loin, résignez-vous donc aux épines et aux ronces du chemin. »

Le Rivarol au petit pied choisit bientôt d'autres victimes ; mais il est un fait que je tiens à publier : devenu ministre, M. A. Fould eut entre les mains les plus chers intérêts du spirituel et malicieux écrivain, et, Louis XII, *il pardonna les injures faites au duc d'Orléans.*

Mais peut-être *l'homme d'État* se souvient-il toujours de la piqûre dont s'est irrité *l'homme du monde*. M. Achille Fould est de ceux qui ne s'affligent guère de la vie inquiète et gênée faite aux journaux. Dans le premier chapitre de ce livre, j'ai dit que l'Empereur était *le chef de la gauche*, élevé au trône par le suffrage universel ; on peut dire surtout de M. Achille Fould, qu'il est *un ministre de la droite*.

La révolution de février 1848 éclate ; elle me surprend maître absolu de la rédaction du *Constitutionnel* et devient l'occasion de relations assez intimes entre M. A. Fould et moi. Pendant un assez long temps j'eus l'honneur de le recevoir chez moi presque tous les matins. Il s'agissait de faire passer l'ancien député conservateur des Hautes-Pyrénées, l'assidu des fêtes de Chantilly et des petits bals du duc de Nemours, à la *Constituante*. C'était une grande enjambée !

Le 17 septembre 1848, le département de la Seine avait trois représentants à nommer ; dès le 10 septembre, le *Constitutionnel* publiait l'article suivant :

« Paris, en songeant aux élections du 17 de ce mois, désire rencontrer des hommes recommandables, qui représentent également l'idée de l'ordre et dont la réunion puisse concilier les suffrages des électeurs républicains de la veille et du lendemain, décidés à fonder le nouveau régime sur les garanties essentielles de la liberté, de la paix publique et d'une sage administration. Donner à l'Assemblée trois représentants nouveaux, hommes de cœur et hommes pratiques à la fois, ayant la modération que donne l'expérience des affaires, et le courage, plus nécessaire que jamais dans les crises révolutionnaires : voilà le problème du moment.

» Après avoir consulté un grand nombre de groupes d'électeurs et de comités institués spontanément pour examiner les diverses candidatures, il a paru que les trois noms suivants réunissaient les conditions que nous venons d'indiquer et avaient les plus grandes chances d'obtenir, dans le département de la Seine, la majorité des suffrages. Nous les proposons donc au choix du département. Ce sont MM. Roger (du Nord), ancien député; Edmond Adam, et Achille Fould, ancien député. »

Voici ce que disait le *Constitutionnel* de ce dernier candidat :

« M. A. Fould, ancien député, financier habile, n'a pas été non plus un garde national inactif; il combattait pour l'ordre au moment où son fils, blessé près de lui, s'essayait, en donnant son sang au pays, à remplir les devoirs du citoyen. »

On le voit, je ne ménageais pas à M. A. Fould les éloges qu'il méritait comme financier, j'en faisais même un héros. Le candidat préféré du *Constitutionnel* fut élu, par le département de la Seine, représentant à la *Constituante*, et plus tard, représentant à la *Législative*.

Pendant toute la durée de la République, la politique resserra encore les liens d'intimité qui s'étaient noués déjà entre le représentant du département de la Seine et le directeur du *Constitutionnel*; soit chez moi, soit dans les bureaux du journal, nous nous rencontrions presque tous les jours; je devins le confident des ambitions, des inquiétudes, des pensées secrètes, des visées, des espérances du futur homme d'État. Je ne commettrai point ici d'indiscrétion en disant que, dans ces jours difficiles, il se montra toujours dévoué à la cause du prince Louis-Napoléon.

Sensé, capable, homme positif et pratique, M. A. Fould fut un des premiers à plaire au Prince Président, et je vais tâcher d'expliquer ici cette faveur inattendue qui devait durer.

De quelles vives émotions, de quelles poignantes péripéties les murs de l'Élysée, sous la République, n'ont-ils pas été témoins! Que de fois j'ai moi-même surpris l'Élu du

10 décembre inquiet, mais jamais effrayé, des écarts et des folies de tous les partis; ému, mais courageux, en face de tous les dangers qui menaçaient la société, et qu'il voulait conjurer. Glorieuses ambitions! puissance souveraine! que vous coûtez de secrets battements de cœur et de douleurs cachées!

M. A. Fould avait vécu dans les anciennes assemblées sous le régime parlementaire. Il vivait au milieu de tous les partis sur les bancs de la *Constituante* et de la *Législative*. Fin observateur, il savait le fort et le faible de tous ceux qui jouaient un rôle et de tous ceux qui, dans ces temps de troubles, s'agitaient pour devenir des personnages; il pouvait donc renseigner, éclairer utilement la politique du Prince.

Comme il fut promptement résolu à faire bon marché du régime parlementaire, à rompre bravement avec tous les anciens chefs de parti, la cause personnelle du Prince Louis-Napoléon devint la sienne. Il la servit avec dévouement, en homme habile, qu'aucune difficulté ne décourage et ne rebute, en homme d'affaires qui a de l'activité et de l'entregent. Il ne dissertait pas, il ne raisonnait pas, il ne discutait pas; il agissait. Une combinaison du moment (cela se passait en janvier 1852; on faisait alors de la politique au jour le jour, de la politique à l'heure) rend nécessaire sa sortie du ministère des finances; il court lui-même dans un quartier lointain, monte quatre étages pour se trouver un successeur, et bientôt il conduit à l'Élysée, comme nouveau ministre des finances, M. Bineau, dont le Prince n'avait même jamais entendu prononcer le nom.

Le pouvoir exécutif luttait seul, après 1848, contre l'animosité, contre les mauvaises passions de tous les partis. Refus de subsides nécessaires, injustes dédains, publiques moqueries de la personne du Prince, tous les moyens étaient bons pour lui nuire, et dans l'espérance de paralyser son pouvoir, le mot d'ordre était de faire le vide autour de lui.

Deux hommes rendirent alors d'importants services au Président de la République. Le colonel Fleury, placé près de lui par le maréchal Bugeaud, et qui comptait de nombreux camarades dans les régiments d'Afrique, aida le nouveau chef de l'État à composer une armée dévouée et fidèle. M. A. Fould, qui, en haut comme en bas, connaissait à fond tout le personnel remuant de la politique, éclaira l'ancien exilé dans l'appréciation, le dirigea dans le choix des hommes nouveaux qu'on était forcé de recruter à défaut de ceux qui se refusaient et des hommes d'État du régime tombé, dont on ne voulait point accepter la domination.

Tous les esprits élevés qui conçoivent de grandes entreprises et qui sont pressés de les mener à bonne fin ne veulent autour d'eux que des auxiliaires sans arrière-pensée, que des dévouements éprouvés, en un mot que des serviteurs intelligents, zélés, mettant de côté, au besoin, leur opinion personnelle et donnant leur concours sans condition.

On comprend maintenant que l'Empereur ait appelé près de lui l'ancien représentant de la *Constituante* et de la *Législative* qui lui fut si dévoué ; on conçoit qu'il lui ait confié un double département ministériel, pour ainsi dire familier et intime ; qu'il lui ait confié l'administration des domaines, forêts, bâtiments, parcs, jardins, mobilier ; qu'il lui ait confié les bibliothèques particulières, les musées impériaux, les manufactures impériales, le *Moniteur*, l'Opéra, tous les théâtres, les prix de courses, les beaux-arts, les académies, tout ce qui touche de plus près aux attributs de la suprême puissance, toutes les choses charmantes et splendides dont la magnificence d'un souverain aime à entourer le trône.

Étudions maintenant dans M. Fould le ministre de la maison de l'Empereur et le ministre d'État.

S. M. Napoléon III, obéissant à des mouvements de cœur, n'aime rien tant qu'à répandre de nombreux bienfaits, qu'à soulager des misères, qu'à réparer des infortunes; il fallait donc qu'il trouvât près de lui un comptable sévère qui le retînt sur cette douce pente de la bienfaisance et de la charité, qui résistât par devoir à toutes les sollicitations, à toutes les instances, qui tînt bon contre les envahissements, contre les exigences de cour. M. A. Fould, par son inflexible esprit d'ordre, par ses penchants naturels à l'économie, était l'homme le plus propre à cette ingrate mission. Je puis donner ici une preuve de la fermeté intelligente du ministre chargé de sauvegarder les intérêts de la liste civile.

Dans un second supplément au cahier des charges de l'Opéra, signé le 14 mai 1833 par M. Thiers, ministre du commerce et des travaux publics, enregistré le 30 du même mois, une somme de 40,000 francs, qui m'était due par l'État pour restauration de la salle, fut réduite à 20,000 francs, et lorsque ma retraite de l'Opéra fut arrêtée d'un commun accord, cette somme de 20,000 francs fut réduite à 15,000; mais en compensation de cette réduction de 25,000 francs sur une créance régulière de 40,000 fr., on imposa verbalement à mon successeur, M. Duponchel, l'obligation de me réserver une petite loge du rez-de-chaussée pour toute la durée du nouveau bail; je jouissais donc de cette faveur à titre onéreux.

Lorsque M. Léon Pillet succéda à M. Duponchel, et plus tard M. Roqueplan à M. Léon Pillet, ces deux directeurs, quoique administrant l'Opéra à leurs risques et périls, voulurent bien regarder comme un devoir de me conserver la faveur de cette loge gratuite; je n'eus besoin de réclamer ni de solliciter; bien plus, comme M. Nestor Roqueplan dirigeait l'Opéra au milieu des émeutes et des révolutions, et que ses recettes devaient en souffrir, j'insistai près de cet entrepreneur pour ne conserver ma loge qu'en la payant; mais il voulut bien se rappeler et certainement s'exagérer les services que j'avais pu rendre à l'ancienne Académie royale de musique, et dans une très-aimable lettre que j'ai tenu à conserver, il exigea que je vinsse le plus souvent possible à l'Opéra dans cette loge dont la gratuité, selon lui, n'était point une faveur.

Le jour où M. A. Fould prit dans ses attributions l'administration de l'Opéra pour le compte de la liste civile, il m'avertit lui-même que j'étais dépossédé de ma loge; il est bien entendu que je ne soufflai mot.

Je ne doute pas que si mon ancien camarade en politique, que si l'ancien candidat du *Constitutionnel* eût administré l'Opéra pour son propre compte, loin de me déposséder d'une loge, il m'en eût offert deux; mais le ministre de la maison de l'Empereur défendait dans cette circonstance les intérêts de la liste civile, cette source féconde de bienfaits, ce trésor de la charité; il avait certes raison de faire bon marché de droits douteux vis-à-vis d'un ancien directeur, qui d'ailleurs fut assez heureux pour trouver un commencement de fortune dans une entreprise de théâtre que les malheurs des temps ont plus tard rendue ruineuse.

Cette mesure prise résolûment contre moi me devint une preuve des services que peut rendre M. A. Fould comme ministre de la maison de l'Empereur, et loin de lui en garder rancune, je compris, surtout alors, qu'il ne manquait à ce ministre aucune des grandes qualités du financier.

D'une haute expérience, prudent et plein de sagacité, M. A. Fould, en finances, voit en effet juste et loin. Il est un fait ignoré dont j'ai puisé tous les détails à bonne source, et qui témoigne de la portée de ses appréciations.

Pendant une des absences de l'Empereur alors en voyage, M. de Persigny, ministre de l'intérieur, exposa à ses collègues, en plein conseil, tout le plan de la Société générale de crédit mobilier. Le désintéressement, la netteté de principes, le vieux dévouement de ce fidèle compagnon de l'exil sont connus; il se montra plein d'enthousiasme pour la nouvelle combinaison financière; elle détruisait, selon lui, le monopole des emprunts, l'espèce de dictature sur les grands marchés étrangers, et surtout sur la Bourse de Paris, exercée par une maison de banque prépondérante, solide, honnête, mais qui, aux yeux de M. de Persigny, avait peut-être le tort de conserver des relations d'amitié avec un des ennemis les plus déclarés de l'Élu du suffrage universel. Dans la Société de crédit mobilier autorisée, M. de Persigny voyait une concurrence redoutable pour la maison de banque dont à tort il se défiait; il voyait un puissant levier pour la prospérité de l'industrie, du commerce, pour la fermeté des cours de la Bourse française, en un mot, une grande maison de banque gouvernementale. M. Achille Fould combattit une à une toutes les espérances, toutes les illusions du ministre de l'intérieur, et, moins ce dernier qui résista, il fit se ranger à son opinion tous ses autres collègues.

L'Empereur revient; dans un grand conseil de ministres auquel assiste plus d'une notabilité financière, la question de la Société de crédit mobilier est étudiée, discutée, controversée; M. A. Fould soutient avec talent et fermeté ses convictions; il prédit que cette nouvelle société anonyme, que cette colossale maison de banque exploiterait à son profit les temps de prospérité, et déserterait dans les mauvais jours; il prédit que cette maison de banque se créerait des monopoles de tous genres : monopole de chemins de fer en France et à l'étranger, monopole d'affaires industrielles, monopole de sociétes de crédit mobilier dans toute l'Europe ; il prédit que par toutes les valeurs nouvelles, par tous les titres nouveaux qu'elle jetterait à pleines mains sur le marché de la Bourse, moins dans un but d'utilité publique que par l'appât des primes assurées par le jeu sur les actions, elle affecterait plus ou moins grièvement le cours des effets publics, et susciterait une *crise* inévitable le jour où l'équilibre serait rompu entre le chiffre des affaires et la somme de numéraire circulant en France. Tous les ministres tinrent bon contre l'opinion de M. de Persigny. Mais les idées politiques de ce dernier prévalurent, et la Société générale de crédit mobilier fut autorisée.

Aujourd'hui que l'expérience est faite, que la crise s'est produite, que le scandale du jeu des actions, que le scandale des millions perdus et des millions habilement raflés à ce jeu a dépassé toute limite, on regrette certainement d'avoir autorisé cette prétendue banque gouvernementale, contre l'établissement de laquelle s'élevait avec tant de prévoyance M. Achille Fould.

M. Cordoen, récemment nommé procureur impérial près le tribunal de la Seine, dans un discours de rentrée (3 novembre 1856) de la cour impériale d'Orléans, disait :

« Le jeu qui ruine et désole les familles nous préoccupe et nous effraye moins que le jeu qui enrichit et qui propage, par de funestes excitations, le scandale et la convoitise. Le mal n'est pas dans les catastrophes et les désastres, et plût à Dieu que le jeu n'eût pas d'autres expiations ni d'autres périls ! Le mal est dans le spectacle corrupteur et contagieux de ces fortunes nées d'hier, et qu'un souffle du hasard a tirées du néant. Des profondeurs où fermente l'envie aigrie et envenimée par la misère, les regards s'élèvent sans cesse vers les sommets de la société, et ce n'est pas impunément qu'un peuple peut voir une journée d'agio tage produire plus que des années de travail et de peine. »

Il me reste à étudier le ministre d'État.

Comme ministre d'État réunissant dans ses attributions les lettres, les arts et les théâtres, M. A. Fould pourrait exercer les plus heureuses influences; mais depuis les quatre années de règne de Napoléon III, j'étudie avec curiosité, avec intérêt ce nouveau Colbert, et dans les arts, dans les lettres, je ne saurais signaler des travaux nouveaux et féconds dus à son action personnelle, je ne saurais signaler des traces en saillie et en relief de son initiative et de son génie.

M. A. Fould a peu de goût pour la littérature et même pour cette littérature de théâtre, frivole en apparence, très-sérieuse au fond par l'action morale et incessante qu'elle exerce sur la société; il a peu de goût pour les écrivains, pour la poésie et pour les poëtes. Je l'ai quelquefois surpris dans un de ces quarts d'heure de découragement que subissent les âmes les mieux trempées, et jamais je ne l'entendis puiser les consolations d'une sage philosophie dans un souvenir littéraire, dans une citation de Sénèque, de Virgile ou d'Horace. Peu lettré, il cause simplement, agréablement; mais il se montre indifférent et presque étranger à ces doux et charmants entretiens où l'on oublie les misères, les tristesses de la vie en se rappelant avec amour, avec bonheur les chefs-d'œuvre des grands esprits des grands siècles,

« En lisant leurs écrits pleins de verve et de sens,
» Comme on boit d'un vin vieux qui rajeunit les sens. »

Dangeau, dans ses Mémoires, annonce en ces termes la mort de Corneille : « *On reçut hier à Chambord la nouvelle de la mort du bonhomme Corneille, fameux par ses comédies.* » Si M. A. Fould, devenu homme de cour, écrivait chaque jour son journal, peut-être ne parlerait-il de nos écrivains et de nos poëtes illustres qu'avec cette froideur que montre le courtisan Dangeau en parlant du grand Corneille.

M. A. Fould n'excelle qu'à parler affaires; il est alors clair, concis, judicieux; il est prompt et il s'anime à dévoiler les inconvénients, à révéler les avantages de toute proposition, de tout projet.

Cet ancien ministre des finances est essentiellement un moderne; son esprit ne vit qu'au milieu des idées de son temps; ses impressions, ses jugements ne sont ni modifiés ni faussés par ces illusions, par ces erreurs de vue que peut entraîner après soi la passion des études historiques; insouciant du passé, inquiet seulement de sa faveur auprès du Prince, il suit tous les courants du siècle sans voir les faits, les événements à travers des souvenirs importuns de Tite-Live ou de Tacite.

Ministre d'État, il obéit surtout aux impulsions qu'on lui donne; on attend encore de lui des études, des mémoires sur l'industrie, sur les manufactures, comme en écrivait Colbert; on attend encore de lui des dissertations savantes, des recherches curieuses sur les arts, sur la statuaire, sur la peinture, sur l'architecture. Cependant M. A. Fould, il faut le reconnaître, en habile administrateur et en comptable scrupuleux et sévère, a su mener à bien l'achèvement du Louvre, et peut-être aurons-nous dans cet immense palais le pavillon *Achille Fould*, comme nous avons déjà le pavillon *Turgot*, le pavillon *Mollien*.

Que Son Excellence M. le ministre d'État me permette d'exprimer encore ici quelques regrets.

Mon vieil ami Romieu, dont le jeune fils, lieutenant aux zouaves et déjà décoré de la Légion d'honneur, est mort si glorieusement dans une des tranchées de Sébastopol, bravant, contre l'avis de ses chefs, une mort certaine; mon vieil ami Romieu qui, après avoir pleuré nuit et jour la mort de son fils, n'a pu lui survivre, fut chargé par le Président de la République d'une mission diplomatique; puis, plus tard, appelé à la direction des beaux-arts, au ministère de l'intérieur. Quelque temps avant le coup d'État, il écrivit contre le socialisme et contre le communisme une brochure, *le Spectre rouge*, qui eut en France un grand retentissement. Toujours bienfaisant et généreux, l'Empereur, apprenant que Romieu était pauvre, de son propre mouvement, créa pour l'ancien préfet, pour celui qu'il avait chargé d'une mission au dehors, pour l'ex-directeur des beaux-arts, pour l'écrivain politique, une place toute nouvelle et médiocrement assujettissante, la place d'inspecteur général des bibliothèques impériales.

On aimerait à voir M. le ministre d'État, animé quelquefois d'inspirations favorables à ceux qui cultivent avec succès les arts et les lettres ; on aimerait à lui voir prendre à leur égard une intelligente et chaleureuse initiative!

Qu'il les désigne à la justice, à la munificence du souverain, et il contribuera à entourer le trône de Napoléon III, dans le présent comme dans l'avenir, de nobles et sympathiques applaudissements.

L'esprit d'économie, quand il s'agit des lettres et des lettrés, peut fausser la politique de l'empereur Napoléon III, qui cherche surtout des exemples à suivre dans la politique de Napoléon Ier. Le vainqueur de Marengo, prodigue de dotations, de titres et d'honneurs pour ses généraux, savait aussi récompenser et honorer les écrivains et les poëtes.

J'ai eu l'honneur de soumettre à la commission du budget de 1857 une pétition signée par des auteurs dramatiques et par les compositeurs les plus populaires de notre temps ; il s'agissait d'accorder au Théâtre-Lyrique, comme à l'Odéon, une subvention de 100,000 francs. La commission du budget, bien que pleine d'ardeur pour les économies, mais comprenant que cette subvention est un encouragement aux arts et aux lettres, un secours utile pour tous les théâtres de province, pour de nombreuses populations d'artistes, sanctionna, par une publique approbation, la demande exprimée par les poëtes et les musiciens.

MM. Scribe, Meyerbeer, Auber, Halévy, Boïeldieu, de Leuwen, Clapisson, de Saint-Georges, Limnander, Albert Grisard, Ambroise Thomas, Sauvage, Brunswick, et mon ami Adolphe Adam qui fonda le Théâtre-Lyrique et s'y ruina, avaient apposé sur la pétition leur signature. Mais jusqu'à présent, par un dédaigneux silence, Son Excellence M. le ministre d'État semble ne tenir aucun compte des vœux légitimes d'hommes de talent et de génie, et des vœux intelligents de la commission du budget.

Ne vous brouillez point avec les gens d'esprit, monsieur Achille Fould, et surtout ne donnez point à penser que, sous le règne de Napoléon III, la poésie, les lettres et les arts sont dédaignés; ne donnez point à penser que les poëtes, les lettrés et les artistes ne doivent plus prétendre à ces encouragements flatteurs dont savaient les honorer Louis XIV et Napoléon Ier.

Je me résume. Comme intendant de la liste civile, comme ministre des finances, M. Achille Fould a pu et peut encore rendre d'éminents services; mais peut-être quelques goûts élevés, quelques qualités d'artiste et de studieux érudit lui font-ils défaut comme ministre d'État.

En cherchant dans mes souvenirs quelques traits qui pussent peindre le ministre de la maison de l'Empereur, je n'ai pas eu un seul instant la pensée de le blesser, de lui déplaire. Je ne suis jamais pris de la triste fantaisie de froisser, de désobliger quelqu'un et surtout un galant homme; mais j'ai pu apprécier avec impartialiaté, avec une complète indépendance, comme homme politique, M. Achille Fould: je ne suis pas son obligé.

Sed incorruptam fidem professis, nec amore quisquam, et sine odio dicendus est.

OU EN SOMMES-NOUS?

Où en sommes-nous? Je vais vous le dire.

J'ai montré par des faits précis quelle avait été l'action personnelle et simultanée des grands Corps de l'État, du Sénat, du Corps législatif et du Conseil d'État depuis les quatre années du règne de Napoléon III.

J'ai prouvé ainsi que la Constitution de 1852 n'était point à l'état de lettre morte.

J'ai prouvé ainsi que l'Empereur, pendant ses quatre années de règne, n'a point exercé un pouvoir absolu, encore moins une dictature.

La Constitution de 1852, malgré ses réserves, donne au Sénat et au Corps législatif de tels pouvoirs, que de l'avis même de M. Thiers[1], un Sénat et un Corps législatif hostiles et résolus pourraient entraver et même arrêter la marche régulière du gouvernement de l'Empereur.

1 Voir, au chapitre *Sénat*, la citation empruntée à l'*Histoire du Consulat et de l'Empire*.

Mais pénétrons plus avant dans la situation; explorons le fond des choses.

En quatre années, un Gouvernement nouveau s'est fondé en France dans des conditions d'existence toutes contraires à celles de tous les régimes qui l'ont précédé.

Une splendide Exposition universelle est venue, pour ainsi dire, donner une salutaire commotion aux grands intérêts de nos arts et de notre industrie.

La guerre de Crimée a rajeuni la France de cinquante ans, en renouvelant la gloire de nos aigles triomphantes.

La France, depuis le commencement du règne de Napoléon III, pendant ces quatre années de règne, a donc, pour ainsi dire, été saisie d'une fièvre continue.

Cependant, malgré l'éclat de nos progrès industriels, malgré l'éclat de nos victoires, malgré la paix en Europe qui les a suivies, la France, peut-être, ne se sent pas comme elle devrait être: on dirait qu'elle se trouve aujourd'hui dans cet état voisin du malaise et de l'inquiétude qui succède aux vives et profondes excitations.

Cet état moral s'est encore aggravé par des symptômes, par des incidents inattendus : la cherté persistante des vivres, l'augmentation des loyers, la crise monétaire.

Au milieu de cette situation générale, l'Empereur, qui lui aussi a vivement ressenti au fond du cœur toutes ces fiévreuses émotions de la France, a dû, par des considérations que lui seul a pu apprécier, s'éloigner momentanément de la capitale.

Je n'hésite pas à penser et à dire que cet éloignement momentané n'a pas peu contribué à faire durer le malaise et les inquiétudes de l'opinion publique. Les sociétés comme les individus obéissent à un instinct de conservation.

Lorsque Napoléon III eut résolu de se rendre à l'armée de Crimée, lassé de tous les conseils, de toutes les prières qui voulaient le retenir au palais des Tuileries, il s'écria : « Mais vous avez donc bien peur? » Pendant la résidence du chef de l'État à Plombières, à Biarritz et même à Compiègne, l'opinion publique s'inquiétait jusqu'à se plaindre de cette absence, de cet éloignement de Paris. On veut, en France, voir et sentir le chef de l'État au centre du Gouvernement ; et c'est surtout Paris qui s'inquiète de l'absence de l'Empereur ; Paris où se centralisent et s'agglomèrent les plus chers intérêts du pays; Paris qui, depuis le commencement du siècle, s'est si souvent réveillé au bruit menaçant d'une révolution.

Nous savons, par expérience, combien, après une révolution, combien pour mettre au monde un Gouvernement nouveau, quel qu'il soit, les flancs de la nation sont longtemps à saigner. Ce n'est pas tout encore. En 1814 et en 1815, l'ancien et le nouveau régime étaient seuls aux prises; en 1830, c'était encore, sauf quelques menaçants symptômes, une question de branche à branche; depuis la révolution de 1848, depuis la République, depuis le coup d'État du 2 décembre, depuis le nouvel *Empire*, les partis se sont divisés pour constituer des partis nouveaux, de nouveaux prétendants ont surgi, les plus contraires, les plus ennemis par les doctrines sociales et politiques qu'ils représentent. Aujourd'hui, ce ne serait pas seulement l'ancien et le nouveau régime qui se trouveraient aux prises, ce ne seraient plus seulement la branche aînée et la branche cadette, la dynastie des Bourbons et la dynastie Napoléonienne : ce serait la République, ce serait le socialisme; de toutes parts s'allumerait la guerre civile. Quel bras serait assez puissant et ferme pour arrêter l'effusion du sang? Au milieu des tempêtes et des ruines, quelle épée sauvegarderait, en face des rivalités européennes, la dignité et la gloire nationales de la France aujourd'hui reconquises? Quelle forme de gouvernement prévaudrait? quel prétendant serait élu ou préféré sans élection?

Qu'une révolution éclate et triomphe aujourd'hui, et la France, pour sauver ses dieux et ses pénates, n'aurait ni vaisseau ni pilote.

L'empereur Napoléon III est donc plus *nécessaire* que jamais. Il est nécessaire à la sécurité de la société ; il est nécessaire au maintien de la prospérité du pays ; il est nécessaire à la défense de la dignité et de la gloire nationales de la France. Ce sont là des vérités incontestables et reconnues, de telle sorte que les hommes plus ou moins importants qui comptent dans les cadres des partis les plus hostiles, se trouvent aujourd'hui placés entre leurs sentiments et leurs intérêts : intérêts de fortune, intérêts de famille, en un mot, intérêts de conservation qui, dans le siècle où nous vivons, parlent plus haut que les passions politiques.

D'ailleurs, l'empereur Napoléon III ne marche ni en arrière ni en avant des idées de notre temps, il marche avec elles. Chef de la gauche, novateur couronné, homme de progrès, il n'hésitera jamais à moraliser, à codifier toute idée utile, sage et pratique, même celle qu'il lui faudrait dégager de l'alliage impur du socialisme. Est-il un esprit sensé qui, avec de telles promesses pour l'avenir, puisse encore songer à se jeter dans l'abîme ou dans l'ornière des révolutions ?

Le bruit se répand que certaines importances politiques du parti parlementaire, depuis qu'elles sont complétement rassurées, songent à se mettre en avant. Le jour où le frisson de la peur les quitte, ces gens-là seraient-ils donc repris du goût des entreprises et des aventures? J'hésite à le croire. Oseraient-ils abdiquer tout leur passé ou jouer avec un serment en face du pays ! S'ils voulaient revenir à leur ancien rôle, à leur ancien jeu, n'aurait-on pas le droit de leur dire : « Vous bravez les malédictions du pays, vous semblez les quêter... Passez, passez, on vous a déjà donné ! »

Tous les partis, tous les prétendants ne manqueront pas, il est vrai, de faire briller aux yeux de la France, comme avances, comme premier présent, la liberté.

A ce mot de liberté, la France a toujours tressailli.

Depuis 89, toutes les révolutions n'ont-elles pas inscrit sur leur drapeau : LIBERTÉ, *et cætera?* Nous savons tous jusqu'à quel point ces promesses de la veille ont été tenues le lendemain ; nous savons tous jusqu'à quel point les plus riantes espérances ont été déçues. A la liberté promise a toujours succédé l'anarchie ou l'oppression.

Après le coup d'État du 2 décembre, l'Empereur, en montant sur le trône, n'a point du moins tenu à la France un fallacieux langage. N'a-t-il pas nettement déclaré qu'il venait, avant tout, rétablir l'autorité : « C'est jeter, ajoutait-il, les véritables bases du seul édifice capable de supporter plus tard une liberté sage et bienfaisante. »

L'empereur Napoléon III aime la liberté et il ne la craint pas. En demandant plus de jour, plus de fenêtres ouvertes pour les travaux du Sénat, du Corps législatif et du Conseil d'État, en demandant des adoucissements à la législation qui régit la presse, j'ai la conviction de ne point conseiller une politique trop en divergence avec les vues libérales du chef de l'État.

L'Empire, c'est la paix ! mais un Gouvernement assez honnête, assez juste pour respecter les droits légitimes des autres nations, un Gouvernement assez digne et assez fort pour se faire respecter lui-même, un Gouvernement qui ainsi n'est point contraint d'épuiser toutes ses ressources au dehors, a dès lors pour devoir de prouver sa puissance par son génie, par son action au dedans. Qu'il prouve donc surtout d'abord, par une utile et bienfaisante publicité, que la Constitution de 1852 fonctionne avec régularité ; que les corps constitués, que le Sénat, le Corps législatif et le Conseil d'État usent avec loyauté, avec indépendance de toutes les prérogatives que leur confère la Constitution. Une discussion sage et honnête des grands intérêts du pays, c'est la vie d'une nation. Le gouvernement de l'Empereur ne peut redouter que les conspirations, que les complots ourdis dans l'ombre; contre les partis qui viendraient l'attaquer à visage découvert, n'a-t-il pas en main toutes les armes qui peuvent assurer le triomphe de la justice et de la raison ?

Les gouvernements doivent surtout éviter de ressembler à ces femmes imprudentes qui, à force de cacher le secret de leur vie, passent pour des femmes perdues, alors qu'elles restent honnêtes et pures?

Le 2 décembre 1851, Louis-Napoléon Bonaparte disait à la France :

« Si vous avez confiance en moi, donnez-moi » les moyens d'accomplir la grande mission que » je tiens de vous.

» Cette mission consiste à fermer l'ère des » révolutions, en satisfaisant les besoins légitimes » du peuple et en le protégeant contre les pas- » sions subversives. Elle consiste surtout à créer » des institutions qui survivent aux hommes, et » qui soient enfin des fondations sur lesquelles » on puisse asseoir quelque chose de durable. »

Le 14 janvier 1852, Louis-Napoléon Bonaparte, encore Président de la République, donnant à la France une Constitution en vertu des pouvoirs qui lui étaient délégués par le vote des 20 et 21 décembre, disait encore :

« Puisse cette Constitution donner à notre pa-
» trie des jours calmes et prospères ! puisse-t-elle
» prévenir le retour de ces luttes intestines où la
» victoire, quelque légitime qu'elle soit, est tou-
» jours chèrement achetée ! Puisse la sanction
» que vous avez donnée à mes efforts être bénie
» du ciel ! Alors la paix sera assurée au dedans
» et au dehors ; mes vœux seront comblés, ma
» mission sera accomplie. »

Nous ne doutons pas, pour notre compte, que la Providence ne permette à l'empereur Napoléon III d'accomplir sa sainte et glorieuse mission. Grâce à l'Elu de huit millions de suffrages, la seconde moitié du dix-neuvième siècle finira mieux qu'elle n'a commencé.

POST-SCRIPTUM

Je résume dans ce chapitre quelques renseignements, quelques faits importants qui viennent servir de preuve à des opinions émises dans diverses parties de ce livre.

DÉCRET DU DIX NOVEMBRE.

Le 10 novembre 1856, le *Moniteur* publiait le décret suivant :

NAPOLÉON,

Par la grâce de Dieu et la volonté nationale, Empereur des Français,

A tous présents et à venir, salut :

Vu l'article 12 du sénatus-consulte du 25 décembre 1852;

Vu la loi du 15 mai 1850, portant, article 3, qu'aucune dépense ne pourra être ordonnée, ni liquidée, sans un crédit préalable ;

Vu les prescriptions des lois des 18 juillet 1836 et 25 mars 1817, rappelées aux articles 13 et 14 de l'ordonnance du 31 mai 1838 ;

Vu les dispositions législatives et réglementaires qui assujettissent les demandes de crédits additionnels au contreseing préalable du ministre des finances ;

Considérant que les virements ne peuvent être réalisés avec certitude qu'à l'époque où les besoins des différents services sont définitivement connus ;

Considérant, en outre, que les garanties exigées à l'égard de ces virements doivent être, à plus forte raison, observées pour l'ouverture, pendant l'absence du Corps législatif, des suppléments de crédits en addition au budget ;

Sur le rapport de notre ministre secrétaire d'Etat au département des finances,

Avons décrété et décrétons ce qui suit :

ARTICLE PREMIER. Les ministres ne pourront, sous leur responsabilité, engager aucune dépense nouvelle avant qu'il ait été régulièrement pourvu au moyen de la payer, soit par un supplément de crédit, soit par un virement de chapitre.

ART. 2. Tous les décrets portant ouverture de crédits supplémentaires ou extraordinaires durant l'intervalle des sessions du Corps législatif seront rendus en Conseil d'État et indiqueront les voies et moyens qui seront affectés aux crédits demandés.

ART. 3. A partir du 1er janvier 1857, les virements de crédits d'un chapitre à un autre, autorisés par le sénatus-consulte du 25 décembre 1852, seront réservés pour couvrir, après la première année de l'exercice, par des excédants de crédits réellement disponibles, les insuffisances d'allocations auxquelles il sera reconnu nécessaire de subvenir.

ART. 4. Avant de procéder à ses délibérations, le Conseil d'État communiquera les décrets concernant les suppléments ou les virements de crédits au ministre des finances, qui donnera son avis, en prenant en considération les crédits déjà ouverts et la situation des impôts et revenus de l'État, comparativement aux prévisions du budget.

Chaque décret sera contre-signé par le ministre compétent, et par le ministre des finances.

ART. 5. Nos ministres secrétaires d'État des divers départements ministériels sont chargés, chacun en ce qui le concerne, de l'exécution du présent décret, qui sera inséré au *Bulletin des lois.*

Fait à Saint-Cloud, le 10 novembre 1856.

NAPOLÉON.

Par l'Empereur :

Le Ministre Secrétaire d'Etat
au département des finances,

P. MAGNE.

Ce nouveau décret sur les crédits supplémentaires et sur les virements de crédits d'un chapitre à l'autre d'un même ministère est de la plus haute importance.

Le sénatus-consulte du 25 décembre 1852, en autorisant les virements de crédits d'un chapitre à un autre, exigeait que ces virements fussent soumis au Conseil d'Etat.

Cette condition de l'examen en Conseil d'État n'était pas imposée en ce qui touche les crédits supplémentaires.

Une telle différence de manière de procéder dans ces deux cas manquait de logique ; elle résultait même probablement d'une omission. N'est-ce pas, en effet, un acte plus considérable d'ouvrir un crédit supplémentaire que d'appliquer le crédit voté pour un chapitre à la dépense d'un autre chapitre dont on reconnaît le crédit insuffisant?

Il fallait consulter le Conseil d'Etat dans le cas le moins important; on ne le consultait pas dans le cas le plus grave.

Le décret nouveau (du 10 novembre) fait cesser cette anomalie. Les crédits supplémentaires devront, comme les virements, être envoyés au Conseil d'Etat.

Voici comment les choses se passaient avant le décret du 10 novembre :

Un ministre commençait par faire une dépense qui excédait le crédit porté au budget.

La dépense faite, il ouvrait un crédit supplémentaire sans l'intervention du Conseil d'État, ou il opérait un virement qu'il était tenu de lui soumettre, d'après le sénatus-consulte du 25 décembre 1852.

Comme la dépense était faite, il fallait bien y pourvoir, et force était à l'Empereur de signer le décret de crédit supplémentaire, ou au Conseil d'État d'adopter le virement

Le nouveau décret du 10 novembre met fin à cet abus; il dispose que le crédit supplémentaire devra être ouvert et approuvé par le Conseil d'État avant que le ministre puisse s'engager dans la dépense.

Le Conseil d'Etat aura donc à examiner si la dépense est indispensable et urgente ; et, dans le cas où elle n'aurait pas ce double caractère, il pourra librement voter le rejet du crédit, puisque la dépense ne sera pas faite.

Le sénatus-consulte du 25 décembre 1852 autorisait encore une autre irrégularité.

Des ministres proposaient souvent, au milieu de l'exercice, un virement de crédit. Or, à cette époque de l'année, ils pouvaient bien savoir si le chapitre dont ils augmentaient le crédit serait insuffisant ; mais ils ne pouvaient avoir la certitude que le crédit des chapitres qu'ils diminuaient, pour en doter un autre, présenterait un excédant.

Ces virements au milieu d'un exercice étaient évidemment prématurés.

Le décret du 10 novembre fait cesser cette irrégularité. Ce décret veut qu'un virement ne puisse être présenté, sur un exercice, au Conseil d'État, qu'après le 31 décembre.

A cette époque, en effet, on sait quelle est la situation des divers chapitres.

Après le 31 décembre, il est vrai, l'exercice courant n'est pas clos ; mais après le 31 décembre on ne peut plus faire de dépenses imputables snr l'exercice écoulé. Par conséquent, l'excédant que présente un chapitre est très-certainement acquis.

Ainsi pratiqués, les virements seront donc sincères.

Le décret du 10 novembre dispose encore que tout décret de crédit supplémentaire ou de virement soumis au Conseil d'État sera communiqué au ministre des finances, qui donnera son avis.

Le ministre des finances devra donc faire connaître au Conseil si les ressources générales de l'État permettent d'autoriser les dépenses demandées.

Le décret du 10 novembre, malgré toute son importance financière et bien qu'il prouve la ferme volonté de l'Empereur d'entrer dans de nouvelles voies de régularité et d'économie, a cependant passé inaperçu.

Dans les discussions de la loi des comptes pour 1857, M. Lequien et M. Devinck avaient insisté sur toutes les imprévoyances du sénatus-consulte du 25 décembre 1852, que je viens de signaler; le nouveau décret sur les crédits supplémentaires et sur les virements est donc tout à la fois l'heureux résultat des discussions du Corps législatif et une marque de déférence du Gouvernement pour les légitimes réclamations de la Chambre.

Alors que les revenus du pays augmentent

dans une large proportion, alors que nos ressources financières s'accroissent, alors que toutes les grandes entreprises industrielles et commerciales prospèrent et s'enrichissent, les cours de nos fonds publics semblent ne pouvoir se relever. En Angleterre, chez nos voisins, au contraire, le taux de l'intérêt monte à 7 pour 100, les valeurs des entreprises particulières sont en baisse et les cours des fonds publics se maintiennent à un taux élevé.

C'est que, chez nos voisins, la grande publicité des discussions parlementaires, mettant en pleine lumière la situation financière du pays, fait naître et entretient la confiance publique. C'est qu'en France, la publicité crépusculaire donnée aux discussions du Corps législatif laissant, bien à tort, supposer aux contribuables que le Gouvernement a le droit de tout faire, ralentit et arrête l'essor du crédit public.

DE LA COMPENSATION.

Dans un rapport présenté en novembre 1856 au conseil général, M. le préfet de la Seine s'exprime ainsi :

« *Malgré la cherté prolongée jusqu'en septembre, le service des avances de la caisse de la boulangerie se soldera, pour l'année 1856, grâce aux recouvrements opérés, par un chiffre de peu d'importance.* »

Il résulte, en effet, des renseignements que j'ai obtenus, que l'année 1856 ne coûtera pas à la ville de Paris plus de *douze cent mille francs* pour le service de la *compensation.*

Les centimes avancés pour la *sous-taxe* du pain à Paris se sont élevés à un chiffre de près de *sept millions;* mais, d'un autre côté, les centimes recouvrés par la *surtaxe* se sont élevés à un chiffre de plus de *cinq millions et demi.*

Le recouvrement des centimes de la surtaxe est, à peu de chose près, égal au bénéfice que représentent les centimes de cette surtaxe. On prétendait que la compensation ne pourrait fonctionner, parce qu'on introduirait dans Paris du pain à meilleur marché lorsque la taxe serait au-dessus du prix réel. La pratique et l'expérience viennent donc renverser l'un des principaux arguments contre le système de la compensation.

La ville de Paris, disait-on encore, ne pourra jamais faire vendre du pain à un cours plus élevé que celui de la *mercuriale.* Le jeu de la compensation fonctionne et fonctionnera régulièrement dans tous ses rouages sous un

Gouvernement fort qui se préoccupe surtout d'alléger les souffrances et les misères des classes ouvrières et des classes nécessiteuses.

CIRCULAIRE DE M. LE MINISTRE DE L'INTÉRIEUR AUX PRÉFETS.

Paris, le 20 novembre.

Monsieur le préfet, les arrêtés de suspension de conseils municipaux et les demandes de dissolution deviennent chaque jour plus nombreux.

Cette tendance exagérée ne répond ni à l'esprit de la loi du 5 mai 1854, ni aux intentions du Gouvernement.

La loi a voulu armer l'autorité supérieure contre les actes qui porteraient atteinte à l'ordre, ou qui sortiraient du cercle des attributions légales des assemblées communales.

C'est en vue de ces cas extraordinaires qu'a été introduit l'article 13, qui permet non-seulement de suspendre les conseils municipaux et de les dissoudre, mais aussi de les remplacer par des commissions dont la durée peut n'avoir d'autres limites que le renouvellement quinquennal.

Mais la plupart des arrêtés de suspension que je reçois sont motivés sur la résistance qu'auraient opposée les conseils municipaux aux propositions des maires, dans des questions d'intérêt communal ; l'administration croit trop souvent devoir se mêler à ces dissentiments locaux, et son autorité se trouve inutilement engagée dans les conflits qu'ils font naître.

Je ne saurais trop vous recommander, monsieur le préfet, de laisser aux conseils municipaux la plus grande latitude en ce qui touche la discussion des intérêts purement communaux, dans les limites de la loi. Si ces assemblées donnent aux affaires qui leur sont soumises une solution inintelligente ou mauvaise, la population saura à qui en rapporter la responsabilité. Ce résultat offre, en définitive, moins d'inconvénients qu'un système qui tend à faire sentir partout l'action de l'autorité supérieure dans des questions où aucun intérêt général n'exige qu'elle intervienne.

Les administrateurs se laissent trop facilement entraîner au désir de briser d'incommodes résistances, plutôt que d'employer à les vaincre leur influence personnelle et le concours de l'opinion publique, qui ne s'aveugle jamais longtemps sur ses véritables intérêts.

J'ai eu souvent le regret de remarquer cette tendance à ne comprendre de l'autorité que ses rigoureuses exigences, et à perdre de vue que le moyen de bien servir le gouvernement de l'Empereur, c'est de le faire aimer.

Je tiens, monsieur le préfet, à ce que toutes les administrations locales rentrent, à cet égard, dans la voie que vous ont constamment tracée les instructions de mes prédécesseurs et les miennes.

La direction des affaires publiques est toujours hérissée de difficultés. Votre mission d'administrateur consiste principalement à les aplanir, sans froissement et avec une modération bienveillante.

Je vous recommande donc expressément, en ce qui concerne les conseils municipaux, de ne prendre d'arrêté de suspension et de ne m'adresser de demande à fin de dissolution, qu'après vous être bien convaincu que des motifs d'ordre public commandent impérieusement l'une et l'autre de ces mesures, et en me donnant l'assurance que vous avez fait personnellement tout ce qui était en votre pouvoir pour n'être pas forcé d'y recourir.

Je vous rappelle, en outre, que dans les deux cas, les rapports que vous m'adresserez doivent être accompagnés de pièces justificatives, et notamment des rapports des sous-préfets pour les arrondissements autres que l'arrondissement chef-lieu.

Recevez, monsieur le préfet, etc.

BILLAULT.

Cette circulaire a pour but, sinon de réprimer, du moins de modérer le zèle excessif des fonctionnaires publics. Un assez grand nombre de représentants du pouvoir, en haut comme en bas, protégés par le silence des journaux, ne se sentant plus contrôlés par la presse, abusent peut-être de leur autorité et font de la violence au lieu de faire de la conciliation, croyant ainsi, bien à tort, mettre fidèlement en pratique la politique de l'Empereur. La circulaire de Son Exc. le ministre de l'intérieur contient donc un utile avertissement. Cette circulaire ne nous surprend pas de la part de M. Billault, dont nous connaissons les vues sages et les idées libérales.

Sous la monarchie de Juillet, dans le plus grand nombre des chefs-lieux de préfecture, se publiait un journal d'opposition qui, faisant la guerre aux préfets, les rendait réservés et circonspects. Ces magistrats se plaignaient aussi alors de voir l'administration passer de leurs mains dans celles des députés. L'excès contraire se produit aujourd'hui : ce sont les journaux qui tremblent devant les préfets, ceux-ci pouvant les frapper d'*avertissements*. Quant aux députés, on a trop restreint leurs prérogatives, on leur conteste trop leur influence pour qu'ils puissent exercer une action utile, une action politique. Les choses en sont venues à ce point, que le ministre de l'intérieur s'est vu contraint d'adresser publiquement des réprimandes aux plus hauts fonctionnaires de nos départements. Les censures de la presse et l'influence politique des députés faisant défaut aux préfets, les admonestations leur viennent de plus haut : c'est le ministre de l'intérieur lui-même qui, au risque peut-être d'amoindrir leur autorité, leur adresse, en face des populations, une mercuriale.

Je n'hésite pas à le répéter en finissant : le mutisme des journaux et l'action trop restreinte du Corps législatif, voilà les dangers de la situation pour le présent et pour l'avenir.

FIN

TABLE DES MATIÈRES

CHAPITRE VI.

CHAPITRE VII.

CHAPITRE VIII.

CHAPITRE IX.

CHAPITRE X.

POST-SCRIPTUM.

www.ingramcontent.com/pod-product-compliance
Lightning Source LLC
Chambersburg PA
CBHW071624270326
41928CB00010B/1766

* 9 7 8 2 0 1 2 7 6 4 8 4 2 *